DICTIONNAIRE

GÉNÉRAL ET LOCAL

DE

TOUTES LES ADRESSES DES ADMINISTRATIONS

DES COMMERÇANTS, etc., etc.,

Qui se trouvent dans la ville de Caen et ses banlieues

POUR 1846

Par MARIE-VIEL, Libraire

ANCIEN EMPLOYÉ DE PRÉFECTURE.

SE TROUVE :

A CAEN,
Chez l'AUTEUR, rue Notre-Dame, 121,
Et chez
CHARLES WOINEZ, Imprimeur, rue Notre-Dame, 98.

A PARIS,
Chez J.-J. LEDOYEN, libraire, quai des Grands-Augustins, 7.
AU HAVRE,
Chez THOUROUDE, libraire.

DICTIONNAIRE

GÉNÉRAL ET LOCAL

DE

TOUTES LES ADRESSES DES ADMINISTRATIONS

DES COMMERÇANTS, etc., etc.,

Qui se trouvent dans la ville de Caen et ses banlieues

POUR 1846

Par MARIE-VIEL, Libraire

ANCIEN EMPLOYÉ DE PRÉFECTURE.

SE TROUVE :

A CAEN,
Chez l'AUTEUR, rue Notre-Dame, 121,
Et chez
CHARLES WOINEZ, Imprimeur, rue Notre-Dame, 98.

A PARIS,
Chez J.-J. LEDOYEN, libraire, quai des Grands-Augustins, 7.

AU HAVRE,
Chez THOUROUDE, libraire.

CAEN, IMPRIMERIE DE CHARLES WOINEZ,
Rue Notre-Dame, 98.—1845.

OBSERVATION.

Malgré le soin minutieux apporté par l'auteur dans la rédaction et la correction de son manuscrit, quelques erreurs se sont glissées dans l'impression.

Nous nous empressons de les rectifier par l'errata ci-dessous.

ERRATA.

Page 10, ligne 15, AGRÉÉ, lisez AGRÉÉS.
   17,   3, L eteste-Chibourg, lisez Letestu-Chibourg.
   15,   54, Frosil, lisez Foisil.
   18,   33, Miniot, lisez Mignot.
   27,   2e colonne, CHEMISES, lisez CHEMINÉES.
   34,   36, Cogniard, lisez Cagniard.
   39,   23, Guitard.
   39,   24, Halley.
   39,   25, Henry et Lecouvet,.
   39,   27, Heuste-Duval
   39,   28, Jouault-Rolland.
   49,   la ligne 15 de la 1re colonne est inutile.
   49,   31, 2e Haridel, lisez Hardel.
   52,   16, 1re, Haridel, lisez Hardel.
   57,   6, Foucambert, lisez Foucamberge.
   57,   16, des Néres, lisez des nerfs.
   59,   6, Roger, lisez Royer.
   60,   15, Croqueville, lisez Croquevielle.
   65,   27, Hannotins-Lemarchand, lisez Hannotin-Lemaréchal.
   68,   2, Achats, lisez Achtatt.
   69,   29, jardie, lisez jardin.
   97,   9, Dasches, lisez Daché.
   97,   27, Danlavanterie, lisez Danlavanterie.
  100,   17 et 18, de Guermont, lisez de Guernon.
  101,   9, Delamatiouze, lisez Delamariouse.
  106,   27, De Victor, lisez De Victot.
  106,   38, Dieudebellefont, lisez Dieu de Bellefontaine.
  107,   15, Dormin, lisez Domin.
  108,   39 et 40, Dudenné, lisez Dieudonné.
  129,   11, Hoster, lisez Hieter.
  129,   14, Hofdienne, lisez Hodiesne.
  129,   15, Holzmam, marchand de bas, lisez marchand de sucre
  131,   15, venelle Marboue, lisez venelle Barbeux.
  151,   39, Le Marchand Faure, lisez Lemarchand-Faivre.
  156,   2, Lefort Renard, lisez Leport-Benard.

AVERTISSEMENT.

Depuis longtemps l'utilité incontestable d'un *Dictionnaire local*, renfermant exactement tous les noms et demeures de nos membres des diverses Administrations, des Tribunaux et des adresses de tous les Commerçants en général que renferme la ville de Caen et ses banlieues, était pour tous un livre bien désiré.

Nous avons donc, à l'aide du bienveillant concours de MM. les Chefs des différentes Administrations et de nos principaux Négociants, mis en ordre tout ce que renferme notre *Dictionnaire* et classé d'une manière facile pour les recherches dont ont peut avoir besoin.

Tous les ans nous ferons paraître ce *Dictionnaire* avec les changements et rectifications qui auront et devront avoir lieu. Nous prions, à cet égard, MM. les Commerçants qui ont intérêt à ce que leur changement de domicile soit connu, de nous en faire part, ainsi que tout ce qu'ils désireraient joindre à leurs adresses : nous nous ferons un devoir de l'indiquer dans ce *Dictionnaire*.

JANVIER 1846.

Les jours croissent de 54 m.

☽ P. Quart. le 4.
☉ P. Lune le 12.
☾ D. Quart. le 20
☻ N. Lune le 27.

			Lever du Sol.	Coucher du Sol.
			H M	H M
j.	1	CIRCONCIS.	7 56	4 12
v.	2	s. Basile.	7 56	4 13
s.	3	sᵉ Genev.	7 56	4 14
D.	4	s. Rigobert	7 56	4 15
l.	5	s. Siméon.	7 56	4 16
m	6	EPIPHANIE	7 56	4 17
m	7	Noces.	7 55	4 19
j.	8	s. Lucien.	7 55	4 20
v.	9	s. Furcy.	7 54	4 21
s.	10	s. Paul, er.	7 54	4 22
D.	11	s. Théod.	7 54	4 24
l.	12	s. Fréjus.	7 53	4 25
m	13	Bap. de J.C.	7 52	4 27
m	14	s. Hilaire.	7 52	4 28
j.	15	s. Maur.	7 51	4 29
v.	16	s. Guill.	7 50	4 31
s.	17	s. Antoine.	7 50	4 32
D.	18	Ch.S.P. à R	7 49	4 34
l.	19	s. Sulpice.	7 48	4 35
m	20	s. Sébast.	7 47	4 37
m	21	sᵉ Agnès.	7 46	4 38
j.	22	s. Vincent.	7 45	4 40
v.	23	s. Ildefons.	7 44	4 41
s.	24	s. Babylas.	7 43	4 43
D.	25	Conv. s. P.	7 42	4 44
	26	sᵉ Paule.	7 41	4 46
m	27	s. Julien.	7 39	4 48
m	28	s. Charlem.	7 38	4 49
	29	s. F. de S.	7 37	4 51
	30	sᵉ Bathilde.	7 36	4 52
	31	sᵉ Marcelle	7 34	4 54

FEVRIER.

Les j. crois. d'1 h. 30 m.

☽ P. Quart. le 3.
☉ P. Lune le 11.
☾ D. Quart. le 19
☻ N. Lune le 25.

			Lever du Sol.	Coucher du Sol.
			H M	H M
D.	1	s. Ignace.	7 33	4 56
l.	2	PURIFIC.	7 32	4 57
m	3	s. Blaise.	7 30	4 59
m	4	s. Philéas.	7 29	5 1
j.	5	sᵉ Agathe.	7 27	5 2
v.	6	s. Vaast.	7 26	5 4
s.	7	s. Romuald	7 24	5 6
D.	8	SEPTUAG.	7 23	5 7
l.	9	sᵉ Apolline.	7 21	5 9
m	10	sᵉ Scholast.	7 19	5 11
m	11	s. Séverin.	7 18	5 12
j.	12	sᵉ Eulalie.	7 16	5 14
v.	13	s. Lézin.	7 14	5 15
sᵢ	14	s. Valentin.	7 13	5 17
D.	15	SEXAGÉS.	7 11	5 19
L	16	s. Julien.	7 9	5 20
m	17	s. Sylvain.	7 7	5 22
m	18	Les 5 Plaies	7 6	5 24
j.	19	s. Gabin.	7 4	5 25
v.	20	s. Eucher.	7 2	5 27
s.	21	s. Pepin.	7 0	5 29
D.	22	QUINQUAG.	6 58	5 30
l.	23	s. Mérault.	6 56	5 32
m	24	Mardi Gr.	6 54	5 34
m	25	CENDRES.	6 52	5 35
j.	26	s. Nestor.	6 50	5 37
v.	27	sᵉ Honor.	6 49	5 38
s.	28	s. Romain.	6 47	5 40

MARS.

Les j. crois. d'1 h. 50 m.

☽ P. Quart. le 3.
☉ P. Lune le 13.
☾ D. Quart le 20
☻ N. Lune le 27.

			Lever du Sol.	Coucher du Sol.
			H M	H M
D.	1	QUADRAG.	6 45	5 42
l.	2	s. Simplice	6 43	5 43
m	3	sᵉ Cunég.	6 40	5 45
m	4	QUAT.-T.	6 39	5 46
j.	5	s. Drancin.	6 37	5 48
v.	6	sᵉ Colette.	6 34	5 49
s.	7	s. Thomas.	6 32	5 50
D.	8	REMINISC.	6 30	5 52
l	9	sᵉ Françoi.	6 28	5 54
m	10	s. Docgrov.	6 26	5 56
m	11	s. Eulogue	6 24	5 57
j	12	s. Pol, év.	6 22	5 59
v.	13	sᵉ Euph.	6 20	6 0
s.	14	s. Lubin.	6 18	6 2
D.	15	OCULI.	6 16	6 3
l.	16	s. Abraham	6 14	6 5
m	17	sᵉ Gertrud.	6 13	6 6
m	18	s. Alexand.	6 12	6 8
j.	19	s. Joseph.	6 8	6 9
v.	20	s. Joachim.	6 5	6 11
s.	21	s. Benoit.	6 3	6 12
D.	22	LÆTARE.	6 1	6 14
l.	23	s. Victorin.	5 59	6 15
m	24	s. Simon.	5 57	6 17
m	25	ANNONCIA.	5 55	6 18
j.	26	s. Ludger.	5 53	6 20
v.	27	s. Rupert.	5 50	6 21
s.	28	s. Gontran.	5 48	6 25
D.	29	PASSION.	5 46	6 24
l.	30	s. RBlaieb	5 44	6 26
m	31	sᵉ	5 42	6 27

AVRIL.

Les j. croiss. d'1 h. 38 m.

☽ P. Quart. le 3.
� P. Lune le 11.
☾ D. Quart. le 18.
● N. Lune le 25.

			Lever du Sol.		Coucher du Sol.	
			H	M	H	M
m	1	s. Huges.	5	40	6	29
j.	2	s. F. de P.	5	38	6	30
v.	3	s. Richard.	5	36	6	32
s.	4	s. Vincent.	5	34	6	33
D.	5	RAMEAUX.	5	32	6	35
l.	6	s. Prudence	5	30	6	36
m	7	s. Egésipe.	5	28	6	38
m	8	s. Gauthier.	5	26	6	39
j.	9	se M. Egy.	5	23	6	41
v.	10	V. SAINT.	5	21	7	42
s.	11	s. Godebert	5	19	6	44
D.	12	PAQUES.	5	17	6	45
l.	13	s. Justin.	5	15	6	47
m	14	s. Tiburce.	5	13	6	48
m	15	se Hélène.	5	11	6	49
j.	16	s. Fruct.	5	9	6	31
v.	17	s. Anicet.	5	8	6	54
s.	18	s. Parfait.	5	6	6	54
D.	19	QUASIMOD.	5	4	6	50
l.	20	s. Hildég.	5	2	6	57
m	21	s. Anselme.	5	0	6	58
m	22	s. Opport.	4	58	7	0
j.	23	s. Georges.	4	56	7	1
v.	24	se Beuve.	4	54	7	3
s.	25	s. Marc, a.	4	52	7	4
D.	26	s. Clet.	4	51	7	6
l.	27	s. Polyc.	4	49	7	7
m	28	s. Vital.	4	47	7	9
m	29	s. Robert.	4	45	7	10
j.	30	se Eutrope.	4	44	7	12

MAI.

Les j. croiss. d'1 h. 18 m.

☽ P. Quart. le 3.
☉ P. Lune le 11.
☾ D. Quart. le 18.
● N. Lune lo 25.

			Lever du Sol.		Coucher du Sol.	
			H	M	H	M
v.	1	s. Philippe.	4	42	7	13
s.	2	s. Athanase	4	40	7	14
D.	3	Iav. se Cr.	4	38	7	16
l.	4	se Monique	4	37	7	17
m	5	C. s. Aug.	4	35	7	19
m	6	s. J. p. Lat.	4	34	7	20
j.	7	s. Stanislas.	4	32	7	21
v.	8	s. Désiré.	4	30	7	23
s.	9	s. Grégoire.	4	29	7	24
D.	10	s. Gordien.	4	27	7	26
l.	11	s. Mamert.	4	26	7	27
m	12	s. Epiphane	4	24	7	28
m	13	s. Servais.	4	23	7	30
j.	14	s. Boniface.	4	22	7	51
v.	15	s. Isid., m.	4	20	7	32
s.	16	s. Honoré.	4	19	7	54
D.	17	s. Pascal.	4	18	7	35
l.	18	ROGATIONS	4	17	7	36
m	19	s. Célestin.	4	15	7	38
m	20	s. Bernadin	4	14	7	39
j.	26	ASCENSION	4	13	7	40
v.	22	se Julie.	4	12	7	41
s.	23	s. Didier.	4	11	7	43
D.	24	Oct. a. S.	4	10	7	44
l.	25	s. Urbain.	4	9	7	45
m	26	s. Béranger	4	8	7	46
m	27	s. Hidelbert	4	7	7	47
j.	28	s. Germain.	4	6	7	48
v.	29	s. Maximin	4	5	7	49
s.	30	se Em. v. j.	4	5	7	50
D.	31	PENTECOTE	4	4	7	51

JUIN.

Les j. croisssent de 14 m.

☽ P. Quart. le 2.
☉ P. Lune le 9.
☾ D. Quart. le 16.
● N. Lune le 23.

			Lever du Sol.		Coucher du Sol.	
			H	M	H	M
L.	1	s. Pamphile	4	3	7	52
m	2	s. Pothin.	4	2	7	53
m	3	Q. TEMPS.	4	2	7	54
j.	4	s. Optat.	4	6	7	55
v.	5	s. Boniface.	4	6	7	56
s.	6	s. Cl., év.	4	0	7	57
D.	7	TRINITÉ.	4	0	7	58
l.	8	s. Médard.	3	59	7	58
m	9	se Pélagie.	3	59	7	59
m	10	s. Landri.	3	58	8	0
j.	11	FÊTE-DIEU.	3	58	8	0
v.	12	s. Basilide.	3	58	8	6
s.	13	s. Ant. de P.	3	58	8	2
D.	14	s. Guy.	3	58	8	2
l.	15	s. Cyr.	3	58	8	3
m	16	s. Adolphe.	3	58	8	3
m	17	s. Avit.	3	58	8	3
j.	18	Oct. F.-D.	3	58	8	4
v.	19	s. G. s. Pr.	3	58	8	4
s.	20	s. Sylvere.	3	58	8	4
D.	21	s. Leufroi.	3	58	8	5
l.	22	s. Paulin.	3	58	8	5
m	23	s. Félix, v.j.	3	59	8	5
m	24	s. J.-Bapt.	3	59	9	5
j.	25	Inv. S. Et.	3	59	8	5
v.	26	s. Ladislas.	4	0	8	5
s.	27	s. Cresc. v.j.	4	0	8	5
D.	28	s. Irénée.	4	9	8	5
l.	29	s. P. s. P.	4	9	7	5
m	30	C. de s. P.	4	2	8	5

JUILLET 1846.

Les jours dim. de 56 min.

◖ P. Quart. le 1,
◗ P. Lune le 8.
◐ D. Quart. le 15.
◉ N. L. 23. P. Q. 31.

		Saint	Lever du Sol.		Coucher du Sol.	
			H	M	H	M
m	1	s. Martial.	4	2	8	5
j.	2	Vist. N. D.	4	3	8	4
v.	3	s. Anatole.	4	3	8	4
s.	4	Tr. S. Mar.	4	4	8	4
D.	5	se Zoé.	4	5	8	3
l.	6	s. Tranqui.	4	6	8	3
m	7	se Aubierg.	4	6	8	2
m	8	se Elisabet.	4	7	8	2
j.	9	s. Edmond.	4	8	8	1
v.	10	se Félicité.	4	9	8	1
s.	11	Tr. S. Ben.	4	10	8	0
D.	12	s. Gualber.	4	11	7	59
l.	13	s. Turiaf.	4	12	7	58
m	14	s. Bonav.	4	13	7	58
m	15	s. Henri.	4	14	7	57
j.	16	s. Eustate.	4	15	7	56
v.	17	s. Sper et C	4	16	7	55
s.	18	s. Th. d'A.	4	17	7	54
D.	19	s. V. de P.	4	18	7	53
l.	20	se Marguer	4	19	7	52
m	21	s. Victor.	4	21	7	51
m	22	se Madulci.	4	22	7	50
j.	23	s. Apolin.	4	23	7	49
v.	24	j. canicul.	4	24	7	48
s.	25	s. J. le M.	4	25	7	46
D.	26	s. Christop.	4	27	7	45
l.	27	s. Pantal.	4	28	7	44
m	28	se Anne.	4	29	7	43
m	29	s. Loup.	4	30	7	41
j.	30	s. Abdon.	4	32	7	40
v.	31	s. Germain	4	33	7	38

AOUT.

Les jours dim. d'1 h. 36 m.

◉ P. Lune le 7.
◐ D. Quart. le 13.
◉ N. Lune le 21.
◖ P. Quart. le 29.

		Saint	Lever du Sol.		Coucher du Sol.	
			H	M	H	M
s.	1	se Sophie.	4	34	7	37
D.	2	s. Etienne.	4	36	7	56
l.	3	Inv. s. Et.	4	37	7	34
m	4	s. Dominiq	4	38	7	33
m	5	s. Yon.	4	40	7	31
j.	6	Tr. de J.-C.	4	41	7	29
v.	7	Sus. se Cr.	4	42	7	28
s.	8	s. Justin.	4	44	7	26
D.	9	s. Spire.	4	45	7	25
l.	10	s. Laurent.	4	47	7	23
m	11	se Suzanne	4	48	7	21
m	12	se Claire.	4	49	7	19
j.	13	s. Hyppol.	4	51	7	18
v.	14	s. Eus. V.J.	4	52	7	16
s.	15	ASSOMPT.	4	54	7	14
D.	16	s. Roch. C.	4	55	7	12
l.	17	s. Mammès	4	56	7	10
m	18	se Hélène.	4	58	7	9
m	19	s. Louis., é	4	59	7	7
j.	20	s. Bernard.	5	1	7	5
v.	21	s. Privas.	5	2	7	3
s.	22	s. Symph.	5	3	7	1
D.	23	se Sidoine.	5	5	6	59
l.	24	s. Barthél.	5	6	6	57
m	25	s. Louis. r.	5	8	6	55
m	26	Fin des j. c.	5	9	6	53
j.	27	s. Césaire.	5	11	6	51
v.	28	s. August.	5	12	6	49
s.	29	D. de s. J.	5	13	6	47
D.	30	s. Fiacre.	5	15	6	45
l.	31	s. Ovide.	5	16	6	43

SEPTEMBRE.

Les jours dim. d'1 h. 42 m.

◉ P. Lune le 5.
◐ D. Quart. le 12.
◉ N. Lune le 20.
◖ P. Quart. le 28.

		Saint	Lever du Sol.		Coucher du Sol.	
			H	M	H	M
m	1	s. L. s. G.	5	18	6	41
m	2	s. Lazare.	5	19	6	39
j.	3	s. Grégoire	5	21	6	37
v.	4	se Rosalie.	5	22	6	35
s.	5	s. Bertin a.	5	23	6	33
D.	6	s. Onésiph.	5	25	6	31
l.	7	s. Cloud.	5	26	6	29
m	8	N. de N. D.	5	28	6	27
m	9	s. Omer.	5	29	6	25
j.	10	se Pulchér.	5	30	6	23
v.	11	se Hyacint.	5	32	6	20
s.	12	s. Raphaël.	5	33	6	18
D.	13	se Maurille	5	35	6	16
l.	14	Ex. se Croi	5	36	6	14
m	15	s. Nicodèm	5	38	6	12
m	16	Q. Temps.	5	39	6	10
j.	17	s. Lambert	5	41	6	8
v.	18	s. Jean Cr.	5	42	6	6
s.	19	s. Janvier.	5	43	6	3
D.	20	s. Eustache	5	45	6	1
l.	21	s. Mathieu.	3	46	5	59
m	22	s. Maurice.	5	48	5	57
m	23	se Tècle.	5	49	5	55
j.	24	s. Andoche	5	51	5	53
v.	25	s. Firm, év	5	52	5	51
s.	26	se Justine.	5	53	5	49
D.	27	s. Côme.	5	55	5	46
l.	28	s. Céran, é.	5	56	5	44
m	29	s. Michel.	5	58	5	42
m	30	s. Jérôme.	5	59	5	40

OCTOBRE.

Les jours dimin. d'1 h. 42 m.

P. Lune le 4.
D. Quart. le 12.
N. Lune le 20.
P. Quart. le 27.

			Lever du Sol.		Coucher du Sol.	
			h	m	H	M
A	1	s. Rémy.	6	1	5	38
v.	2	ss. Ang. g.	6	2	5	36
s.	3	s. Cyprien.	6	4	2	34
D.	4	s. Fran. d'A.	6	5	5	32
l.	5	se Aure, v.	6	7	5	30
m.	6	s. Bruno.	6	8	5	27
m	7	s. Serge.	6	10	5	25
j.	8	s. Demètre.	6	11	5	23
v.	9	s. Denis, év.	6	13	5	21
s.	10	s. Géron.	6	14	5	19
D.	11	s. Firmin, é.	6	16	5	17
l.	12	s. Vilfride.	6	17	5	15
m	13	s. Géraud.	6	19	5	13
m	14	s. Caliste.	6	21	5	11
j.	15	se Thérèse.	6	22	5	9
v.	16	s. Gal.	6	23	5	7
s.	17	s. Cerbonn.	6	23	5	5
D.	18	s. Luc, éva.	6	26	5	3
l.	19	s. Savinien.	6	28	5	1
m	20	s. Sandou.	6	29	5	0
m	21	se Ursule.	6	31	4	58
j.	22	s. Mellon.	6	33	4	56
v.	23	s. Hilarion.	6	34	4	54
s.	24	s. Magloire.	6	36	4	52
D.	25	s. Crep. s. C.	6	37	4	50
l.	26	s. Rustiq.	6	39	4	48
m	27	s. Frumen.	6	41	4	47
m	28	s. Simon.	6	42	4	45
j.	29	s. Faron.	6	44	4	43
v.	30	s. Lucain.	6	45	4	42
s.	31	s. Quent. v. j	6	47	4	40

NOVEMBRE.

Les jours dimin. d'1 h. 42 m.

P. Lune le 8.
D. Quart. le 10.
N. Lune le 18.
P. Quart. le 25.

			Lever du Sol.		Coucher du Sol.	
			H	M	h	m
D.	1	TOUSSAIN	6	59	4	38
l.	2	TRÉPASSÉ	6	50	4	37
m	3	s. Marcel.	6	52	4	35
m	4	s. Charles.	6	53	4	33
j.	5	se Berthild.	6	55	4	32
v.	6	s. Léonard.	6	57	4	30
s.	7	s. Wilbrod.	6	48	4	29
D.	8	stes Reliqu.	7	0	4	27
l.	9	s. Mathurin	7	1	4	26
m	10	s. Léon.	7	3	4	25
m	11	s. Martin.	7	5	4	23
j.	12	s. René.	7	6	4	22
v.	13	s. Brice.	7	8	4	21
s.	14	s. Maclou.	7	9	4	19
D.	15	s. Eugène.	7	11	4	18
L	16	s. Eucher.	7	12	4	17
m	17	s. Aignan, é.	7	14	4	16
m	18	se Aude.	7	16	4	15
j.	19	se Elisabeth	7	17	4	13
v.	20	s. Edmond.	7	29	4	12
s.	21	Prés. de N. D	7	21	4	11
D.	22	se Cécile.	7	22	4	11
l.	23	s. Clément.	7	23	4	10
m	24	se Flore.	7	25	4	9
m	25	se Cather.	7	26	4	8
j.	26	se Genevièv	7	28	4	7
v.	27	s. Maxime.	7	29	4	7
s.	28	s. Sosthèn.	7	30	4	6
D.	29	AVENT.	7	32	4	6
l.	30	s. André.	7	33	4	5

DÉCEMBRE.

Les jours dimin. de 10 min.

P. Lune le 2.
D. Quart. le 10.
N. Lune le 18.
P. Quart. le 25.

			Lever du Sol.		Coucher du Sol.	
			h	m	h	m
m	1	s. Eloi.	7	34	4	4
m	2	s. Franç. xa	7	36	4	3
j.	3	s. Mirocler	7	37	4	3
v.	4	se Barbe.	7	38	4	3
s.	5	s. Sabas.	7	39	4	2
D.	6	s. Nicolas.	7	41	4	2
L	7	se Phare.	7	42	4	2
m	8	CONCEPT.	7	43	4	1
m	9	se Gorgonie	7	44	4	1
j.	10	se Valère.	7	45	4	1
v.	11	s. Fulcién.	7	46	4	1
s.	12	se Constanc	7	47	4	1
D.	13	se Luce.	7	48	4	1
l.	14	s. Fulgenc.	7	49	4	1
m	15	s. Mesmin.	7	49	4	1
m	16	QUATRE T	7	50	4	2
j	17	s. Olympe.	7	51	4	2
v.	18	s. Gatien.	7	52	4	2
s.	19	s. Meutis.	7	52	4	3
D.	20	se Adélaïde	7	43	4	3
l.	21	s. Thomas.	7	53	4	3
m	22	s. Honorat.	7	54	4	4
m	23	se Victoire.	7	54	4	5
j.	24	s. Delp. V. J.	7	55	4	5
v.	25	NOEL.	7	55	4	6
s.	26	s. Etienne.	7	45	4	7
D.	27	s. Jean, év.	7	56	4	7
l.	28	ss. Innoc.	7	56	4	8
m	29	s. Thomas.	7	56	4	9
m	30	se Colombe	7	56	4	10
j.	31	s. Sylvestr.	7	50	4	11

ARTICLES PRINCIPAUX

DE

L'ANNUAIRE

Pour l'année 1846.

Année   6559 de la période Julienne.
         2599 de la fondation de Rome, selon Varron.
         2593 depuis l'ère de Nabonassar, fixée au mercredi 26 février de l'an 3967 de la période Julienne, ou 447 ans avant J.-C. selon les chronologistes, et 746 suivant les astronomes.
         2622 des Olympiades, ou la 2ᵉ année de la 656ᵉ Olympiade, commence en juillet 1846, en fixant l'ère des Olimpiades 775 1ɪ2 ans avant J.-C. ou vers le 1ᵉʳ juillet de l'an 3938 de la période Julienne.
         1262 des Turcs commence le 30 décembre 1845 et finit le 19 décembre 1846, selon l'usage de Constantinople, d'après l'*Art de vérifier les Dates.*

Comput ecclésiastique.	*Quatre-Temps.*
Nombre d'or en 1846. . . . . 4.	Mars, 4, 6 et 7.
Epacte. . . . . III.	Juin., 3, 5 et 6.
Cycle solaire. . . . . 7.	Septembre, 16, 18 et 19.
Indiction romaine. . . . 4.	Décembre, 16, 18 et 19.
Lettre dominicale. . . . . D.	

Fêtes mobiles.

Septuagésime. . . 8 février.	Pentecôte. . . . . . 31 mai.
Les Cendres. . . . 25 février.	La Trinité. . . . . . 7 juin.
Pâques. . . . . . 12 avril.	La Fête-Dieu. . . . 11 juin.
Les Rogations. 18,19 et 20 mai.	1ᵉʳ Dimanche de l'Avent, 29
Ascension. . . . . . 21 mai.	novembre.

LISTE GÉNÉRALE DES ADRESSES
PAR ORDRE DE PROFESSIONS.

ABATTOIR.

Enceinte établie pour les bouchers de la ville de Caen, et qui a donné son nom au quai où il a été établi et situé, Quai des Abattoirs.

MM.

Vasnier, préposé en chef, à l'Abattoir.
Ruault, concierge, aux Abattoirs.

ACADÉMIE UNIVERSITAIRE.

Les bureaux sont établis au palais de l'Université, rue de la Chaîne, et sont ouverts au public tous les jours non fériés de 10 heures à 2 heures.

ADMINISTRATION.

RECTEUR. M. l'abbé Daniel, r. de la Chaîne, palais de l'Université.
INSPECTEURS. MM. Ansart, r. de Bayeux, 13.
—   Edom, r. Neuve-des-Cordeliers, 2.
SECRÉTAIRE. M. Lagohagne, r. Bosnière, 23.

CONSEIL ACADÉMIQUE.

Daniel, recteur, président, palais de l'Université.
Rousselin, 1er président de la Cour royale, r. de l'Engannerie.
Boscher, préfet du Calvados, hôtel de la Préfecture.
Bertauld, 1er prési. honor. à la Cour royale de Caen, r. des Carmélites, 10.
Caussin de Perceval, procureur-général, r. des Carmélites, 10.
Donnet, maire de Caen, p. St-Sauveur, 20.
Edom, inspecteur de l'Académie, r. des Cordeliers, 2.
Ansart, inpecteur de l'Académie, r. de Bayeux, 13.
Delisles (Georges), doyen de la fac. de droit, r. des Croisiers, 13.
Thierry, doyen de la faculté des sciences, r. de Geôle, 50.
Bertrand, doyen de la faculté des lettres, r. Jean-Romain, 19.
Raisin, directeur de l'école de médecine et de pharmacie, r. Froide, 41.
Demolombe, professeur à la faculté de droit, p. Royale, 19.
Le Cerf, professeur honor. à la faculté de droit, r. de Geôle, 40.
Delafoye, professeur à la Faculté des Sciences, r. de l'Académie.
Roger, professeur à la Faculté des Lettres, r. de la Préfecture, 28.

Lafosse, professeur à l'école préparatoire de médecine et de pharmacie, r. de la Préfecture, 3.
Renard, proviseur du collége-royal, r. Guill.-le-Conquérant, 35.
Walras, prof. de phil. au Collége, r. Bretagne-Bourg-l'Abbé, 19.

AFFICHEURS.

Lemonnier, r. Mont.-de-la-Poissonnerie, 8.
Osmont, r. St-Jean, 208.
Souvigny, r. du Château, 18.

AGENTS D'AFFAIRES.

Buret, r. Tours-de-Terre, 6.
Coltée, r. de l'Odon, 15.
Doublet-Lafosse, r. de l'Académie, 4.
Durand, r. Bosnière, 7.
Foucher, r. du Milieu, 14.
Lelarge, r. aux Lisses, 23.
Lemière, cour de la Monnaie.
Levasnier, p. Royale, 7.
Mondehard, r. de Geôle, 32.
Paris, r. St-Martin, 61.
Picard, r. de Geôle, 25.
Regnouf, r. Bicoquet, 32.
Tirel, r. St-Martin, 70.

AGENTS DE POLICE.

1er arrondissement.

Rolland, r. des Teinturiers, 6.
Lefebvre, r. Caponnière, 27.

2e arrondissement.

Larue, r. St-Jean, 142.
Bellenger, r. de Vaucelles, près la venelle la Requête.

3e arrondissement.

Bourdon, r. de la Poste, 52.

Graffier, r. Basse, 18.

4e arrondissement.

Lefebvre, r. des Capucins, 35.
Lalance, r. St-Martin, 25.

AGENT-VOYER.

Mehedin, agent-voyer, chef du département et de l'arrondissement de Caen, imp. Cauvigny.
Bureaux à la préfecture.

AGRÉÉ AU TRIBUNAL DE COMMER.

Piel-Desruisseaux, r. de l'Odon, 19.
Rubin, r. St-Martin, 26.
Mesnil, pl. St-Martin, 10.
Levalois, r. St-Martin, 33.

AMADOU.

Macé, fabriq. d'amadou de Bordeaux, r. Gémare, 6.
Manoury (Nicolas) à la Maladrerie.

ARCHITECTES.

Guy, architecte en chef de la ville, r. Singer.
Beaumont, r. de la Comédie, 2.
Enout, Puits-ès-Bottes, 26.
Harou-Romain, r. des Jacob., 44.
Quéudeville, r. de Bayeux, 56.
Verolles, r. Neuve-du-Port.

ARMATEURS (voir aussi Négociants).

Angot, fils, rue des Quais.
Duperré-Crestey et C*, *poar bois du nord, lattes, ardoises, zing, plomb, clous, etc.*, rue des Quais, 92.
Foucard, noir animal et charbon, quai des Abattoirs.
Feugère (v*), pour sels et salaisons, r. de Vaucelles, 61.
Jobert frères, pour granit, chaux hyd., r. Guilbert, 18.
Lamy, pour sels, morue, goudron, charbons anglais, vins et liqueurs, r. des Carmes, 13.
Luard et comp., pour charb. angl., pierres de tailles, d'Allem. et d'Aubigny., pavés de toutes dimensions, r. de la Marine.
Ruault fils, pour sels, salais., fers et charb., r. de Vaucelles, 75.
Vautier frères, pour fer, charb. angl., etc., r. St-Jean, 238.
Verrier fils aîné, pour cotons et teintures, r. Hamon, 16.

ARMURIERS.

Brezolle, r. Hamon, 5.
Le Baron, r. St-Jean, 60.
Rebut, r. St-Jean, 178.

Vimard, r. de l'Oratoire, 1.

ARTIFICIERS.

Fleury, pl. de la Comédie.

ASSURANCES.

Assurance mutuelle immobilière contre l'incendie. Poriquet et Hettiers, directeurs, r. St-Jean, 79.
Assurance générale contre l'incendie, Bellamy, r. de Geôle, 20.
Assurance mutuelle mobilière contre l'incendie. Lebreton, directeur, r. des Carmélites, 5.
La Normandie; assurance mutuelle, mobilière et immobilière contre l'incendie; bureaux r. Ecuyère, 48. Chaumeil, direct., r. Basse-St-Gilles, 59.
Assurance Royale contre l'incendie. Boislambert, directeur, r. Neuve-St-Jean, 56.
Le Phénix, assurance mobilière et immobilière contre l'incendie. Seminel, directeur, imp. Hôtel Dieu.
Assurance maritime, r. des Quais, près la r. des Carmes.
L'Union, assurance mobilière et immobilière contre l'incendie. Dary, directeur, r. des Sables, 8.
La France, assurance contre l'incendie. Fournier, agent-gén., r. Guillaume-le-Conquérant, 23.
Le Soleil, assur. c. l'inc. Bonneserre, direct., r. des Jacobins.
La Prudence, assurance mutuelle mobilière et immobilière contre l'incendie. Godefroy, sous-directeur, r. St-Jean, 185.

L'Équitable, placement de fonds en rentes sur l'état. Godefroy fils, directeur, r. des Capucins, 31.

Assurance contre la mortalité des bestiaux. Pigault, directeur, place du Marché-au-Bois, 23.

CAISSE DES ÉCOLES ET DES FAMILLES.

Assurances mutuelles sur la vie, p. St-Sauveur, 8.

Caisse paternelle, associations sur la vie, représentée à Caen par M. de Lignerolles, r. de l'Oratoire.

Cette caisse est le complément du principe qui a formé les caisses d'épargne; son but est de développer de plus en plus dans les familles l'esprit d'ordre, de prévoyance et d'économie.

Ces associations présentent, à chaque survivant, *certitude* de recevoir au moins sa mise accrue de ses intérêts cumulés; *probabilité* de voir ce résultat considérablement augmenté par les extinctions, et *possibilité* d'arriver à plus du décuple de la somme placée, suivant la durée de l'engagement et l'âge des assurés.

AUBERGISTES.

Aubert, r. Caponnière, 1.
Aune, à la Maladrerie.
Aune, r. de la Boucherie, 25.
Auvray, r. Notre-Dame, 71.
Aze, r. St-Pierre, 28.
Barey, r. des Capucins, 88.
Beslon, p. de l'Anc.-Poisson., 3.
Binet, r. St-Jean, 73.
Boisard, r. aux Juifs, 16.
Bouiller, r. Notre-Dame, 62.
Bouin, r. St-Jean, 220.
Castel, r. de Vaucelles, 21.
Chemin, r. de la Chaîne, 20.
Cosnard, r. de Vaucelles, 50.
Cotentin, r. de la Marine, 6.
Dajon, r. Gémare, 11.
Damigny, r. d'Auge, 67.
Delaitre, dit Fourmy, r. St-Paix, 79.
Denis, r. de Falaise, 59.
Deschamps, r. de Vaucelles, 68.

Dumont, r. Pavée, 83.
Faucon, Marché-au-Bois, 23.
Fiché, r. St-Jean, 81.
Gazel, r. Branville, nouvel établiss! avec jard. de plaisance.
Hélouin, r. Caponnière, 19.
Hemery, r. de Vaucelles, 7.
Heringle, pl. de la Comédie, 13.
Jeanne, dit Jamet, r. du Vaug., 6.
Jourdain, r. de l'Odon, 12.
Laigle, venelle Buquet, 3.
Lamer, r. de Falaise, 70.
Lamer, rue de Falaise, 80.
Lamy, success. de St-Martin, pl. St-Sauveur, 3.
Leblais, r. St-Nicolas, 108.
Lechartier, r. St-Malo, 6.
Lefèvre, p. de l'Anc.-Poisson., 3.
Lemonnier (v°), mont. Poiss., 18.
Levard, impass Gohier, 2.
L'Honoré, r. de Vaucelles, 35.
L'Omer, r. St-Martin, 30.
Madeline, r. de l'Odon, 16.

— 13 —

Michel, r. Gémare, 11.
Martin, r. St-Jean, 57.
Monot, quai des Abattoirs.
Mottelay, Champ-de-Foire, 10.
Othon, r. Ste-Paix, 79.
Perier, r. Ste-Paix, 78.
Picard, r. du Tour-de-Terre, 12.
Planquette, r. de l'Eglise-de-Vaucelles, 4.
Ramousse, r. Basse, 7.
Rivière, r. St-Martin, 22.
Robert, r. du Vaugueux, 12.
Selincourt, r. Notre-Dame, 42.
Tillard, r. Notre-Dame, 75.
Tostain, r. Notre-Dame, 113.
Toutain, r. aux Lisses, 6.
Vallée, r. d'Auge, 12.
Yardin, cour de l'Anc.-Halle, 4.

AVOCATS PRÈS LA COUR ROYALE DE CAEN,

Suivant leur rang de réception.

Bayeux aîné, bât., ch. de l'ord., pl. St-Sauveur, 14.
Thomine père, r. des Cordeliers, 9.
Devic, anc. bât., r. St-Martin, 29.
G. Delisle, anc. bât., r. des Croisiers, 13.
Delauney, r. St-Martin, 24.
Joyau, anc. bât., p. St-Sauv., 27.
Lecerf, r. de Geôle, 40.
Dupray, r. Vilaine, 2.
Poignant, r. de la Chaîne, 12.
Simon jeune, anc. bât., r. des Cordeliers.
Ameline, anc. bât., r. Pémagnie, 2.
Thomine fils aîné, anc. bât., r. de Geôle, 46.

Chrétien, r. de Geôle, 42.
De Gournay, r. Gémare, 18.
De Boislaunay (Alex.), pl. St-Martin, 18.
Castel, p. St-Sauveur, 18.
Boscher, r. St-Martin, 29.
Simon (G.), r. Ecuyère, 48.
Laumônier, r. des Carrières-St-Gilles, 2.
Roger, r. de la Préfecture, 28.
Costy, r. de Geôle, 51.
Turgot, r. Pémagnie, 12.
Mabire, an. b., r. Ecuyèr   2
Boisard, r. St-Martin, 67.
Bardout aîné, r. Vilaine, 9.
Langlois, r. aux Namps, 18.
Feuguerolles, anc. bât., r. des Croisiers, 13.
Valot, impasse Ecuyère, 41.
Gervais, pl. St-Martin, 1.
Deboislambert, p. Royale, 14.
Thomine (Aug.), r. des Cordeliers, 9.
Bonnesœur, r. Guillaume-le-Conquérant, 17.
Durand, r. de Bosnières, 7.
Le Jametel, r. Guillaume-le-Conquérant, 9.
Courty, r. Bicoquet, 24.
Marc (G.), imp. Ecuyère, 37.
Demolombe, p. Royale, 19.
Bardout (Paul), r. Vilaine, 9.
De Caumont, r. des Jacobins.
Le Morieux, r. des Cordeliers, 4.
Devalroger, p. St-Sauveur, 19.
Marie, place Royale, 15.
Lefebvre.
Doublet, r. de la Chaîne, 18.
Dubois-Delauney, r. de l'Angannerie, 6.

Lamoureux, r. Vilaine, 4.
Cosne, r. de Geôle.
Sénécal, r. d'Auge.
Maheust, r. St-Sauveur, 43.
Massieu, p. St-Martin, 10.
Trolley (Alf.), r. Ecuyère, 25.
Dubisson (Théodore).
Leboucher, r. de l'Académie, 10.
Cauvet, place Fontette.
Levardois (Cas.), p. St-Sauv., 22.
Alexandre (Am.), p. Gémare.
Quesnel, r. St-Sauveur, 10.
Fauvel, r. Ecuyère, 46.
Lecavelier, r. Guil.-le-C., 3.
Deboislambert (Auguste).
Rupalley, r. St-Sauveur.
Chable, r. des Sables.
Lecourtois-Dumanoir.
Bertauld, secr., r. Ecuyère, 43.
Delacodre.
Caron, r. Ecuyère, 49.
Scheppers, p. St-Sauveur, 33.
De Guernon, r. de Bayeux, 22.
Cauville-Lachesnée, place St-Sauveur, 9.
Renou, r. St-Jean, 237.
Blanche, r. St-Manvieu.
Le Blond, r. Crespellière, 2.
Chesnel, r. St-Sauveur, 45.
Villey-Desmezerets, place St-Sauveur, 22.
Langlois jeune, r. St-Martin, 33.
Pays, r. de la Préfecture, 25.
Delangle (Charles).
Bonniceau.
Decarville.
Groualle.
Cusson, r. Guil.-le-Conq., 2.
Lecamus, place St-Sauveur.
Desnoyers, place Royale.

Laurens des Essars, place St-Sauveur, 10.
Delangle (G.), r. Ecuyère, 49.
Delisle (E.), r. des Croisiers, 13.
Jouis, r. Froide, 21.
Etienne.
Paris, r. de la Chaîne.
Le Maître-Desjardins-Montbrun.
Mofras.
Enault.
Delisle (L.), r. des Croisiers, 13.
Gohier.
Champsaud.
Durand jeune.
Hauttement.
Poignant, r. de la Chaîne, 12.
Lecordier, r. de l'E.-St-Jul., 3.
Dumesnil-Dubisson.
Trébutien, p. St-Sauveur, 10.
Deboislambert (Charles), place Royale, 14.
Valfrembert.

AVOCATS STAGIAIRES.

Hodiesne, r. des Croisiers, 18.
Roger (Adrien), r. de la Préfecture, 28.
Dupont, r. Pémagnie, 12.
Néel.
Hue, r. aux Lisses.
Boullement-Dingremard, r. de Geôle, 24.
Briand, r. St-Jean, 207.
Guillard.
De Boislaunay (Alex.-Jules,) p. St-Martin, 18.
Le Prêtre, r. Gémare, 20.
Tison-Beaumont.
Tragin, r. Pémagnie.
Plessis.

Lavarde.
Lépée-Décot, p. St-Sauveur.
Daligault.

CONSEIL DE DISCIPLINE.

Bayeux aîné, bât., président, place St-Sauveur, 14.
G. Delisle, r. des Croisiers, 13.
Thomine aîné, r. de Geôle, 46.
Ameline, r. Pémagnie, 2.
Boscher, r. St-Martin, 29.
G. Simon, r. Ecuyère, 48.
Mabire, r. Ecuyère, 42.
Bardout aîné, r. Vilaine, 9.
Langlois aîné, r. aux Namps, 8.
Feuguerolles, r. des Crois., 13.
Valot, impasse Ecuyère, 41.
Gervais, p. St-Sauveur, 19.
Demolombe, pl. Royale.
Doublet, r. de la Chaîne, 18.
Bertauld, secr., r. Ecuyère, 48.

AVOUÉS.

Avoués près la Cour royale de Caen.

Després, r. Pémagnie, 19.
Desmares, r. St-Manvieux, 4.
Leroy, r. Crespellière, 2.
Jardin, r. St-Sauveur, 2.

Davy de Virville, p. St-Sauv., 32.
Amiard, r. des Cordeliers, 10.
Bourdon, r. Ecuyère, 15.
Hommey-Margautier, r. de l'O-don, 13.
Roger, p. St-Sauveur, 26.
Hédon, p. du Collége-Royal.
Houlbey, r. Gémare, 8.
Loquet, r. Ecuyère.
Picard, r. St-Martin, 65.
Provost, r. St-Martin, 41.
Postel, r. Guill.me-le-Conq., 25.
Angot, p. St-Sauveur, 27.
Delaunay, r. Ecuyère, 48.
Mallet, r. St-Martin, 49.

AVOUÉ PRÈS LE TRIB. CIVIL.

Dupont, r. Pémagnie, 12.
Regnouf, r. aux Namps, 8.
Hastain, p. St-Sauveur, 24.
Degrenthe, r. Ecuyère, 49.
Foucher, r. des Cordeliers, 1.
Mesnil, p. St-Martin, 12.
Lefortier, p. St-Sauveur, 10.
Hédouin, p. St-Sauveur.
Levalois, r. St-Martin.
Benard, r. de la Chaîne, 3.
Roger, r. Pémagnie.
Guerrier, r. Ecuyère, 19.

BAINS PUBLICS.

Mme veuve Lair, Bains royaux, p. des Casernes de Vaucelles.

Hubert-Blondel, directeur des Bains russes, r. des Petits-Murs, 14, et r. Hamon, 5. Maison de santé, bains et douches de vapeurs, simples et médicales, bains d'eau simple et médicinaux.

Frosil, r. de Vaucelles, 44.
Guérard-Deslauriers, r. du Musée, près la pl. Royale.
Lair, r. des Jacobins, 46; entrée par la cour.

BALANCIERS.

Garat, r. Notre-Dame, 53 ; fournisseur des administrations de la douane, des octrois et des arsenaux de plusieurs départements garanties, une année.
Tassin, r. St-Jean, 9.

BANDAGISTES.

Fontaine, r. St-Jean, 31.
Leblond, r. St-Jean, 40.

Lefèvre (Amand), Pont-St-Pierre, 11.
Lefèvre (Joseph), Pont-St-Pierre, 4.

BANQUE DE FRANCE (succursale).

Lecesne, directeur, r. Guilbert, 24, et r. des Carmes.
Antonetti (Casimir), r. Guilbert, 24, et r. des Carmes.

Cette succursale escompte les valeurs timbrées à trois signatures jusqu'à trois mois d'échéance sur Caen, Paris et les villes où la Banque a des comptoirs, à 4 p. °[.] par an. Emet des billets à vue et au porteur de 1,000 et de 250 fr., payables à Caen, conformément à l'ordonnance du 25 mars 1841. La banque de France rembourse à Paris les billets de ses comptoirs.

BANQUIERS.

Bellamy et recouvrements, r. de Geôle 20.
Brunon (Léon) et recouvrement r. de l'Engannerie, 3.
Donnet aîné et recouvrements, et pour l'étranger, p. St-Sauveur, 20.
Guilbert et comp., r. de Bernières, 12.
James, escompte et recouvrements et pour l'étranger, r. de Bernières, 10 *bis*.
Jardin, r. St Jean, 142.
Lemannissier (v°), r. Neuve-St-Jean, 5.
Lemonnier, r. des Jacobins, 6.
Marie, pl. Royale, 15.
Pouilly, escompte, recouvrements et l'étranger, r. de Bayeux, 35.

BAS ET BONNETERIE.

(Fabricants et marchands.)
Bellamy, maison à Paris, r. de Geôle, 20.
Bisson, pl. St-Pierre, 9.
Bisson, r. d'Auge, 83.
Boissée, r. St-Jean, 59.
Chauvin, r. du Vaugueux, 19.
Gabrie, r. du Gaillon, 12.
Gosselin, march. et fabr., r. St-Etienne, 153.
Gosselin, pl. St-Gilles, 9.
Gournay, r. du Vaugueux, 28.
Guittard, r. St-Pierre, 19.
Jehanne, venelle aux Chev., 4.
Jouanne-Duval, r. N.-Dame, 59.
Jourdain, r. Basse, 46.
Kergosien, r. des Capucins, 24.
Lance, r. St-Jean, 70.
Lebailly, r. Notre-Dame, 77.
Leneveu, r. d'Auge, 21.

Lepelletier, r. Guill.-le-Conquérant, 16.

Letest-Chibourg, magasin de grand assortiment de toutes espèces et de toutes couleurs, r. St-Pierre, 5.

Letourneur, r. Guillaume-le-Conquérant, 19.

Manoury, r. aux Lisses, 2.

Michel (veuve), fabric., r. de la Délivrande, 8.

Mouillard, Pont-St-Jacques, 2.

Picard, r. St-Pierre, 35.

Planquette, r. Notre-Dame, 55.

Postel, venelle aux Chevaux, 3.

Renou-Lamarre, r.St-Pierre,39.

Ricard fils, r. St-Pierre, 25.

Ricard, pl. Royale, 21.

Richet-le-Normand, r.Froide, 3.

Richer, r. Branville, 55.

Rosée, pl. Royale, 15.

Rossignol, r. Montaigu, 57.

Roulin, r. St-Paix, 28.

Sénécal, r. St-Pierre, 1.

Sorel, r. du Vaugueux, 28.

Vautier, r. Ecuyère, 8.

Vautier, r. St-Jean, 39.

Vautier, pl. Malherbe, 8.

BATEAUX A VAPEUR.

Tous les jours, suivant l'heure de la marée, part un bateau à vapeur, le Calvados ou la Neustrie, pour le Havre. Le bureau est situé sur le Quai. M. Morin, gérant, pl. d'Armes.

BAZAR AU 100,000 ARTICLES.

Maison Nathan, r. St-Jean, n° 16.

BEAULIEU.

Maison de détention, située à 3 kilomèt. de la ville de Caen, route de Bayeux. Cette prison est une des plus fortes de la France par sa construction et son enceinte.

Personnel de Beaulieu.

Dodun, directeur.

Roubaud, sous-directeur.

Foucher, inspecteur.

Noblot, greffier comptable.

Régnault, commis aux écritures.

Boisard, id.

Dupont, aumônier.

Buffard, aumônier-adjoint.

Paris, instituteur.

Raisin, médecin, à Caen.

Lebidois, chirurgien, à Caen.

Sergent, pharmacien, à Beaulieu.

Pean, gardien chef.

BEURRES (marchands de).

Bisson, r. St-Jean, 191.

Donnet, r. de Vaucelles, 92.

Gosselin, r. Graindorge, 7.

Laurent, r. St-Jean, 40.

Moisson, r. du Vaugueux, 25.

Noel, r. Notre-Dame, 79.

Vitard, r. de la Préfecture, 19.

BIBLIOTHÈQUE DE LA VILLE DE CAEN.

La bibliothèque est située dans une des salles de l'Hôtel-de-Ville; elle est ouverte tous les jours, excepté les fêtes et dimanches, de 10 h. à 4 h. Les vacances ont lieu du 1er au 30 août.

Conservateurs.

Leflagais (Alphonse), r. des Jacobins.
Mancel, r. Hamon.

Conservateur-adj., Trébutien.

BIÈRES (fabricants de).

Boisard, r. de Falaise, 92.
Boissée, r. Frementelle, 1.
Collet, r. de la Marine, 6.
Noë, r. de la Boucherie, 31.
Tillard, r. Frementelle, 9.

BIMBELOTIERS.

Brulé, r. des Tinturiers, 16.
Favier, pas. Bellivet, 14.
Lange, r. des Petits-Murs, 2.
Rousseau, r. St-Jean, 25.
Seigneurie-Becquet, r. S-Jean, 97.

BLANCHISSEURS.
(*Voir Lessiviers.*)

BLANCS (marchands de).

André, r. Notre-Dame, 52.
Basly et comp., r. St-Jean, 107.
David, r. Pont-St-Jacques, 3.
Ferouille, r. du Moulin, 3.
Lamare, r. St-Jean, 33.
Leblanc, pont St-Jacques, 5.
Lecomte, r. Notre-Dame, 107.
Leroy, r. St-Jean, 68.
Miniot, r. Notre-Dame, 78.
Polin et Besognet, r. Notre-Dame, 81.
St-Légère, r. Notre-Dame, 71.
Varin, place Royale, 23.

BLONDES ET DENTELLES (fabric. et marchands).

Allard, r. Notre-Dame, 105.
Ange, r. Guilbert, 4.
Beaujour frères, r. Vilaine, 25.
Bellenger-Lefrançois, fabriq. crochets et articles de grande nouveautés, r. de l'Orat., 18.
Bellenchère, ven. aux Chev., 2.
Bidard, fabr., pl. Royale, 6.
Boisnet, r. Notre-Dame, 91.
Boivin, spécialité de dentelles noires, châles, voiles, Echarpes, etc., r. des Sables, 12.
Boivin fils, fab., r. St-Pierre, 21.
Bougy-Yvonnet, r. Bosnière, 9.
Chapel, r. du Vaugueux, 41.
Couvin-Delorme.
Criquet, ven. aux Chevaux, 17.
Dauphin-Valembourg fils aîné, pont St-Jacques, 2.
Deshayes, r. des Jacobins, 44.
Desloges et Lemonnier, r. des Quais, 36.
Desportes, rue St-Jean, 120.
Drouet, cour de la Monnaie.
Dubois (Dlle), r. Ecuyère, 52.
Dujardin, voiles, châles, mantilles et écharpes, r. Graindorge, 17.
Duval (Achille), magas. de soie pour dentel., r. des Quais, 36.
Falue (Mme), Porte-au-Berger, 13.
Falue, r. St-Etienne, 145.
Flecher

Fortin,

Foucher, r. Puits-ès-Bottes, 25.

Fradel, r. Basse, 41.

Fremont, r. des Quais, 18.

Gautier-Daleschamps, r. St-Pierre, 21.

Guilmoto et Provencal, voiles, etc.

Gosselin, r. St-Jean, 84.

Guerard, r. Notre-Dame, 52.

Haulard-Labrière, magasin de dentelles, r. St-Jean, 162.

Hélaine, r. Notre-Dame, 119.

Hubert, fabr., r. Basse, 18.

Isabelle fils, r. des Carmélit., 11.

Jeanne, r. du Puits, 5.

Jouenne, r. vell.-aux Chev., 1.

Jouin, r. Pailleuse, 5.

Jouin, r. de l'Hôtel-de-Ville, 24.

Keenan, r. du Moulin, 20.

Kirk et cie, r. St-Jean, 194.

Lacroix, r. St-Jean, 206.

Lahaye, fabr., pl. Royale, 6.

Langrais, r. des Cordes-S-Gil., 6.

Lebrun, r. d'Auge, 61.

Lechesne, dit Lacroix, r. St-Jean, 204.

Leclerc, r. de l'Oratoire, 20.

Lecoq, r. St-Martin, 17.

Lécuneau (Mme), r. du Moulin, 20.

Lemore, r. de Bernières, 13.

Lenoir (Dlle), r. St-Etienne, 141.

Lepetit, r. St-Jean, 191.

Longuet, r. de la Préfecture, 27.

Merouze, fabr., r. du Havre.

Michel, porte au Berger, 11.

Michel, r. du Vaugueux, 69.

Montigny (mme), r. N-Dame, 106.

Morin, fabr., r. Neuve-du-Port.

Nostré, fabr., r. P-St-Jacques, 5.

Pagny, mag. de blondes, voiles et mant., mont. de la Pois., 18.

Piquot, r. Notre-Dame, 70.

Polin et Besognet, r. Not.-D., 72.

Postel jeune, r. Gémare, 5.

Retout, fabr., porte au Berger, 1.

Ricard, r. du Vaugueux 5.

Richer-Hervieu, tulles brodés, r. des Carmes, 12.

Robillard (Dlle), r. des Jacob., 10.

Soié-Suriray, r. de Bernières, 10.

Tête, r. de la Comédie, 2.

Torcapel, magas., r. St-Laurent, 14, et maison à Paris.

Valette, r. des Carmes, 34.

Valette-Heuzey, tulles brodés et fabr., r. St-Laurent, 16.

Varin, r. au Canu, 4.

Vautier, mag., r. Jean-Romain.

Verrier, r. des Jacobins, 21.

Vignes et Danneron, fabr. et maison à Paris.

Villain, magas. de tulles brodés, r. Guillaume-le-Conquér., 4.

Violard, voiles brodés, robes, etc., et maison à Paris.

Walsh, r. Singer, 13.

Westjamin, r. St-Jean, 75.

BLOUSES (mds de)

Bercher, venelle aux Chev., 3.

Buron, r. Froide, 43.

Faluc, venelle aux Chevaux, 2.

Lebœuf, venelle aux Chev., 5.

Renault, venelle aux Chev., 3.

BOIS (mds de)

Delaunay, r. S.-Jean, 232.

Duperré-Crestey, bois du nord, lattes, ardoises, zinc, plomb, clous, etc., r. des Quais, 92.

Fleury-Thibault, bois de chêne et sapin du nord, r. des Carmes, 53.
Lebourguignon, r. des Quais, 96.
Lecointe, r. de la Place.
Lecointe, impasse Hôtel-Dieu.
Verel, mag. de bois, ardoises et autres articles de construction, r. Frementel, 4.

BON-SAUVEUR.

R. des Capucins, 55 (*v. couvents*).
M. l'abbé Jamet, aumônier.

BOTTIERS-CORDONNIERS.

Aubert, r. St-Jean, 68.
Baris, r. des Capucins, 30.
Bazourdy, r. S.-Jean, 106.
Beliard, r. des Carmes, 56.
Bidard, r. St-Jean, 98.
Billaunet, r. du Moulin, 2.
Binet, r. de Branville, 73.
Boisée, r. de Falaise, 46.
Bon, r. St-Sauveur, 20.
Bouillard, pass. Bellivet, 4.
Bourget, r. de Bayeux, 79.
Briand, r. des Teinturiers, 3.
Chippel, r. Guill.-le-Conq., 29.
Dubosq, r. Notre-Dame, 107.
Dubreuil, r. St-Jean, 86.
Duchemin, r. au Canu, 6.
Dumaine, r. St-Jean, 169.
Essiard, cour de la Monnaie, 6.
Fanet, r. du Havre.
Farolet, r. St-Etienne, 127.
Giot, r. Gémare, 12.
Gouet, r. du Tour-de-Terre, 23.
Guilbert, r. de Branville, 10.
Guérin, pass. Bellivet, 38.

Hélouis, pont St-Pierre, 6.
Jeanne, dit Trempain, r. des Jacobins, 8.
Jeanne, r. St-Jean, 155.
Lebarbier, r. Notre-Dame, 106.
Labatte, r. St-Jean, 155.
Lebrin, r. de Vaucelles, 42.
Lecointe, r. Hamon, 2.
Leforestier, Gr.-Pl.-St-Gilles, 1.
Lenoble, r. des Capucins, 20.
Lepelletier (v°), r. Coupée, 5.
Lepetit, r. des Capucins, 26.
Leprince, r. des Carmes, 4.
Leroy (P.), r. du Vaugueux, 13.
Leroy, r. Notre-Dame, 102.
Leroy, ven. aux Chevaux, 1.
Letellier, r. St-Etienne, 127.
Letellier, r. St-Jean, 121.
Liégard, r. de Falaise, 23.
Liégard, r. St-Jean, 241.
Liot, r. du Ham, 1.
Luard, r. de Vaucelles, 116.
Maheut, r. Basse, 15.
Mauger, r. Notre-Dame, 86.
Menard, r. St-Jean, 235.
Menard, ven. aux Chev., 16.
Montreuil, r. des Capucins, 46.
Mullet, r. St-Jean, 88.
Pauger, r. Vilaine, 20.
Pêche, r. de Vaucelles, 28.
Pelfresne (Ch.), pass. Bellivet.
Pinchard, pont St-Pierre, 4.
Postel, pl. de la Mare, 7.
Prével, r. Hamon, 10.
Thouvenel, r. Notre-Dame, 107.
Verdant, r. Guill.-le-Conq., 4.
Vasnier, r. d'Auge, 26.
Vautier, r. St-Nicolas, 93.

BOUCHERS.

Adam, mont. de la Poissonn., 7.

Bedouelle, r. St-Jean, 48.
Bidouelle, r. des Sables, 72.
Binet, r. de Vaucelles, 122.
Blin, r. Caponnière, 20.
Callard, r. de Falaise, 5.
Catillon, r. des Sables, 4.
Clérisse, r. St-Jean, 158.
Cornet, r. Ecuyère, 23.
Cornet, r. de Vaucelles, 25.
Cornet, r. de Vaucelles, 71.
Cornet, r. de la Boucherie, 7.
Cornet-Farolet, Boucherie, 11.
Deslandes, r. de la Boucher., 13.
Docagne, r. St-Malo, 2.
Guilbert, r. de Vaucelles, 46.
Guillet, r. St-Jean, 131.
Guillot, r. St-Jean, 213.
Hébert, r. de la Boucherie, 15.
Houel, r. St-Malo.
Houel, r. du Vaugueux, 1.
Lavigne, r. du Moulin, 15.
Lavergie (v^e), r. aux Lisses.
Lavigne, r. des Sables, 4.
Lebaron, r. de la Boucherie, 19.
Lebreton, r. St-Jean, 92.
Lecerf, à la Maladrerie.
Leléger, r. du Moulin, 10.
Lechartier fils, r. St-Pierre, 36.
Lechartier, dit Lange, r. St-E-
tienne, 131.
Lecointe, r. de la Boucherie, 9.
Lecourtois (v^e), r. du Moulin, 7.
Legost (v^e), pl. de l'Ancienne-
Boucherie, 39.
Maheux, r. Vilaine, 23.
Marc, mont. de la Poiss., 33.
Meriette, mont. de la Poiss., 8.
Quentin, r. St-Sauveur, 18.
Quentin, r. Caponnière, 13.
Sainte-Croix, r. de la Bouch., 6.

Saulmier, r. de Geôle, 8.
Thomine, dite Chesnel (v^e), r. St-
Jean, 164.
Tostain, r. Caponnière, 20.
Valette, r. Ecuyère, 11.
Vassel, r. St-Nicolas, 91.

BOULANGERS.

Babulée, r. du Vaugueux, 3.
Baton, r. Vilaine, 10.
Basly, à Couvrechef.
Bazire, r. de Falaise, 7.
Benard, r. d'Auge, 82.
Bertaume, r. St-Etienne, 122.
Betourné, r. Basse, 23.
Binet, r. des Capucins, 74.
Boivin, mont. de la Poisson., 25.
Boivin, p. de l'Anc.-Poisson., 7.
Bompain, r. des Jacobins, 13.
Boucamps (v^e), r. St-Jean, 60.
Bourienne, v. aux Chevaux, 22.
Brunet, r. Caponnière, 25
Busnel, place de la Mare, 1.
Catherine, pl de l'Anc.-B., 520.
Champin, r. Vilaine, 10.
Chesnel, r. Notre-Dame, 113.
Chevalier, r. St-Jean, 165.
Chuquet, r. Ste-Paix, 20.
Gingal, r. Ste-Paix, 24.
Criquet, r. de Falaise, 8.
Couvrechef, r. de Vaucelles, 60.
Criquet, r. St-Jean, 198.
Criquet, r. de Geôle, 13.
Daumesnil, r. Guil.-le-C., 4.
Defrance, r. du Vaugueux, 22.
Deshayes, r. Notre-Dame, 55.
Deshayes, r. Notre-Dame, 53.
Deshayes, r. Notre-Dame, 93.
Delaunay, r. d'Auge, 5.
Denis (v^e), r. de Vaucelles, 69.

Derénemesnil, r. des Teint., 16.
Diée, r. de Bayeux, 71.
Diée, r. aux Lisses, 44.
Dérel, r. Caponnière, 12.
Duchemin, r. St-Pierre, 4.
Duclos, r. St-Jean, 116.
Dumont, r. de Bayeux, 88.
Dupont, r. de Falaise, 19.
Duvelleroy, r. Graindorge, 3.
Duvelleroy, r. des Capucins, 22.
Fleury, r. Royale.
Fontaine, r. Puits-ès-Bottes, 4.
Fournet, r. de Vaucelles, 43.
Fournet, r. du Pavillon, 6.
Fournet, marché au Bois, 15.
Gallebis, r. de Vaucelles, 43.
Gallois, r. de Vaucelles, 45.
Gilbert, pl. de la Comédie, 4.
Gobin, r. de Vaucelles, 83.
Godard, r. des Quais.
Godard, r. aux Lisses, 10.
Godard, r. Pavée, 93.
Grouet, r. Ste-Paix, 60.
Guillot, r. St-Jean, 213.
Guy, r. St-Jean, 149.
Harang, r. de Vaucelles, 64.
Halley, r. d'Auge, 82.
Haulard, r. St-Jean, 234.
Hellouin, r. Branville, 42.
Hue, r. de Falaise, 35.
Hugues, r. St-Jean, 36.
Huguet, cour de la Monnaie, 2.
Jardin, pl. St-Sauveur, 7.
Laballe, r. St-Jean, 60.
Lacour, r. Froide.
Lahousse, à la Maladrerie.
Lair, r. St-Jean, 228.
Lantier, r. Formage, 3.
Larcher, à la Maladrerie.
Lecomte, v. aux Chev., 14.

Launay, r. de Vaucelles, 48.
Laurent, mont. Poisson., 9.
Lebaron, r. des Capucins, 56.
Lebourlier, r. Caponnière, 28.
Lebrun, r. St-Sauveur, 14.
Lebrun (v°), r. St-Jean, 171.
Lecointe, r. des Capucins, 50.
Lecocq, r. du Moulin, 16.
Lecordier, r. St-Etienne, 120.
Ledain, r. St-Jean, 77.
Ledain, r. du Puits-ès-Bottes, 6.
Lefevre, mont. de la Pois., 15.
Lefevre, r. St-Jean, 257.
Lefevre, r. Guil.-le-Conq., 28.
Legrand, r. St-Pierre, 34.
Lemarchand, à Couvrechef.
Lenault, r. St-Etienne, 133.
Leneveu, r. St-Martin, 40.
Lenoble, r. Neuve-St-Jean, 36.
Leléger, r. St-Jean, 216.
Lepeltier, r. Branville, 43.
Lepeltier, r. Notre-Dame 99.
Lepeltier, r. des Capucins, 120.
Lepeltier, r. Puits-ès-Bottes, 6.
Lepetit, à la Maladrerie.
Lepy, r. St-Jean, 216.
Letellier, r. St-Etienne, 153.
Letouzé, r. des Quais, 10.
L'Honneur, r. Caponnière, 23.
Madeline, r. aux Lisses, 48.
Marguerite, r. St-Jean, 102.
Marie, r. des Capucins, 22.
Marie, r. Ecuyère, 7.
Mauger, r. de Bayeux, 34.
Nicolle, venelle Campion, 3.
Noel (v°), p. de l'A.-Bouch., 120.
Noel, r. Pémagnie, 11.
Pagny, r. Ecuyère, 16.
Palais, r. des Carmes, 62.
Palais, r. Pavée, 102.

Petermann, r. Froide, 37.
Peulier, à la Folie.
Philmont, r. aux Lisses, 24.
Poupinel, r. St-Jean, 55.
Radiguet, r. du Vaugueux, 13.
Radiguet, r. Guerrière, 1.
Renault, r. St-Martin, 60.
Renouf, r. de Bayeux, 54.
Richer, r. St-Jean, 193.
Robert, r. Caponnière, 56.
Roger, r. de Vaucelles, 28.
Roques, r. du Vaugueux, 32.
Rosier, ven. aux Chev., 20.
Roussel, r. Neuve-St-Jean, 3.
Saillenfest, r. Froide, 6.
Tavernier, r. Gémare, 18.
Thurin, r. Notre-Dame, 50.
Toquet (v°), r. du Vaugueux, 36.
Varignon, r. Caponnière, 5.
Viel, r. St-Sauveur, 35.

Vincent, r. Formage, 3.
Voisin, r. St-Jean, 55.
Voisin, r. Basse, 10.

BOUQUINISTES.

Clérisse (v°), r. Écuyère, 40.
Harel, r. Écuyère, 46.
Lecoq, r. Calibourg, 15.

BOURRELIERS.

Desclais, r. St-Nicolas, 73.
Fauvel, r. Guill.-le-Conq., 29.
Hamel, pl. de l'Ancienne-Bou-
  cherie, 1.
Hébert, r. aux Lisses, 27.
Hue, r. de Vaucelles, 45.
Hue, r. du Vaugueux, 7.
Roussel, r. des Capucins, 27.
Legallois, r. Hamon, 3.
Rivière, r. des Capucins, 27.

BOURSE DE COMMERCE.

L'hôtel de la Bourse, dit Levalois, est situé pl. St-Pierre.
Dans une de ses salles se tient le Tribunal de Commerce.

BOUTONS (fabricants de).

Bégin, à la Maladrerie. | Juel, à la Maladrerie.

BRASSEURS (*voir fabricants de bière*).

BUREAU DE BIENFAISAGCE.

Donnet, maire de Caen, président, pl. St-Sauveur.
MEMBRES.   Abel-Vautier, r. St-Jean, 238.
            Cauvet, place Fontette.
            Fourneaux, médecin, r. Guilbert, 8.
            Royer, curé de St-Etienne.
SECRÉTAIRE. Lebailly, place Royale, 23.
RECEVEUR.   Demaugenest, r. Guillaume-le-Conquérant, 35.

BUREAU DE POSTES AUX LETTRES.

L'hôtel des Postes est situé rue de l'Hôtel-de-Ville.
M. Voisin, directeur, à l'Hôtel des Postes.

Les bureaux sont ouverts tous les jours.

Pour les affranchissements, chargements de lettres, la reception et le paiement des articles d'argent, depuis 7 heures du matin jusqu'à 7 heures du soir.

Outre la boîte de la direction, rue de l'Hôtel-de-Ville, 4 autres sont placées en ville :

Une r. Guillaume-le-Conquérant, 35.
À Saint-Julien, r. aux Lisses, 14.
Porte-au-Berger, 15.
Rue de Vaucelles, 26.

Deux départs se font chaque jour pour Paris.

Première levée de la boîte, à midi et demi. Premier départ, à 1 heure du soir.

Dernière levée à 5 heures du soir. 2ᵉ départ, expédié par Rouen, à 5 heures et demie.

Les objets d'impression, tels que journaux, brochures, circulaires, etc., doivent être présentés au bureau une heure à l'avance de chaque départ.

CABARETIERS.

André (vᵉ), r. de Vaucelles, 24.
Aubey, marché au Bois, 19.
Aunay, r. de la Fontaine, 1.
Auvray, à la Maladrerie.
Bellaise, r. Caponnière, 6.
Benoist, r. de Geôle, 4.
Bertrand, r. Pémagnie, 15.
Beslon, pl de l'Anc.-Poiss., 3.
Bisson, r. Notre-Dame, 83.
Borel, r. St-Malo, 16.
Brebis, r. de Falaise, 10.
Buhour, r. de Falaise, 94.
Chartier, pl. St-Sauveur, 9.
Cœuret, r. de la Boucherie, 27.
Collet, r. de Geôle, 4.
Colombat, p. de la Préfecture, 13.
Desbleds, montoir de la Poissonnerie, 19.
Desplanques, r. de Vaucelles, 11.
D'Hermilly, r. St-Jean, 144.
Doupesse, r. St-Jean, 253.
Dubosq, r. St-Jean, 226.
Dujardin, r. Calibourg, 5.
Durand, à la Maladrerie.
Ellier, r. aux Lisses, 1.
Faucon, r. des Capucins, 34.
Féron, r. Stᵉ-Paix, 4.
Fleury, pl. de la Comédie, 9.
François, r. Formage, 2.
Frilay, pl. St-Sauveur, 7.
Germain, r. de Lisieux, 32.
Goden, pass. Bellivet, 27.
Gosse (vᵉ), r. Formage, 1ᵉʳ.
Guilbert, r. Pont-Créon, 19.
Guille, r. St-Jean, 257.
Guillemette, q. de Juillet.
Hamon, r. de Falaise, 61.
Hébert, à la Maladrerie.
Herrier, r. Basse, 14.
Hue, venelle aux Chevaux, 9.
Huet, r. St-Pierre, 12.

Jeumelle, r. du Pavillon, 21.
Jourdain, r. de l'Odon, 14.
Labbé, r, Ste-Paix, 78.
Lair, r. de Vaucelles, 9.
Lebreton, r. de la Marine, 5.
Lechartier, r. Pémagnie, 23.
Lechevalier, r. St-Jean, 222.
Lecourtois (ve), r. de Falaise, 49.
Ledoux, Porte-au-Berger, 5.
Lefèvre, r. des Quais, 2.
Legouix (ve), r. St-Pierre, 151.
Lehot, r. St-Jean, 183.
Lemaitre, r. des Jacobins, 4.
Lemarchand, r. N.-D., 87.
Lemarier, r. de la Boucherie, 5.
Lemercier, r. de Falaise, 28.
Lemonnier, r. Hamon, 3.
Lenormand, r. Notre-Dame, 105.
Lepailleur, r. Notre-Dame, 78.
Leroux (ve), r. St-Malo, 15.
Leroy, r. du Vaugueux, 15.
Letellier, mont de la Poiss., 19.
Macé, r. de Tours, 11.
Madelaine, r. St-Jean, 189.
Mahieu (ve Lambert), r. de la
  Boucherie, 11.
Malombe, quai de Juillet.
Malou, r. St-Jean, 213.
Mancel, à la Maladrerie.
Mathan, r. Neuve-du-Port.
Meleux, r. Gémare, 6.
Niard, r. Ecuyère, 26.
Nicolle, ven. aux Chevaux, 16.
Ozanne, r. P.-au-Berger, 15.
Pallix, venelle Mesnil-Thouret.
Pannier, r. de Geôle, 5.
Ponteau, r. du Havre, 3.
Putot (ve), r. Basse, 9.
Renault, r. d'Auge, 8.
Ricard, r. Notre-Dame, 60.

Rivière, r. de Falaise, 63.
Rocamcourt, p. de l'Anc.-P., 5.
Sabine, r. Ste-Paix, 70.
Tribouillard, pl. St-Sauveur, 1.
Vengeon, r. aux Juifs, 8.
Zejequel, r. St-Louis, 4.

CABINETS LITTÉRAIRES.

Goujon (Mlle), pas. Bellivet, 27.
Saillenfest (Mme), p. St-Sauv., 14.

CABRIOLETS (voir voitures).

CAFETIERS.

Artur, pl. Royale, 13.
Barbey, r. de Vaucelles, 89.
Basselin, r. Hamon, 6.
Bathenhausen, r. de Vauc., 32.
Bertrand, r. Pémagnie, 15.
Binet, pl. Royale, 3.
Bisson, r. St-Jean, 23.
Brazil, r. Jean-Romain, 1.
Cointet, r. St-Etienne, 147.
David, r. de l'Oratoire, 10.
Desmarais, pont St-Jacques, 9.
Dubosq, pl. de la Comédie, 6.
Duparc, pl. St-Sauveur, 11.
Félix, Champ-de-Foire.
Frontin, r. St-Pierre.
Gallet, r. de Vaucelles, 94.
Gony, r. de la Fontaine, 2.
Isabelle, r. de Bernières, 3.
Jalley, r. St-Pierre, 43.
Janin, r. St-Sauveur, 25.
Jeanne, marché aux Bois, 13.
Labrousse, r. de Vaucelles, 2.
Lafontaine, ven. Ste-Blaise, 1.
L'Allemand, r. St-Martin, 15.
Lamer, r. de Vaucelles, 25.
Lechangeur, r. de Vauc., 58.
Lecorneur, r. de Vaucelles, 81.

Legrix, r. St-Martin, 13.
Lemonnier, r. des Carmes.
Leparmentier, r. St-Jean, 263.
Leprovost, r. St-Jean, 243.
Leroy, r. St-Jean, 163.
Leroyer, r. Notre-Dame, 67.
Lesiard, ven. aux Chevaux, 6.
Letellier, r. St-Jean, 69.
Loisel, pl. St-Sauveur, 6.
Manière, r. de Vaucelles, 54.
Martin, r. St-Etienne, 143.
Martin, r. Notre-Dame, 87.
Morin, r. St-Jean, 90.
Motelay, r. St-Pierre, 29.
Mottelay, r. du Moulin, 12.
Paret, r. St-Laurent, 8.
Patard, r. de l'Oratoire, 1.
Piel, marché aux Bois, 10.
Radiguet, r. Notre-Dame, 42.
Richard, pas. Bellivet, 37.
Rivière (v*), pl. Royale, 2.
Salles aîné, r. de l'Odon, 23.
Salles jeune, p. de l'Ancienne-
  Boucherie, 110.
Tharin, ven. aux Chevaux, 8.
Tison, r. St-Jean, 85.

CARRIERS.

Brunet (Arch.), à la Maladrerie.
Brunet, à la Maladrerie.
Lachesnée, à la Maladrerie.
Lance, à la Maladrerie.

CARROSSIERS-SELLIERS.

(*Voir Selliers.*)

CASQUETTES (march.)
(*Voir aussi Chapeliers.*)

Barzuglia, ven. aux Chev., 23.

Bonifazi (v*), ven. aux Chev., 4.
Coly, pas. Bellivet, 8.
Lange, pas. Bellivet, 8.
Quétron, r. de Vaucelles, 36.
Thomassé, r. Notre-Dame, 84.

CHAPELIERS.

Boutrais, pl. St-Pierre, 12.
Festu, ven. aux Chevaux, 4.
Hubie, r. de Vaucelles, 29.
Huc, r, St-Pierre, 5.
Lecointe, r. du Vaugueux, 5.
Lefebre, r. St-Etienne, 120.
Lefrançois, r. St-Jean, 94.
Manoury, pont St-Pierre, 15.
Mirey, r. Guill.-le-Conquér., 2.
Réverdy, ven. aux Chev., 19.
Rebillard, r. Ste-Paix, 28.
Tassotte, r. de Vaucelles, 106.
Vasnier, r. St-Jean, 179.

CHARBON ANGLAIS.

Foucard, quai des Abattoirs.
Lamy, r. des Carmes, 13.
Luard (v*) et comp., r. de la
  Marine.
Paulmier, r. des Carmes, 70.
Ruault, r. de Vaucelles, 75.
Vautier frères, r. St-Jean, 238.

CHARCUTIERS.

Couteux, r. St-Pierre, 15.
Couvrechef, r. de Vaucelles,
Couvrechel, r. St-Jean, 27.
Decouinck, r. Caponnière, 13.
Grimbert, r. St-Pierre, 11.
Lebrun, r. St-Etienne, 139.
Lemaire, r. Saint-Jean, 128.
Normand, r. St-Jean, 130.

CHARPENTIERS.

Auvray, à la Maladrerie.
Duprey, r. Basse, 16.
Grenier, r. Guill.-le-Conq., 2.
Grenier, r. du Vaugueux, 35.
Lance, r. des Carmes, 66.
Lecouvreur, r. de Bayeux, 74.
Lefevre, à la Maladrerie.
Lelièvre, r. de Bayeux, 125.
Leroy, r. Sté-Paix, 28.
Marguerite, r. des Capucins, 98.
Marie, r. de Bosnières, 21.
Mezaise, r. de Falaise, 36.
Pouillot, r. des Carmes, 64.
Sénécal, à la Maladrerie.
Verolle, r. Basse, 20.

CHARRONS.

Blanche, r. d'Auge, 27.
Boursier, r. du Vaugueux, 25.
Dumaine, r. de la Pigacière, 2.
Gourdier, r. Bosnière, 2.
Hudiard, imp. Hôtel-Dieu.
Jeanne, dit Valence, r. de Bay., 9.
Piéplu, r. d'Auge, 15.
Pitel, r. St-Laurent, 5.
Samson, r. du Gaillon, 2.
Thierry, r. des Teinturiers, 17.
Thierry, r. Royale.
Vauquelin, r. aux Juifs, 8.

CHAUDRONNIERS.

Barbot, r. St-Jean, 125.
Devaux, r. de Vaucelles, 106.
Dumesne, pl. St-Pierre, 11.
Eudes, r. Caponnière, 4.
Faudet fr., r. de la Comédie, 6.
Fouquet-Borel, r. St-Malo, 14.
Floh, r. St-Etienne, 116.
Havard, r. St-Etienne, 112.

Henry, r. St-Lauren, y 8.
Hurel, r. d'Auge, 66.
Jamet, pl. Malherbe, 2.
Lelegard père, r. St-Sauveur, 9.
Lelegard fils, r. aux Namps, 4.
Liot, r. Calibourg, 11.
Pisani, r. de Falaise, 14.
Samson, r. du Gaillon, 2.

CHAUX.

(*Voir négociants et plâtriers.*)

CHEMISES (m^{ds} de).

Branca, r. St-Jean, 187.
Lebaron-Bacon, r. St-Jean, 180;
fabrique et magasin de cheminées, poêles, calorifères et
fourneaux de cuisine.

CHEVAUX (m^{ds} de).

Aubert, r. des Fiefs.
Benard, r. d'Auge, 14.
Halley, r. Frementel, 11.
Marion, r. de l'Académie, 10.
Morin, imp. Gohier, 5.

CHIFFONS (m^{ds} de).

Anguehard fr., r. N.-Dame, 127.
Lebecq, r. Notre-Dame, 40.

CIRIERS.

Binet, r. Guill.-le-Conq., 11.
Fouchaux, r. Caponnière, 3.
Gosselin, r. St-Pierre, 37.
Lecomte, r. Notre-Dame, 73.
Leretour, r. St-Pierre, 10.

COIFFEURS ET PERRUQUIERS.

Bertrand, r. des Jacobins, 1.
Billet, r. St-Jean, 112.
Chiquot, r. de Vaucelles, 49.
Crevel, imp. Hôtel-Dieu, 2.

Daulne, r. St-Jean, 224.
Dodé aîné, r. St-Jean, 101.
Dodé jeune, r. St-Jean, 75.
Dubosq (Vict.), r. St-Sauveur, 4.
Dubosq (Alf.), pas. Bellivet, 11.
Dubosq, r. Notre-Dame, 90.
Equevilly, r. des Jacobins, 5.
Eudes, r. St-Malo, 16.
Guillot, mont. de la Poisson., 2.
Hamel, r. de Vaucelles, 104.
Hébert, r. St-Jean, 162.
Heuzard, r. des Jacobins, 8.
Hue, r. St-Jean, 122.
Jallier, r. des Jacobins, 5.
Jules, r. de l'Oratoire, 20.
Lafosse, p. St-Pierre, 9.
Lassabe, r. Notre-Dame, 45.
Lechevalier, r. du Moulin, 2.
Lecornu, pl. St-Sauveur 2.
Lefêvre, r. St-Jean, 162.
Lemoine, pont St-Jacques, 7.
Lenfant, r. St-Jean, 78.
Leprieur, r. Ecuyère, 26.
Marie, dit Francy, venelle aux
  Chevaux, 29.
Marie, r. Notre-Dame, 90.
Marquant, pl. St-Sauveur, 12.
Ménager, r. de Geôle, 3.
Poulain, ven. aux Chev., 21.
Richer, r. Ecuyère, 32.
Richer, imp. Gohier, 1.
Richer, r. Guill.-le-Conq., 30.
Testot, r. des Capucins, 5.
Tostain, r. des Quais, 94.
Toutbon, pl. St-Pierre. 9.
St-Martin, r. St-Pierre, 93.

COLLÉGE ROYAL.

Ancien couvent des Domini-
cains, r. Guillaume-le-Conqué-
rant, près l'église St-Etienne.
Proviseur. Sandras, r. Guill.-
  le-Conquérant.
Censeur. Missaut, r. Guill.-le-
  Conquérant.
Aumônier. L'abbé Desprez, r.
  Guill.-le-Conquérant.
Sous-aumônier. L'abbé Lecanu,
  r. Guill.-le-Conquérant.
Econome. Roger, r. des Cor-
  deliers, 8.

COMMISSAIRES DE POLICE.

Bichot, r. Neuve-St-Jean, 31.
Bigeon, r. de Geôle, 31.
Picot, r. St-Martin, 34.
Violard, r. St-Jean, 142.

COMMISSAIRES PRISEURS.

La salle de vente de M. Mériel,
  r. Ecuyère, 36.
Salle de vente de M. Berot, r. des
  Carmélites, 1.
Berot, r. St-Louis, 8.
Mériel, pl. St-Sauveur, 17.

CONFISEURS.

Barbuda, r. Notre-Dame, 74.
Chemin, r. Notre-Dame, 69.
Demandre, r. St-Jean, 87.
Jacquot-Gosselin, r. St-Jean, 113
Martin, r. St-Pierre, 14.
Pernel-Duval, r. St-Jean, 192.

CONSEILLERS DE PRÉFECTURE.

(*Voir Préfecture.*)

CONSULS (vice-consuls).

Angleterre, M. Peter-Barrow,
  rue Guilbert.

Danemarck, Deboislambert, r. Neuve-St-Jean, 56.
Pays-Bas, Holzmann, r. de l'O-ratoire, 8.
Portugal,
Suède et Norwège, Lemoine, r. N.-St-Jean, 56.

CONSTRUCTEURS DE NAVIRES.

Lecorneur aîné, r. Frementel, 15.
Lecorneur j°, r. Frementel, 15.

CONTRIBUTIONS DIRECTES ET CADASTRE.

Bureaux, r. des Carmélites, 15.
Jeanmar, directeur, r. Jean-Romain, 1.
Brun, inspecteur, pl. de l'Anc. Boucherie, 16.
Annelot, chef de bureau, r. St-Jean, 185.

Contrôleurs.

1ʳᵉ *Division.* Lemaire de Monti-fault, contrôleur principal, r. aux Lisses, 24.
2ᵉ *Division.* Durand, r. Neuve-St-Jean, 24.
3ᵉ *Division.* Groignard, r. St-Jean, 86.
4ᵉ *Division.* Housset, r. de Geôle, 33.
Simon, ancien géom. en chef, r. Bagatelle, 2.

CONTRIBUTIONS INDIRECTES.

Bureaux, r. N.-St-Jean, 50.
Guet, dir., hôt. des Bureaux.

Contrôleurs.

Brioult, r. Neuve-St-Jean, 27.
Baillot, r. Neuve-St-Jean, 27.
Mainfray, r. des Carmes, 10.
Rouyer, r. de Geôle, 32.

Receveurs.

Guittière, prairie St-Gilles.
Ferant, r. Neuve-St-Jean, 24.

Garantie des objets d'or et d'argent.

Les bureaux, à l'Hôtel-de-Ville, pl. Royale.
Etienne, contrôleur, r. des Car-rières-St-Gilles, 9.
Guittière, receveur, r. des Prai-ries-St-Gilles.
Lecavelier, essayeur, r. Neuve-St-Jean.

COQUETIERS.

Bain, r. des Tinturiers, 22.
Beljambe, r. Notre-Dame, 104.
Benoist, ven. Buquet, 1.
Berthaume, r. de l'Oratoire, 4.
Bissonnet, r. de Vaucelles, 19.
Bordet, r. de Bayeux, 98.
Bouillé, r. Saint-Nicolas, 69.
Boulanger, r. Coupée, 21.
Bouquet, mont. de la Poiss., 21.
Bourdon, r. du Vaugueux, 19.
Boutrais, r. de la Poissonn., 21.
Briand, r. de Geôle, 21.
Brisset, r. St-Sauveur, 26.
Cairon, r. de Falaise, 6.
Catherine, r. Basse, 5.
Chemin, r. de Paris, 26.
Christot, à la Maladrerie.

Cingal, mont. de la Poiss., 28.
Clereaux, r. Notre-Dame, 131.
Cliquet, r. Vilaine, 12.
Clouet, r. Notre-Dame, 59.
Cony, dit la Fontaine, r. St-Jean, 131.
Cosson, r. Puits-ès-Bottes, 13.
Coutance, r. Bosnières, 13.
Couturier (v°), r. St-Sauveur, 16.
Dangereux, r. St-Etienne, 135.
David, à la Maladrerie.
Decaen, r. Guil.-le-Conq., 25.
Delaroque, r. St-Nicolas, 96.
Denis, r. St-Etienne, 141.
Denis, r. de Geôle, 22.
Devigne, veu. Buquet, 55.
Dice, r. d'Auge, 10.
Ducellier, r. St-Jean, 519.
Duval, r. de Vaucelles, 88.
Dupont, r. des Jacobins, 7.
Duvelleroy (D^lle), r. N.-D., 83.
Fontaine, r. St-Jean, 134.
Fossée, r. des Carmes, 8.
Gallebois, r. St-Jean, 172.
Gallebois, r. St-Jean, 229.
Garnier, r. du Moulin, 9.
Girard, pl. de la Mare, 3.
Gouville, veu. aux Chev., 10.
Goujon, r. St-Jean, 50.
Goupil, pl. de la Comédie, 7.
Gost, r. St-Jean, 131.
Grimoult (v°), r. de Vauc., 42.
Guenon, à la Maladrerie.
Guernet, r. du Vaugueux, 56.
Guillard, r. St-Jean, 167.
Hamel, r. des Teinturiers, 8.
Hamel, Gr.-Pl.-St-Gilles, 12.
Hebert, r. St-Pierre, 75.
Helain, r. St-Jean, 201.
Hemery, r. de Geôle, 15.

Hergant, r. St-Jean, 43.
Hendé, r. St-Pierre, 33.
Hubert-Desnoyers, r. de Bay., 62.
Isabel, r. Froide, 26.
Jeanne, r. Caponnière, 9.
Lainé, r. Caponnière, 17.
Lajoie, r. Ecuyère, 24.
Lamoureux, r. des Capucins, 56.
Langevin, r. Vilaine, 12.
Lantrin (v°), r. aux Lisses, 39.
Latarche, à la Maladrerie.
Lavoine, r. Caponnière, 7.
Lebaron, r. du Vaugueux, 23.
Lebatard, r. du Pavillon, 3.
Leblanc, r. St-Jean, 151.
Leboiteux, r. Neuve-St-Jean, 33.
Lebreton, r. St-Jean, 62.
Lecamus, r. de l'Oratoire, 2.
Leclerc, r. St-Malo, 13.
Lecommandeur, r. des Cap., 20.
Lecoin, r. Puits-ès-Bottes, 12.
Lecomte, c. de l'Anc.-Halle, 6.
Lecomte, r. Froide, 21.
Lecouteux, r. du Pavillon, 3.
Ledoux, r. Gémare, 16.
Lefrançois, r. du Vaugueux, 48.
Lefrançois, r. Caponnière, 21.
Legallois, r. aux Lisses, 5.
Legouix, r. de Geôle, 62.
Legrand, r. Bosnières, 16.
Leguillard, r. St-Jean, 110.
Lemulois, r. Notre-Dame, 108.
Lépicier, r. des Capucins, 37.
Lepley, r. de Geôle, 22.
Leprince, r. de Vaucelles, 38.
Lerenard, r. St-Malo, 104.
Leroux, r. Froide, 10.
Letellier, r. de Bayeux, 32.
Levert, à la Maladrerie.
Londe, r. St-Anne, 3.

Lucas, pl. St-Sauveur, 32.
Luquenaz, r. de Bayeux, 85.
Marescot, r. de Vaucelles, 38.
Marie, pass. Bellivet.
Marie, r. des Teinturiers, 21.
Menard, r. St-Jean, 47.
Morel, r. Bosnières, 16.
Parcher, r. Notre-Dame, 65.
Paire, pl. St-Martin, 58.
Pelletier, r. des Teinturiers, 14.
Périlleux, r. des Jacobins, 16.
Peschard, r. St-Laurent, 8.
Peullier, r. du Vaugueux, 24.
Piel, r. Notre-Dame, 97.
Pierre, r. du Ham, 14.
Pigeon, r. de la Délivrande.
Piquot, r. St-Jean, 35.
Planquette, r. des Teintur., 10.
Poret, r. aux Lisses, 32.
Provost, r. Caponnière, 27.
Quesnel, r. Caponnière, 68.
Quesnel, r. de Vaucelles, 84.
Renault (Mme), c. de l'A.-H., 16.
Renouf, r. des Capucins, 23.
Richard, r. Basse, 17.
Richard, r. Basse, 55.
Rihonet, r. St-Etienne, 151.
Rossignol (ve), r. des Jacob., 16.
Rouget, r. Caponnière, 8.
Roulland (ve), r. St-Jean, 209.
Roussel, r. St-Jean, 92.
Sabine, r. de Falaise, 9.
Seigneurie, r. de Vaucelles, 64.
Sénécal (Mme), à la Maladrerie.
Simon, r. d'Auge, 55.
Simon, r. de la Préfecture, 27.
Simon, r. de Bayeux, 53.
Suard, pl. Malherbe, 4.
Torcapel, r. St-Malo, 9.
Tostain, r. Gémare, 7.

Touchard, r. de Vaucelles, 110.
Touchet (ve), r. Ne-St-Jean, 82.
Truffaux, r. St-Pierre, 32.
Varin, r. St-Sauveur, 13.
Vasnier, à la Maladrerie.
Vassel, r. des Jacobins, 1.
Vaubaillon (ve), r. du Gaillon, 3.
Vautier, r. St-Nicolas, 93.
Vincent, r. St-Martin, 23.
Vivien, r. St-Sauveur, 3.
Vougé, r. de Falaise, 11.
Yon, r. de l'Oratoire, 11.

CORDIERS.

Bazourdy, r. de Falaise, 2.
Binet, r. de Vaucelles, 34.
Boissée-Sénécal, r. d'Auge, 37.
Lemâre, r. de la Délivrande, 30.

CORROYEURS, MARCH. DE PEAUX ET MÉGISSIERS.

Bompain, r. Pémagnie, 21.
Bompain, pl. St-Sauveur, 3.
Duval, r. des Petits-Murs, 10.
Delahaye, r. Ecuyère, 20.
Gourdain, imp. de la Bouche-
  rie, 1.
Goussiaume, r. de la Bouche-
  rie, 2.
Grégoire, r. au Canu, 12.
Guillot, r. des Capucins, 41.
Hamel, pl. de l'Anc.-Poiss.,
Lasue, r. Ecuyère, 32.
Leblanc, r. du Moulin, 13.
Lecourtois, r. au Canu, 20.
Ledresseur, imp. la Bouc., 5.
Lemarchand, r. du Moulin, 10.
Manoury, r. des Capucins, 49.
Moulin, r. de la Boucherie, 21.

Philemont, r. de Lisieux, 5.
Rivière, r. des Capucins, 43.

Verdelet-Lamare (v°), r. de Geôle, 16.

COUR ROYALE.

Cette Cour siège au Palais-de-Justice, place Fontette.

Ouverture le 22 octobre 1845.

COMPOSITION DES CHAMBRES

Pour l'année judiciaire 1845-1846.

PREMIÈRE CHAMBRE. *Audiences les lundi mardi et mercredi.*

Rousselin, 1er *président*, pl. Royale, 18.
Binard, *président*, pl. St-Sauveur, 8.

Conseillers.
Seigneury, r. Ecuyère, 31.
Regnault, r. de la Chaîne, 10.
Le Jolys-de-Villers, r. St-Jean, 7.
Delaville, r. Bicoquet, 36.
Lemenuet, r. de Geôle, 54.
Des Essarts, r. de Bayeux, 41.
Courtoise, r. Bosnière, 48.
Loisel, pl. St-Sauveur, 28.

DEUXIÈME CHAMBRE. *Audiences les jeudi, vendredi et Samedi.*

Dupont-Longrais, *président*, r. Calibourg, 6.

Conseillers.
Hubert,
De Gournay, r. de Geôle, 38.
Lehot-Duferage, r. de la Fontaine, 7.
Brunet, r. des Carmes, 28.
Daigremont-St-Manvieux, r. Singer, 8.
Chéradame, r. Singer, 6.
Formeville, r. Hôtel-de-Ville, 26.
Le Feron-de-Loncamp, r. de Geôle.
Demiau de Crousillac, r. de Bayeux.

TROISIÈME CHAMBRE. *Mises en accusation.*

Roger de la Chouquais, *président*, r. des Chanoines, 13.

Conseillers.
Regnée, r. Bicoquet, 34.
Brunet, r. des Carmes, 28.
Delaville, r. Bicoquet, 36.
Le comte d'Ymouville.

Dangerville, *Substitut*, r. Jean-Romain.
Savary, *Substitut*, r. Jean-Romain.
Quatrième chambre. *Audience civile les lundi, mardi et mer-credi. Audience correctionnelle le jeudi.*
Pigeon de Saint-Pair, *président*, r. de Geôle, 51.

Conseillers.
Adrien Rousselin, pl. Royale, 18.
Barbe-Lelongprey, r. Vilaine, 18.
Regnée, r. Bicoquet, 34.
Allard, r. des Carmélites, 9.
Bottin-des-Ylles, r. des Carmélites, 13
Lentaigne, r. de Geôle, 28.
Laisné-Deshayes, pl. du Château.
Lecomte d'Ymouville.

PARQUET.

Procureur-général du roi.

Caussin de Perceval, r. des Carmélites, 10.

Avocats-généraux.

Goupil de Préfeln, r. Calibourg.
Sorbier, r. des Cordeliers, 13.
Gastambide, r. St-Martin.

Substituts.

D'Angerville, r. Jean-Romain.
Savary.
Picot, pl. St-Martin.

Greffiers

Brehon, r. St-Martin.
Berthelot, r. Neuve-St-Jean.
Lavigne, r. de l'Engannerie, 5.
Richard, r. de l'Ecu.

Secrétaire du parquet.

Lavigne, r. de l'Engannerie, 5.

COURTIERS.

Bureau des court. maritimes, r. des Quais.
Bazin, r. Guilbert, 29.
Bréville, r. St-Jean, 39.

Pelletier, r. Guilbert, 29.
Pihan, r. St-Louis, 8.
Dufresne, r. St-Jean, 216.
Villain, r. de l'Angannerie, 14.
Violard, r. St-Jean, 142.

COUTELIERS.

Baudry, r. de Geôle, 7.
Buisson, r. de Geôle, 19.
Dutrône, pass. Bellivet, 24.
Lechartier, r. de l'Oratoire, 11.
Lemanicier, r. St-Jean, 117.
Lemanicier j*, r. St-Sauv., 23.
Lesaulnier, ven. aux Chev., 9.
Mauger, pl. St-Pierre, 8.
Prouteau (v*), r. St-Jean, 149.
Reinvilliers, r. Formage, 7.
Thierry (v*), r. St-Jean, 92.

COUTURIÈRES.

Anceau, r. St-Jean, 59.
Catillon, r. des Teinturiers.
Couvrechef, r. St-Jean.
David, r. Jean-Romain.

Drouard, r. Notre-Dame, 67.
Dubosq, r. St-Jean, 212.
Duclos, r. Ecuyère, 42.
Fouassier, r. de Bernières, 7.
Grangé, r. de la Poste.
Guérin, r. St-Pierre.
Guillot, montoir de la Poisson.
Le Batard, r. Guil.-le-Conq., 2.
Lebourgeois, r. G.-le-Conq., 32.
Lecomte, r. Notre-Dame, 121.
Leherpeur-Dupré, r. St-Jean, 91.
Lemonnier, mont. de la Pois., 6.
Letimonnier, r. de Geôle, 31.
Letulle, r. de Geôle.
Masier, r. des Capucins, 30.
Mondo, r. Neuve-St-Jean, 21.
Philippe, r. St-Pierre, 18.
Piavent, r. Guill.-le-Conquér.
Pichard, r. St-Jean, 75.
Pogny, r. St-Jean, 149.
Pottier, r. Gémare, 11.
Saillenfest, r. de Geôle, 24.
Sauvage, r. St-Jean, 86.

COUVENTS.

Bénédictines, r. des Cordeliers; pensionnat et mais. d'éducat.
Bon-Sauveur, anc. couvent des Capucins, r. des Capucins, 55. Commun. de dames, mais. d'éducat., trait. des aliénés, école de jeunes sourds et muets, pensionnat de retraite pour les dames.
La Charité, r. des Quais.
Monastère de la Charité de Marie, situé au bourg de la Déliv. à 12 kil. de Caen; maison d'éduc. pour les jeunes dem. et maison d'orthopédic.
Ursulines, r. de la Chaîne; mais. d'éducat. et de retraite pour les dames.
Visitation, r. de l'Abbatiale; mais. d'éduc. de jeunes dem.

COUVREURS.

Adam, r. Haute, 9.
Ameline, r. du Vaugueux, 33.
Bayeux, r. Bosnière, 34.
Carel, r. des Capucins, 94.
Catherine, r. des Quais, 48.
Cottentin, Porte-au-Berger, 5.
Descaux, r. St-Manvieu.
Grelley, r. des Carrières-St-Jul.
Huet, dit Leblanc, r. St-Jean, 74.
Julienne, r. des Capucins, 108.
Menard, r. d'Auge, 22.

CUIRS.

(*Voir corroyeurs.*)

CULOTIERS, GANTIERS ET BANDAG.

Fontaine, r. St-Jean, 31.
Lefèvre (Am.), pont St-Pier., 11.
Lefèvre (Jos.), pont St-Pierre, 4.

CURÉS ET VICAIRES.

Ameline, curé de Notre-Dame, r. St-Laurent.
Brouet, curé de St-Ouen, r. des Capucins, 94.
Cogniard, curé de Vaucelles, r. de Vaucelles, 5.
Garcelles, curé de St-Gilles, r. Ste-Anne, 15.

Legrand, curé de St-Jean, r. des Carmes, 30.
Lepetit, curé de St-Julien, r. de l'Eglise-St-Julien, 5.
Montargis, curé de St-Pierre, marché au Bois.
Noël, curé de St-Sauveur, r. des Croisiers, 14.
Royer, curé de St-Etienne, r. de Bayeux, 43.
Vicaires de St-Etienne. — Allice, r. de Bayeux, 43 ; Maréchal, r. de Bayeux ; Roussel, r. de Bayeux.
Vicaires de St-Jean. — Chasles, r. des Carmes, 26 ; Desloges, r. des Carmes, 6 ; Legrand, r. St-Jean, 30.
Vicaire de St-Julien. — Louvel, r. St-Julien, 5.
Vicaires de Vaucelles. — Colleville, r. de l'Eglise-de-Vaucelles, 5 ; L'Homme, r. de l'Eglise-de-Vaucelles, 5.
Vicaires de Notre-Dame. — Bouquerel, au presbytère, r. St-Laurent ; Lenormand r. St-Laurent.
Vicaires de St-Pierre. — Carité, marché au Bois ; Lefournier, marché au Bois ; Morand, marché au Bois.
Vicaires de St-Ouen. — Etienne, r. St-Ouen, 4 ; Lamoureux, r. Pavée, 107.
Vicaires de St-Sauveur. — Lecomte, r. des Croisiers, 14 ; Nonant, r. Notre-Dame, 90.

DENTELLES.

(Voir blondes.)

DENTISTES.

Attila, pont St-Pierre, 20.

Cravoiser, pont pas. Bellivet, 1.
Hervieu (d^lle), r. Notre-Dame, 51.
Leblond, r. St-Jean, 40.
Sobocinski, r. St-Jean, 58.
Talbot-Descourty, r. Singer, 3.

DÉPOT DE REMONTE.

Le dépôt de remonte de Caen, qui date de 1818, est le premier établissement de ce genre qui ait été créé en France.

Il occupe le quartier de la Visitation, où on a construit un bâtiment renfermant douze écuries, contenant ensemble 354 chevaux. On espère que l'on en bâtira successivement d'année en année, jusqu'à ce que l'établissement au complet puisse loger 750 chevaux.

OFFICIERS DU DÉPÔT DE REMONTE DE CAEN.

De Pointe de Gévigny, lieutenant-colonel, commandant le dépôt, résidant au quartier St-Martin, 92.
Verneuil, capitaine du 3ᵉ lanciers, pl. de l'Anc.-Boucherie, 112.

Salse, capitaine au 7e cuirassiers, au quartier St-Martin, 92.
Chousserie, capitaine au 13e chasseurs, r. Bagatelle, 10.
Lemaître, capitaine au 4e lanciers, à St-Julien, chez M. Vauquelin.
De Fornier, capitaine au 11e dragons, r. St-Martin, 20.
Martin, capitaine au 8e chasseurs, r. St-Martin, 51.
Berger, capitaine de la 1re compagnie des cavaliers vétérans, r. Bourg-l'Abbé.
Duval, lieutenant de la 1re compagnie des cavaliers vétérans, r. Bourg-l'Abbé.
Riffaut, sous-lieutenant de la 1re compagnie des cavaliers vétérans, au quartier de la Visitation.
Brillouin, sous-lieutenant de la 1re compagnie des cavaliers vétérans.
Lacoste, vétérinaire principal, r. des Capucins, 21.
Lardereau, vétérinaire en premier, à Cormeilles, près Caen.

DILIGENCES, MESSAGERIES ET AUTRES VOITURES PUBLIQUES.

Paris, deux départs par jour, à 5 h. 1|2 du matin et à 7 h. du soir.

St-Malo, Vire, Villedieu et Avranches, tous les jours à 5 h. 1|2 du matin.

Cherbourg, Isigny, Carentan et Valognes, tous les jours à 6 h. du matin.

Granville, Bayeux, St-Lo et Coutances, tous les jours à 6 h. du matin.

St-Brieuc, Guincamp, Morlaix et Brest, tous les 2 jours, à 5 h. 1|2 du matin.

Rennes, Vannes, Lorient et Nantes, tous les 2 jours, à 8 h. du soir.

Service spécial pour *Bayeux,* à 8 h. du matin.

} Messageries Royales, Place-Royale, 3.

Mêmes départs et destinations.

} Messageries générales r. Notre-Dame, 50.

Paris, tous les jours à 8 h. 1|2 du matin, passant par *Lisieux, Evreux, Pacy, Mantes, Poissy* et *St-Germain,* arrivant à Paris à 5 h. du matin. Départ de Paris à 6 h. du soir; arrivée à Caen à midi 1|2.

} Entreprise Petit-Loisel et compag., rue St-Pierre, 28.

Rouen par *Honfleur* et *Pont-Audemer*,
  en corresp. avec le chemin de fer de
  Rouen à Paris, tous les jours à 6 h.
  du soir.
Mayenne, Laval et *Angers*, en corresp.
  avec *Nantes*, tous les jours à 5 h. 1[2
  du matin.
Flers, tous les jours à 7 h. 1[2 du matin.
Condé, tous les jours à 3 h. du soir.
Lisieux, tous les jours à 4 h. 1[2 du soir.

Messageries Jumelles,
  rue St-Jean, 81.

Alençon,	Hôtel d'Espagne, r. St-Jean, 69.
Alençon,	Hôtel d'Angleterre, r. St-Jean, 81.
Amfréville,	Au Grand-Dauphin.
Aunay,	Café du Grand-Dauphin.
Argences,	Café Frontin, r. St-Pierre.
Argences,	Café Jalley, r. St-Pierre, 43.
Bavent,	Bouillier, r. Notre-Dame.
Bayeux,	Achard, r. Notre-Dame, 81.
Bayeux,	Delaunay, r. Notre-Dame.
Bayeux,	Le Capelain, r. St-Jean.
Bayeux,	Primois, r. St-Pierre et Place-Royale.
Bernières-sur-Mer,	Lefort, Marché-au-Bois.
Bernières-sur-Mer,	Robert, Marché-aux-Bois.
Beuvron,	Perard, r. au Canu et r. St-Sauveur, 19.
Bois-Halbout,	Ricard, r. St-Pierre.
Bois-Halbout,	Lefèvre, pl. de l'Ancienne-Poissonnerie, 3.
Garentan,	Hôtel d'Angleterre, r. St-Jean, 81.
Caumont,	Lecomte, r. St-Pierre, chez Leroyer, cafetier
Caumont,	Laurent, r. Notre-Dame.
Colleville-sur-Orne,	Le Renard, r. du Vaugueux, *Aux Trois Rois*.
Condé-sur-Noireau,	Hôtel de la Victoire, Marché-au-Bois.
Condé-sur-Noireau,	Gourdier, hôt. de la Norm., r. St-Pierre, 23.
Courseulles,	Luard, Marché-au-Bois, 10.
Creully,	Hergaut, r. Notre-Dame.
Creuilly,	Leroux, r. aux Lisses.
Dives,	Lechartier, r. St-Malo.
Domfront,	Hôtel de la Victoire, pl. du Marché-au-Bois.
Dozulé,	Gourdier, r. St-Pierre, hôt. de la Norm., 23.
Dozulé,	A la Belle-Epée, r. St-Pierre.

Falaise,	Hôtel de la Victoire, pl. du Marché-au-Bois.
Falaise,	Martin, r. St-Jean.
Hamard,	Hôtel de la Paix, r. au Canu.
Hamard,	Hôtel de l'Ecu, r. de l'Ecu.
Harcourt,	Café Jalley, r. St-Pierre, 43.
Harcourt,	A la Belle-Epée, r. St-Pierre.
Honfleur,	Hôtel d'Espagne, r. St-Jean, 69.
Isigny,	Hôtel d'Angleterre, r. St-Jean, 81.
Langrune,	Cordier, Tour-de-Terre.
Lisieux,	Rue de l'Oratoire.
Livry,	Martin, r. St-Etienne, 143.
Luc,	
Luc,	
Luc,	Place du Marché-au-Bois.
Luc,	
Luc,	
Lion-sur-Mer,	François, r. du Vaugueux.
Mayenne,	Rue de l'Oratoire.
Ouistreham,	Enault, r. Basse.
d°	Barette, r. St-Malo.
d°	Foucher, r. St-Malo.
d°	Morin, r. St-Malo.
Pont-l'Evêque,	Tillard, r. Notre-Dame, 75.
Quimper,	Messageries Royales, pl. Royale, 3.
Rennes,	Messageries Royales, pl. Royale, 8.
Rouen,	Rue de l'Oratoire.
St-Aubin,	Le Courtois, r. du Tour-de-Terre, 12.
St-Lo,	Lefrançois, r. St-Pierre.
St-Lo,	Lhôte, r. St-Pierre.
St-Pierre-sur-Dives,	Hôtel de la Victoire, pl. Marché-au-Bois.
Sallenelles,	Bouiller, r. Notre-Dame.
Tilly-sur-Seulles,	Lemaigre, r. St-Pierre.
Troarn,	Hôtel de Normandie.
Varaville,	Lechartier, r. St-Malo.
Villers,	Hôtel de Normandie, r. St-Pierre, 23.
Villers,	Hôtel St-Pierre, r. Notre-Dame.
Vire,	Martin, r. St-Jean.

DOCTEURS-MÉDECINS.	DOREURS SUR MÉTAUX.
(*Voir médecins.*)	Boursier, rue des Petits-Murs, 8.

Chevalier , rue Hamon , 4.
Messire , rue des Quais , 4.

DOUANES.

Bureaux , rue des Quais, 88.

Rougelot , inspecteur , rue des Quais , 88.
Sueur-Merlin, receveur-principal , rue des Quais, 88.
Declussé , sous-inspecteur, rue des Quais , 88.
Durand de la Broderie , commissaire de marine, rue Fromentel , 7.

DRAPERIES ET NOUVEAUTÉS.

Ameline , rue St-Jean , 59.
Angot , rue St-Jean , 30.
Boudray , pont St-Jacques , 5.
Dubosq-Fanet , rue Froide.
Eury et Ricard , p. St-Pierre, 16.
Frigost , pont St-Pierre, 1.
Frigost-Elie , rue St-Jean , 100.
Gosselin , place Royale , 7.
Guitard , rue St-Pierre , 19.
Halley , place Royale , 7.
Henry et Lecouvet , r. Saint-Pierre , 24.
Heuste-Duval , rue Ecuyère , 3.
Jouault-Rolland, rue St-Etienne, 145.
Jumel , pont St-Jacques , 3.
Lamare , rue Notre-Dame , 63.
Lavaley , rue Notre-Dame , 46.
Le Bon-Pasteur (maison d'as-sociation de Paris), r. Notre-Dame , 119.
Legallier et Bunel , rue Saint-Pierre.
Lenoble , rue Notre-Dame , 70.
Le Néel , venelle aux Chevaux , 7.
Magron-Flise , rue de Bernières , 15.
Paisant , rue Notre-Dame , 48.
Picard , pont St-Pierre , 16.
Richer , rue Notre-Dame , 48.
Samson , rue des Jacobins , 4.

DROGUERIES EN GROS.

Bassy , rue St-Jean , 153.
Bergeot , impasse de la Fontaine , 14.
Dascher , rue St-Jean , 152.
Dascher , rue Guilbert , 9.

ÉBÉNISTES.

Baverel aîné, rue St-Martin, 39.
Baverel-Goubin, r. de Geôle, 10.
Danjard , rue de la Prairie-St-Gilles , 5.
Dufour , Porte-au-Berger , 4.
Isabelle , rue St-Jean , 74.
Jarry , rue de Vaucelles , 94.
Levillain , rue Ecuyère , 18.
Lunel , rue des Quais , 18.
Messin , rue des Croisiers , 17.
Ozanne , rue de la Comédie , 2.
Poulain , rue Hamon, 9.
Samson , rue St-Etienne , 110.
Soinars , rue Vilaine , 3.

ÉCOLES DIVERSES ET PENSIONNATS.

L'Ecole de la Faculté de droit ; les cours de la Faculté des sciences , de la Faculté des lettres et de l'Ecole préparatoire de médecine et de pharmacie, se font au palais de l'Université, rue de la Chaîne.

Les bureaux sont ouverts de 10 heures à 3 heures, excepté les jours fériés.

Les cours d'anatomie se font à l'amphithéâtre, rue de Vaubernard ;

Les Cours de clinique à l'Hôtel-Dieu, et les autres cours à l'Hôtel-de-Ville.

Ecole normale d'instituteurs du Calvados, située ancien palais Guillaume-le-Conquérant.

Ecoles primaires élémentaires de garçons, dirigées par les frères de la doctrine chrétienne, sont situées :

Rue de Geôle, rue Bicoquet et rue de l'Eglise-de-Vaucelles.

Ecole mutuelle, à l'Hôtel-de-Ville ; directeur, M. Lepetit.

Ecole du Conservatoire, rue de l'Oratoire, 11 ; directeur, M. Jouanne.

Ecole de M. Davoust, rue Basse, 1.

Ecoles primaires des filles et pensionnats de demoiselles, dirigées par :

Les dames des Bénédictines, rue Neuve-des-Cordeliers.

Les dames du Bon-Sauveur, rue des Capucins.

Les dames des Ursulnes, rue de la Chaîne.

Lesdames de la Visitation, r. de de l'Abbatiale.

Mlle Blin, rue Caponnière, 13.

Mlle Cony, rue du Puits, 5.

Mlle Crosville, rue Jean-Romain, 5.

Mlle Davoult, rue Neuve-Saint-Jean, 44.

Mme Deguerre, ven. Gaillard, 1.

Mlle d'Enneval, rue Guilbert, 27.

Mlle Piel-Desruisseaux, r. Neuve-Saint-Jean, 50.

Mlle Ponnery, rue Neuve-Saint-Jean, 50.

Mlle Robert, rue Guilbert, 39.

Mlle Sauvage, rue St-Jean, 185.

Mlle Tropée, rue au Canu, 1.

Mlle Vicq, rue de Geôle, 53.

Mme Vidu du Bignon, rue de la Fontaine, 3.

Mme Wheatcroff, pl. Royale, 16.

ÉCOLES PRIMAIRES ÉLÉMENTAIRES

dirigées par :

Les Religieues

de la Prov., r. de la Préf.
— r. des Capuc.
— r. de l'Eg.-St-J.
— rue Froide.
— rue du Vaug.
— pl. St-Gilles.
— r. des Carmes.
— r. de l'E.-de-V.
de St-V.-de-P., r. de Bav.

ÉCOLE MUTUELLE DES FILLES , rue des Croisiers , 7.

ÉCOLES ET PENSIONNATS DE GARÇONS , dirigés par :

Bérard, rue Bagatelle.
Halley , rue des Quais, 30.
Lechevalier, r. de Geôle, 29.
Mutel, r. de la Préfecture, 32.
Quillou (l'abbé), r. Bagatelle.
Vauquelin (l'ab.), r. Desmoueux

ÉGLISES.

(Voir aussi Curés et Vicaires.)

St-Etienne, dite Abb. aux hom., r. Guill.-le-Conquérant.
St-Gilles, quart. St-Gilles.
St-Jean, r. St-Jean.
St-Julien, r. St-Julien.
St-Michel de Vaucelles, r. de l'Eglise-de-Vaucelles.
Notre-Dame, dite Gloriette, r. St-Laurent.
St-Pierre, pl. St-Pierre.
St-Ouen, r. St-Ouen.
St-Sauveur, r. Froide.
Eglise ou Temple des Protestants, r. de Geôle.

ENREGISTREMENT ET DOMAINES.

La direction et bureaux , r. de Geôle, 20.
Bauny de Recy, directeur.
Daché, isnpect., r. de Geôle, 20.
Hue, vérific., r. aux Lisses, 20.
Mabire, 1er commis, r. de Geôle, 20.

ENTREPRENEURS DE BATIMENTS.

Dejean, r. aux Lisses, 19.

Houel, r. St-Manvieux.
Lanothe, r. des Carrières-St-Julien, 24.
Lépicier, r. de Bayeux, 74.
Marie, r. des Croisier, 7.

ÉPICIERS.

Apvril, r. St-Sauveur, 49.
Aubry, r. de Vaucelles, 112.
Auvray, Marché-au-Bois, 4.
Auvray, Porte-au-Berger, 1.
Bardel, r. Vilaine, 1.
Benoist, r. St-Jean, 12.
Blanchard, r. de Falaise, 1.
Bouquerel, r. Notre-Dame, 62.
Briand, r. St-Jean, 207.
Briaud, pl. de l'Ancienne-Boucherie, 41.
Brunet, r. Notre-Dame, 85.
Bures, r. de Geôle, 2.
Bures, r. de Vaucelles, 62.
Cauvet, r. de Vaucelles, 78.
Chrétien, r. St-Jean, 174.
Champin (ve), r. Froide, 51.
Champin, r. Jean-Romain, 31.
Chuquet, r. St-Jean, 211.
Costy, r. Gémare, 1.
Dacher aîné, r. Guilbert, 9.
Dacher, r. St-Jean, 152.
Damamme, r. des Sables, 10.
Delabrèche, r. de Geôle, 4.
Delacour, r. St-Sauveur, 33.
Delan, r. St-Pierre, 2.
Dalasalle, pass. Bellivet, 19.
Delaunay, r. St-Jean, 232.
Deslandes, r. des Quais, 36.
Desmares, r. Notre-Dame, 9.
Devaux, r. aux Lisses, 37.
Ducellier, r. des Quais, 42.
Duhomme, r. Froide, 4.

Fabulet, r. St-Sauveur, 47.
Feron, r. Notre-Dame, 111.
Fierville, r. Froide, 20.
Fontaine, r. de l'Oratoire, 4.
Gobillet, venelle aux Chevaux, 12.
Godard, r. St-Sauveur, 31.
Godard, r. St-Sauveur, 27.
Gosselin, r. Gémare, 7.
Gournay, r. St-Etienne, 118.
Graperon, r. du Moulin, 6.
Groult, r. St-Pierre, 21.
Guilbert, r. du Moulin, 1.
Guillemin, r. Guill.-le-Conq., 12.
Hardouin, r. St-Martin, 39.
Hubie, Marché-au-Bois, 2.
Hue, r. du Vaugueux, 14.
Hue, r. Gémare, 8.
Lachesnée, r. Pémagnie, 6.
Laffetey (v⁰), r. Formage, 15.
Langlois, r. Guill.-le-Conq., 17.
Langlois *(en gros)*, r. de l'En-gannerie, 2.
Langlois, r. de Vaucelles, 1.
Langlois, r. St-Jean, 72.
Lapersonne, Mont.-de-la-P., 2.
Laverge, r. St-Sauveur, 5.
Lebreton, r. des Quais, 4.
Lechevalier, r. Gémare, 18.
Lecomte, r. des Quais, 72.
Lefèvre, r. St-Jean, 161.
Lefèvre, venelle aux Chev., 18.
Lefoye, r. du Moulin, 3.
Lejeune, r. de Vaucelles, 13.
Lemoine, r. Neuve-St-Jean, 56.
Lepaulmier, venelle aux Che-vaux, 25.
Lesueur, r. des Sables, 8.
Levillain, r. St-Jean, 44.
Luard, r. St-Jean, 132.

Mallet, r. St-Pierre, 18.
Marie (dᶫˡᵉ), r. Ecuyère, 44.
Moisson, r. St-Etienne, 143.
Moisson jeune, r. N.-Dame, 44.
Mondehard, r. Guill.-le-Conq., 33.
Morin, r. Notre-Dame, 58.
Pain, pl. St-Sauveur, 13.
Pain-Vintras, r. Ecuyère, 34.
Philippe, r. Neuve-St-Jean, 37.
Pitois, r. St-Jean, 119.
Pigue, r. de Vaucelles, 26.
Porin, r. St-Jean, 42.
Poubelle, r. venelle aux Chev., 2.
Prestavoine, r. St-Pierre, 26.
Quétron, r. de Vaucelles, 31.
Roucamps, r. du Vaugueux, 11.
Samson, r. St-Pierre, 31.
Sauvage, r. de Vaucelles, 87.
Sauton, r. des Carmes, 43.
Scelles, pl. St-Pierre, 3.
Sebire, r. St-Jean, 87.
Trevet, r. St-Jean, 137.
Vautier, Porte-au-Berger, 6.
Vérel, Mont.-de-la-Poiss., 27.
Verrier, r. Hamon, 16.
Vimard, r. Neuve-St-Jean, 64.
Youf, r. de Geôle, 17.

ESTAMPES (mᵈˢ d').

Christy, r. des Petits-Murs, 4.
Sauvage, r. Notre-Dame, 123.

FAÏENCES, CRISTAUX ET PORCE-LAINES (mᵈˢ de).

Auvray, r. Mont.-de-la-Poiss., 16.
Boquet, r. de Bayeux, 30.
Boquet, r. Guill.-le-Conq., 32.
Bréard, r. St-Jean, 24.

Calbrie, r. St-Jean, 24.
Foulon, r. Calibourg, 13.
Lefrançois, venel. aux Chev.,22.
Lemarinier, r. St-Sauveur, 41.
Loslier, r. St-Jean, 65.
Marie, r. N.-Dame, 75.
Milvin, dit Mézy, r. St-Sauv, 51.
Nicole, r. de Geôle, 18.
Ozanne, r. Jean-Romain, 29.
Ozanne, r. St-Laurent, 4.
Sevestre, r. St-Jean, 249.

FARINES (m^{ds} de).

(Voir aussi Grènetiers.)

Boujon, r. Gémare, 13.
Gautier, r. du Vaugueux, 9.
Le Boulanger, r. Pavée, 85.
Ozanne, r. St-Laurent, 4.

FERBLANTIERS ET LAMPISTES.

Berjer, r. Notre-Dame, 104.
Bilheust, r. Neuve-St-Jean, 35.
Blanchet, r. Guil.-le-Conq., 29.
Croissant, r. St-Sauveur, 24.
Croissant (v^e), pl. St-Pierre, 4.
Daniel, r. Froide, 10.
Danjou, r. Notre-Dame, 92.
Douville, r. de Vaucelles, 79.
Errart, r. des Petits-Murs, 10.
Gost, r. St-Jean, 223.
Jacquelin, r. Froide, 53.
Leclerc, pl. du M.-au-Bois, 15.
Lepetit, r. St-Jean, 114.
Mathurin, r. St-Malo, 4.
Michel, r. de l'Oratoire, 13.
Rivet, r. St-Jean, 38.
Soymier, r. St-Jean, 156.

FERS.

Durand, r. Tour-de-Terre, 16.

Goudouin, r. Guil.-le-Conq., 31.
Lamy, r. des Carmes, 13.
Prempain, pl. de l'Anc.-Boucherie, 124.
Renouf, r. des Quais, 86.
Renouf, r. St-Etienne, 112.
Ruault fils, r. de Vaucelles, 75.
Vautier frères, r. St-Jean, 238.

FILS ET RUBANS.

Coutance, r. Caponnière, 15.
Delaunay, r. Froide, 19.
Denize (d^{elle}), r. N.-Dame, 64.
Desvoies, r. St-Pierre, 8.
Dunkan, r. St-Etienne, 120.
Frémont, r. de Geôle, 6.
Guillouet, r. Jean-Romain, 2.
Hubert, pl. St-Pierre, 5.
Laurent, pont St-Pierre, 13.
Lefevre, r. N.-Dame, 80.
Lelarge, r. Ecuyère, 7.
Leport-Benard, r. St-Sauv., 21.
Mathurin-Bosquet, mont. de la Poissonnerie, 5.
Mesnil, r. de Vaucelles.
Morin, r. Caponnière, 16.
Polin, r. Notre-Dame, 72.
Renou-Lamare, r. St-Pierre, 39.
Retout, r. St-Jean, 106.
Soutivier, pl. St-Pierre, 1.
Thiéry aîné, r. des Carmél.,12.
Tostain, r. Notre-Dame, 88.

FLEURS ARTIFICIELLES (m^{ds} de).

Bouvet, r. St-Pierre, 6.
Gombault, r. St-Jean, 37.
Marie (d^{elle}), r. St-Sauveur, 12.

FLEURS NATURELLES.

(Voir jardiniers.)

FOIRES QUI ONT LIEU A CAEN.

Le 2 mars, 1er lundi de carême.
Le 20 d° la mi-carême.
Le 10 avril, vendredi saint.
Le 26 d° foire durant 15 jours.
Le 8 juin, la Trinité.
Le 29 septembre, foire St-Michel.
Le 28 octobre, foire St-Simon.
Le 28 décembre, foire des Innocents.

FONDEURS.

Evrard, rue St-Jean, 218.
Le Bailly.
Le Couvreur, rue St-Jean, 37.
Le Pontois, rue Frémentelle, 2.
Mourre, boulev. Courtonne.

FORGERONS.

Etienne, r. des Carmélites, 9.
Fauvel, rue Royale.
Hardy, rue de la Marine, 5.
Mariette, rue d'Auge, 24.
Michel, r. Guillaume-le-Conq., 2.
Pitel, rue St-Laurent, 5.
Pringost, r. de la Préfecture, 21.
Quesnel, rue de la Comédie, 7.
Quesnel, r. Guillaume-le-Conq.
Verol, r. de la Marine, 1.
Willaume, pl. de l'Ancienne-Boucherie, 122.

FOURNITURES DE BUREAU.

(*Voir papetiers.*)

FOURRURES (md de).

Ameline, successeur de Mme Fierville, rue St-Jean, 29.
Duval-Adam, successeur de M. Legagneur, r. des P.-Murs, 9.

FRIPIERS ET REVENDEURS.

Berard, revendeur, rue des Petits-Murs, 6.
Binet, fripier, r. aux Namps, 2.
Cabourg, frip., r. aux Namps, 6.
Cartirade, revend., C.-de-F., 14.
Chantrel, frip., r. des Crois., 41.
Colas, revend., Ch.-de-F., 13.
Daumasle, frip., rue Froide, 49.
Dechauffour, frip., r. des Cr., 22.
Denis, fripier, rue Basse, 13.
Duvelleroy, revend., C.-de-F., 5.
Eudine, frip., r. des Croisiers, 19.
Frilay, frip., r. des Croisiers, 4.
Gilles, frip., r, des Croisiers, 4.
Gueroult, fr., r. des Croisiers, 6.
Guilbert, frip., r. des Croisiers, 6.
Godet, dit Deschamps, revend., rue de Vaucelles, 82.
Hamelin, revendeur, Champ-de-Foire, 23.
Hardy, rev., r. de l'Oratoire, 11.
Hettier, r., Champ-de-Foire, 21.
Jaoul, rev., Champ-de-Foire, 3.
Labaste, rev., r, des Sables, 6.
Laloé, d°, Champ-de-Foire, 1.
Lapierre, frip., r. des Cr., 11.
Larchant, fr., r. Neuve-St-J., 54.
Lebonnois, fr., Porte-au-Ber., 9.
Leboussonnier, fripier, rue de Vaucelles, 57.
Lecordier, frip., r. des Cr., 24.
Lefauconnier (ve), fripière, rue des Croisiers, 15.
Legrix, revend., Ch.-de-F., 9.
Leguay, r., Champ-de-Foire, 1.
Lemarchand, r., r. des Carm., 6.
Lepeteur, frip., r. des Crois., 8.
Leroux, rev., C.-de-Foire, 15.

Letellier, frip., r. St-Jean, 175.
Levavasseur, revendeur, rue du Vaugueux, 40.
Marie, revend., Ch.-de-Foire, 8.
Martin, frip., r. des Croisiers, 24.
Peteur, frip., r. des Croisiers, 8.
Robe, revend., Ch.-de-Foire, 11.
Sicot (v°), revendeuse, r. de Vaucelles, 27.
Tréhet, revendeur, Champ-de-Foire, 18.
Vassal, frip., r. des Croisiers, 12.
Vassal, rev., Ch.-de-Foire, 4.

Vassal, revendeur, Champ-de-Foire, 6.

GANTERIE.

Bouvet, r. St-Pierre, 6.
Fontaine, r. St-Jean, 31.
Lefèvre, Pont-St-Pierre, 11.
Lefèvre, Pont-St-Pierre, 4.
Marie, r. Notre-Dame, 87.
Martin-Fontaine, r. St-Jean, 51.
Polin et Besoguet, r. Notre-Dame, 81.

GARANTIE D'OR ET D'ARGENT. (*Voir contributions indirectes.*)

GARDE NATIONALE.

Les bureaux sont à l'Hôtel-de-Ville, pl. Royale.

(Etat-major.)

Regnault, colonel, r. de la Chaîne, 10.
Vautier, lieutenant-colonel, r. St-Jean, 238.
Marie (Auguste), chef de bataillon, pl. Royale, 15.
Hiettier, chef de bataillon, r. St-Jean, 79.
Berthellemy, chef de bataillon, r. St-Jean.
Marie (de Rots), chef de bataillon, pl. St-Martin.
Durand, major, r. Gémare, 19.
Vastel, chirurgien-major, r. St-Louis, 6.
Mahyer, aide-major du 1er bataillon, r. des Carmes.
Lecœur, id. du 2e bataillon, r. des Quais.
Le Prestre, id. du 3e bataillon, r. des Carmélites.
Chevalier, id. du 4e, r. St-Manvieux.
De Rigny, officier payeur, r. de l'Hôpital, 10.
Manchon (Hippolyte), capitaine d'armement, pl. Royale, 23.
Leboiteux, officier d'armement, r. Neuve-St-Jean.
Leboiteux, 1er adjudant-major, r. Neuve-St-Jean.
Perrotte, 2e d° pl. Royale, 10.
Leredde, 3e d° r. St-Laurent, 3.
Faye, 4e d° r. St-Jean, 134.
Dubuisson, porte-drapeau, r. de l'Oratoire.
Hardouin, d° r. de l'Oratoire.

Mottelay, porte-drapeau, r. du Moulin, 12.
Bonnesœur, d° r.
Jouault, 1er adjudant-sous-officier, r. St-Etienne, 145.
Blanchard, 2e d° Puits-ès-Bottes.
Hommais, 3e d° r. Bosnières, 15.
Enault, 4e d° r. Ecuyère.
Salle, secrétaire d'état-major, pl. de l'Ancienne-Boucherie,
Tanneur, maître de musique.
Luard, tambour-major.

ARTILLERIE.

Paysant (Charles), capitaine en 1er, r. des Carmélites.
Halbique, capitaine en 2e, r. St-Jean.
Dascher, 1er lieutenant, r. St-Jean.
Levasnier, 2e lieutenant, pl. Royale.
Paisant (Antonio), 1er sous-lieutenant, r. de l'Oratoire.
Berjot, 2e sous-lieutenant, imp. Lafontaine.

SAPEURS-POMPIERS.

Jobert (St-Edme), capitaine, r. Guilbert, 18.
Vautier, capitaine, Porte-au-Berger, 6.
Lecavelier, lieutenant, r. Neuve-St-Jean.
Lechangeur, lieutenant, r. Neuve-St-Jean, 45.
Lepontois, sous-lieutenant, r. St-Jean.
Crespin, sous-lieutenant, r. des Cordeliers.

GAZ.

Compagnie Européenne. Usine située r. du Marais, à Vaucelles.
Willamans, directeur, r. du Marais, à l'usine du gaz.

GENDARMERIE.

L'hôtel de la gendarmerie à cheval, r. des Carmes, dans l'ancien
  couvent des Carmes.
L'hôtel de la gendarmerie à pied, pl. de l'Ancienne-Boucherie.
Macdermott O ✳, colonel de gendarmerie, r. St-Jean.
Gaudo Paquet ✳, chef d'escadron, r. des Carmes.
Tallard ✳, capitaine, pl. d'Armes,
Delattre ✳, capitaine-trésorier, r. des Carmes.

GÉOMÈTRES.	GRAINS (mds de).
Simon, r. Bagatelle, 2 *bis*.	Berot, pl. Malherbe, 12.

Boissée, r. St-Jean, 59.
Bouillie, m^d en gros, imp. dela Fontaine, 12.
Boujon fils, m^d en gros, r. de Geôle, 36.
Briand (v^e), r. de l'Odon, 15.
Cautru, r. St-Jean, 240.
Croisy-Richard, r. Ecuyère, 33.
Détreville, c. de l'Anc.-Halle, 3.
Dupont-Veniard, r. St-Laurent, 4
Duvelleroy, r. des Croisiers, 3.
James, r. St-Sauveur, 45.
Lamidey, r. St-Malo, 3.
Lasserey (v^e), r. des Teinturiers, 14.
Lebiées, r. St-Sauveur, 19.
Lebray, m^d en gros, r. Neuve-St-Jean, 9.
Lechevalier, r. de l'Odon, 21.
Letellier, m^d en gros, rue de Geôle, 23.
Lucas, c. de l'Anc.-Halle, 7.
Malherbe, r. Notre-Dame, 51.
Sosson, r. St-Julien, 10.
Vauquelin, m^d en gros, r. Guil.-le-Conq., 2.

GRAVEURS.

Bosquain, Pont-St-Pierre, 5.
Lajoie, passage Bellivet, 20.
Lemarchand père, ven. aux Chevaux, 5.
Lemarchand fils, r. St-Jean, 98.

GRAVURES (*voir estampes*).

HABILLEMENTS (*voir aussi tailleurs*).

La Belle Fermière, au coin de la r. Froide et r. Notre-Dame ; grand assortiment d'habillements pour toutes saisons et sur toutes mesures.
Le Bon Pasteur, r. Notre-Dame, 119. Maison d'association de tailleurs de Paris pour les habillements tous faits et sur mesure pour le civil et le militaire.
Lafosse, grand assortiment d'habillements tous confectionnés pour toutes saisons, r. St-Jean, 34.

HALLE AUX GRAINS.

Située, pl. St-Sauveur. Ouverte les lundi et vendredi de chaque semaine.

FACTEURS A LA HALLE.

Busnel, à Buron.
Castel, à Buron.
Lamotte, r. Bosnières.
Lechesne, à la Folie.
Libois, à Gouvrechef.
Marie, à Buron.
Renaud, concierge, cour de l'Ancienne-Halle.

HISTOIRE NATURELLE (*voir Musée d'histoire naturelle*).

HÔPITAUX.

Hôpital Général, situé dans l'anc. Abbaye-aux-D., quartier St-Gilles.
Hôpital St-Louis, maison spéc. pour les enfants trouvés.

HYPOTHÈQUES.

Bonneville, cons., pl. Royale, 9.

HORLOGERS.

Binet-Jacquot, pl. Royale et v. aux Chevaux, 24. Grand mag. de pend., montres en tous g.
Bottey, r. Guillaume-le-C., 20.
Catherine, v. aux Chevaux, 3.
Chedru, r. de Vaucelles, 67.
Dejean, r. Notre-Dame, 125.
Fleury, pl. Malherbe.
Godard, pl. St-Pierre, 7.
Guerin, r. St-Martin, 21.
Hardoin, c. du Collége. r. Guillaume-le-Conquérant.
Jacquot, pas, Bellivet, 18.
Jamet, pl. St-Pierre, 8.
Janin, r. St-Sauveur, 25.
Lechangeur, r. St-Jean, 45.
Lecanu, r. de Vaucelles, 82.
Lemarchand, r. de Vaucelles.
Lefevre, r. St-Malo, 2.
Letulle, r. St-Jean, 157.
Salle, ven, aux Chevaux, 16.
Sebire, pl. St-Pierre, 12.
Vauquelin, r. Notre-Dame, 115. Fabrique et gr. mag. de pendules et mont. en tous genr.

HORLOGERIE (fournitures d').

Boutey, pont St-Jacques, 7.
Denize, r. Notre-Dame, 121. Gr. assortim. d'outils et tout ce qui conc. en gén. l'horloger.

HÔTELS PUBLICS.

Binet, *hôtel d'Espagne*, r. St-Jean, 69.
Bonnel, *hôtel de France*, r. St-Jean, 220.

Faucon, *hôtel de la Victoire*, marché au Bois.
Fichet, *hôtel d'Angleterre*, r. St-Jean, 81.
Lagouelle (v°), *hôtel de la Place-Royale*, pl. Royale.
Lefèvre (v°), *hôtel Ste-Barbe*, r. Ecuyère, 13.
Legourdier, *hôtel de la Normandie*, r. St-Pierre, 23.
Létot, *hôtel de Londres*, r. de la Fontaine, 5.
Mottelay, *hôtel du Commerce*, Champ-de-Foire, 10.
Perrard, *hôtel de la Paix*, r. au Canu et r. St-Sauveur, 19.
Sélincourt, *hôtel St-Pierre*, 42.

HÔTELS SITUÉS A LUC, SUR LE BORD DE LA MER, PRÈS CAEN.

Hôtel de la Belle-Plage, tenu par M. Placide-Jacquot. Logements de toutes grandeurs, glacière, parc aux huîtres et maître de natation, etc., etc., se trouve à la disposition du voyageur.

Hôtel du Grand-Orient, dirigé M. Demolen. Cet hôtel est situé sur les bords de la mer ayant la plus belle position pour les bains. Tout le confortable et tout ce que peut désirer le voyageur se trouve dans ce bel hôtel. Maître de natation décoré et attaché à l'établissement.

Hôtel du Petit-Enfer. Prend des pensionnaires et offre aux voyageurs tout le confortable possible et à des prix très modérés.

HÔTELS PARTICULIERS.

Hôtel de la Préfecture, pl. de la Préfecture.
Hôtel des bureaux de la Préfecture, r. de la Préfecture.
Hôtel-de-Ville (mairie), pl. Royale.
Hôtel de la Gendarmerie, r. des Carmes.
Hôtel de la Bourse, pl. St-Pierre.
Hôtel de la Douane, r. des Quais.
Hôtel-Dieu, quartier St-Gilles. r. Neuve-St-Jean, 21.

HUILES (fabric. et épurateurs).

Aumont aîné, machine à vap., r. de la Marine, 4.
Aumont (Victor), fab. et épurat.
Cautru f***, fab., r. St.-Jean, 240.
Danjou (v° et fils), fab. et épur., r. Notre-Dame, 92.
David, r. Guilbert, 26.
Elie-Marc, fab. à Laize-la-Ville. Magasin r. de Geôle, 23.
Gervais, fab., r. Montégu, 14.
Grusse, *épurat.*, r. N.-du-Port.
Grusse, *épurat.*, r. St-Jean, 261.
Lecavelier-Donnet, *épurateur*, r. Neuve-St-Jean, 21.
Larue-Elie, *fabricant*, à Mondeville; bureau, r. de l'Odon, 2.

HUISSIERS.

Huissiers - audienciers près la cour royale de Caen.

Buhour, r. Froide, 22.
Busnel, pl. St-Martin, 26.
Hébert, pl. St-Martin.

Letulle, pl. St-Sauveur.
Marais, r. aux Namps.
Quesnot aîné, pl. St-Martin, 6.
Quesnot jeune, r. Ecuyère, 36.
Tribouillard, r. St-Jean, 151.

Huissiers au tribunal civil.

Durosier, r. de l'Odon, 3.
Legrix, r. Pémagnie, 2.
Levasseur, r. St-Martin.
Simon, r. aux Namps, 11.

Huissiers près la justice de paix.

Philippe, r. Ecuyère, 52.
Postel, r. de l'Odon, 15.

Huissiers près le tribunal de Commerce.

Dufour, r. Pémagnie, 14.
Pagny, r. St-Sauveur, 8.
Beaurain, r. de l'Odon, 7.
Bourrienne, r. des Croisiers 5.
Garnier, r. Pémagnie, 18.
Hurel, r. Pémagnie, 1.
Letot, pl. St-Sauveur, 9.
Letourneur, r. St-Martin, 49.
Madeline, r. de la Préfecture, 23.
Pouettre, r. St-Sauveur, 10.
Mauvoisin, r. de l'Odon.
Robine, r. Ecuyère.

IMPRIMEURS.

Bonneserre, r. Froide, 1.
Haridel, r. Froide, 2, et *lithographie.*
Lecrêne, r. Froide, 9.
Leroy (dem.), r. N.-Dame, 70.
Loisel, imprim. *lithographe*, r. Hamon.
Pagny, r. Froide, et litho-

graphie.
Poisson, r. Froide, 18.
Woinez, r. Notre-Dame, 98.

INTENDANCE MILITAIRE.

Escher, sous-intendant, r. St-Martin, 72.

INSTRUMENTS (m^ds) (*voir luthiers*).

JARDIN DES PLANTES.

Le jardin des plantes est ouvert au pubic, en été, de 5 heures 1[2 du matin à 7 heures 1[2 du soir, et en hiver, de 8 heures du matin à 2 heures du soir.
Manoury, prof. de botanique, conservateur.

JARDINIERS ET FLEURISTES.

Babulée, r. de la Masse, 2.
Bailleul, r. St-Ouen, 5.
Bellissent, r. des Capucins, 76.
Benard, r. Basse, 66.
Bidault, r. Basse, 72.
Bidot, r. Traversière, 22.
Bidot, r. Bretagne-Calix, 9.
Carbonnel, r. Tortue, 1.
Cayer, r. Ste-Paix, 59.
Coltée, r. Guerrière, 20.
Costy, venelle Lemanissier, 16.
Couturier, r. Tortue, 9.
Croisy, dit Richard, graines, plantes bulbeuses de serre et d'orangeries, r. Ecuy., 33.
Darcanchy, plantes de serre et d'orang., ven. Buquet, 39.
Denis, r. Vaubenard, 6.
Dupré, r. Traversière, 17.
Duthay, mont. de la Poiss., 26.
Duval, r. de la Masse, 5.
Feret, r. du Marais, 5.

Fouques, r. Montégu, 10.
Gallot, r. des Muets, 2.
Gaugain, r. de Branville, 82.
Huet, arbres fruitiers, plantes de serre et d'orang., r. Basse.
Jouen, plantes de serres et d'orangeries, r. de l'Eglise-de-Vaucelles.
Lelandais, arbres fruitiers, dahlias, rosiers, plantes de serre et d'orangeries, au jardin du Collége-Royale.
Lecarpentier, fleuriste, r. Basse, 26.
Lecomte, r. du Milieu, 5.
Lefevre, r. du Marais, 19.
Lefond, porte au Berger, 11.
Lelorier, r. Basse, 101.
Lemoine, r. du Marais, 4.
Lemonnier, r. Basse, 89.
Leroy, r. du Marais, 25.
Mancel, r. Traversière, 8.
Marie, r. de la Délivrande, 23.
Oger, *jardinier de M. Thierry. Culture spéciale de rosiers*, r. aux Lisses.
Pelcerf, r. des Capucins, 16.
Picard, r. Ste-Paix, 64.
Postel, arbres fruitiers, verts et plantes de serre et d'orangerie, r. Bretagne-B.-l'Abbé, 3.
Quesnel, r. Basse, 70.
Quesnel, r. Tortue, 9.
Quetel (v^e). Culture spéciale d'anémones et renoncules, jacinthes de Hollande et œillets, r. Malfilâtre, 10.
Radiguet, r. Tortue, 8.
Ruelle, r. St-Martin, 16.
Samson, r. Bicoquet, 12.

Scarpembourg, r. Ste-Paix, 29.
Silvain, marché au Bois, 21.
Thinard, r. du Marais, 5.
Thirard, arbres fruitiers, dah-
lias, plantes de serres et
d'orangeries, r. Basse, 48.

JOURNAUX.

Le *Haro* , venelle aux Che-
vaux, 1.
Le *Pilote*, place St-Sauveur, 22.
La *Normandie agricole*, rue
Laplace.
Petit-Poucet, r. N.-Dame, 98.
La *Revue de Caen*, r. Froide, 1.
Le *Journal de Caen*, rue St-
Etienne, 135.

JUSTICE DE PAIX.

Les séances ont lieu dans une
des salles de l'Hôtel-de-Ville,
place Royale.
Pour le canton (est), le jeudi
de chaque semaine ; et, pour
le canton (ouest), le mardi de
chaque semaine.

CANTON (est.)

Morice , juge de paix, rue
Ecuyère , 18.
Burard , greffier , rue Saint-
Martin , 78.

CANTON (ouest.)

Lancelin, juge de paix , rue
Vilaine , 2.
Bardel , greffier, r. Vilaine.
Violard, commissaire de police , remplit les fonctions
de ministère public pour les
audiences de simple police qui
ont lieu tous les samedis pour la
ville de Caen.

LAINES (m^d^ de).

Lafontaine , rue Gémaré , 2.
Leport-Benard , r. St-Sauv., 21.
Philippe, r. des Teinturiers, 10.
Planquette, r. des Teinturiers, 7.

LAMPISTES (*voir ferblantiers*).

LECTURES (cabinets de).

Pour Journaux :

Mlle Goujon, passage Bellivet.
Mme Saillenfest, pl. St-Sauv., 14.

*Pour romans anciens et nou-
veaux :*

Avonde , rue Notre-Dame , 101.
Clérice (v^e^), rue Ecuyère, 40.
Duclos , rue St-Jean.
Manoury , rue Froide , 6.
Marie-Viel, r. Notre-Dame, 121.
Rupalley , rue St-Jean , 21.
Villeneuve aîné , passage Belli-
vet , 18.

LESSIVIERS.

Aubay , rue de Paris , 25.
Beuron , rue St-Malo, 16.
Cohier , rue aux Juifs, 1.
Decaen, rue de l'Abbatiale, 3.
Dufour, rue du Boulevart, 11.
Dunis , rue St-Jean , 129.
Foulon, rue Ecuyère, 17.
Guilbert, rue St-Jean , 261.
Hervieu , rue Pailleuse , 21.
Langlois , rue de Lisieux , 19.
Lemarchand , rue de la Préfec-
ture , 31.
Maréchal , rue de Vire , 13.
Marie, r. des Teinturiers , 8.

Piquenot, r. Neuve-St-Jean, 64.
Postel, r. de la Préfecture, 33.
Queudrue, r. de l'Epicerie, 11.
Rocquancourt, rue du Moulin-St-Ouen, 7.

LIBRAIRES.

Avonde, nouveautés, r. Notre-Dame, 101.
Bonneserre, rue Froide, 1.
Clérice (v^e), rue Ecuyère, 40.
Chesnel, librairie religieuse, rue St-Jean, 46.
Christy, rue des Petits-Murs.
Duclos (mad.), r. St-Jean, 205.
Dudouit, venelle aux Chevaux.
Haridel, diurnaux et livres classiques, rue Froide, 2.
Huet-Cabourg, librairie classique, pl. St-Pierre, 2.
Lecrêne, librairie ancienne et moderne, livres d'église, rue Froide, 9.
Leroy (dem.), r. Notr-Dame, 70.
Mancel, rue St-Jean, 66.
Manoury, librairie ancienne et moderne, rue Froide, 6.
Marie-Viel, nouveautés, abonnements à tous les journaux périodiques, rue Not.-D., 121.
Poisson, livres d'église et classiques, rue Froide, 18
Rupalley, nouveautés et abonnements à tous les journaux, rue St-Jean, 23.
Villeneuve aîné, nouveautés, passage Bellivet, 18.
Woinez, r. Notre-Dame, 98.

LINS (m^d de).

Leblanc (v^e), r. Notre-Dame, 72.

Leguay, rue Pémagnie, 5.
Lenglinay, rue Ecuyère, 22.
Légris, rue des Capucins, 90.
Lequesne, rue St-Jean, 160.
Le Saché (v^e), r, St-Sauveur, 19.
Marie, rue St-Sauveur, 12.
Tostain, rue St-Sauveur, 17.

LINGERIES.

Babulée, rue Ecuyère, 15.
Benard, venelle aux Chev., 2.
Bessin, rue St-Jean, 64.
Bonneserre, rue Froide, 41.
Clément, rue St-Jean, 111.
Danneville, r. de Bernière, 11.
Denis, pont St-Jacques, 7.
Devenoix (dem.), r. Jean-Rom.
Fouchet (dem.), r. St-Jean, 82.
Frogère, place Royale, 5.
Gastebois, r. Guillaume-le-Conquérant.
Goulard, rue Froide, 23.
Jouanne, rue de l'Oratoire, 4.
Labatte, rue des Petits-Murs, 4.
Lemoine (dem.), r. Pémag., 19.
Lemoteux, r. St-Laurent, 16.
Lepetit, rue des Jocobins, 16.
Leroux, venelle aux Chev., 29.
Levesque, rue du Moulin, 4.
Luard, r. des Teinturiers, 26.
Lunel, rue St-Laurent, 11.
Malherbe, pass. Bellivet, 30.
Maubant, place de la Com., 2.
Mérielle, venelle aux Chev., 5.
Pigeon, rue des Petits-Murs, 14.
Tirard, rue St-Etienne, 120.
Trolley-Gaillouet, r. St-J., 159.
Vautier (dem.), ven. aux Chevaux, 10.
Vardon, rue Notre-Dame, 67.

LITHOGRAPHES (*voir imprimeurs*).

LUTHIERS.

Bellenger, r. de l'Oratoire, 4.
Cordier, r. St-Jean, 93.
Mériel père, v. aux Chevaux.
Mériel fils, passage Bellivet.
Mériel jeune, r. St-Jean, 56.
Thiboult, r. St-Jean, 93.

MAIRIE.

Les bur. sont à l'Hôtel-de-V.,
pl. Royale, et sont ouv. de 9 h. du
mat. à 4 h. du soir.
Donnet, maire, pl. St-Sauveur.
Bernetz, 1er ad., r. d. Quais, 70.
Gervais, avocat, pl. St-Martin, 1.
Le Bailly, secr., pl. Royale, 23.

MAISON D'ÉDUCATION.

(*Voir pensionnats.*)

MARBRERIE ET MONUMENTS FUNÈBRES.

Faye, r. Royale.
Laugeois, r. St-Jean.
Le Baron-Bacon, r. St-Jean, 180.
Lecornu, r. G.-le-Conquérant.
Martin (v°), r. St-Manvieu.

MARÉCHAUX-FERRANTS.

Chanu, r. St-Jean, 217.
Chaventrey, c. de la Monnaie, 4.
Cosny, dit Lafont., r. St-J., 127.
Delalande, r. du Vaugueux, 4.
Eudine, r. St-Jean, 219.
Garnier, r. Graindorge, 7.
Guernier, r. Caponnière, 2.
Hardy, r. de Vaucelles, 59.
Haye, r. des Teinturiers.
Jeannemaire, r. Royale.
Lucas, r. aux Lisses, 36.
Mariette, r. d'Auge, 23.

Michel, r. de Bayeux, 78.
Nourry, r. de Vaucelles, 49.
Patin, r. St-Nicolas, 77.
Rainable, r. Ste-Paix, 48.
Seguin, à la Maladrerie.
Suriray, c. de l'Ancienne-Halle.

MARCHÉS.

Tous les lundis et vendredis,
place St-Sauveur, pour bois,
beurre, volailles, fruits, légumes,
fleurs, etc., et foires tous les
jours, place St-Pierre, pour légumes, fruits et fleurs.
Tous les jours, Marché-au-
Bois, pour volailles.
Tous les dimanches, r. de l'E-
cu, pour pigeons, ois. et lapins.
Tous les lund. et vendr., pl.
St-Martin, pour bestiaux et suifs.

MARINE.

Durand de la Borderie, comm'°
de mne, r. de la Marine, 10.
Goujet, écrivain de la marine,
r. St-Jean, 92.
Vauquelin, syndic des gens de
mer, r. Branville, 34.
Boivin, gendarme de la marine,
pl. de l'Ancienne-Comédie.
Jennet, trésorier des invalides
de la marine, pl. Singer.

Commission d'examen.

Lafosse et Sauvage, d" médec.
Pigache, pharm., r. St-Jean, 120.

Officiers visiteurs des navires.

Delisle, lieut. de port, r. Prairie-
St-Gilles.
Morin, cap. au l. c., pl. d'Arm.

Escard, mᵉ de port, pl. Singer.

Intendance sanitaire.

Thierry, Lesauvage, Decourdemanche, Vautier (Urbain),
Jobert, Lécesne, le sous-intendant militaire, l'inspecteur militaire, l'inspecteur
des Douanes, le commissaire
de Marine.

MÉCANICIENS.

Jeammaire, r. Royale.
Ligniel, r. de la Marine, 5.
Lucet, r. de la Marine.
Salmon, r. Frementel, 13.
Sebire, r. de la Marine, 7.

MÉDECINS.

Aze, r. des Jacobins, 2.
Bazire, r. Guilbert, 20.
Bourienne, r. Vilaine, 14.
Chapron, r. St-Jean, 239.
Chibourg, r. de Geôle, 30.
Dan de la Vauterie, r. Neuve-
St-Jean, 51.
Delangle, r. du Moulin, 5.
Desruisseaux, r. Pémagnie, 3.
Durand, r. Gémare, 19.
Duvard, r. des Chanoines, 10 *bis.*
Etienne, r. de la Préfecture, 1.
Faucon, r. St-Etienne, 18.
Faucon-Duquesnay, r. de la
Préfecture, 22.
Fourneaux, r, Guilbert.
Hardouin, r. Neuve-St-Jean, 26.
Lafosse, r. de la Préfecture, 3.
Lebidois, r. Jean-Romain.
Lechevalier, r. St-Manvieu, 7.
Lecœur, r. des Quais, 58.
Lelarge, r. aux Lisses, 23.

Lépée, r. de Geôle, 18.
Leprêtre, r. des Carmélites, 16.
Leprovost, r. d'Auge, 14.
Leprovost, r. Guill.-le-Conq., 15.
Lesauvage, r. de Bernières, 10.
Liégard, r. des Carmes, 37.
Longuet, r. St-Etienne, 153.
Luard, r. de Vaucelles, 5.
Martin, r. de la Préfecture, 14.
Maurice, r. St-Jean, 54.
Mayer, r. des Carmes, 57.
Motel, r. des Capucins, 7.
Pelerin, r. Neuve-St-Jean, 37.
Perier, r. de Bayeux, 17.
Piéplu, r. de Geôle, 32.
Raisin père, r. Froide, 41.
Raisin fils, r. Froide, 41.
Rater, r. Puits-ès-Bottes, 25.
Raterfurd, r. St-Jean, 84.
Regnault, r. Montégu, 23.
Saint-Fresne, r. St-Jean, 120.
Scelles, r. Haute, 11.
Thibout, r. des Chanoines, 11.
Vastel, r. St-Louis, 6.
Vautier, r. de Bernières, 11.

MENUISIERS.

Audrieu, r. Notre-Dame, 100.
Babulée, r. du Gaillon, 11.
Basset, r. de Bayeux, 100.
Bedouelle, r. Caponnière, 21.
Belbarbe, r. du Boulevard, 8.
Benard, r. d'Auge, 29.
Benard, r. des Toiliers, 1.
Berthelot, pl. Villers, 75.
Binet, r. Neuve-St-Jean, 5.
Chalange, c. de la Monnaie, 4.
Chevalier, r. de Falaise, 27.
Chevalier, passage Bellivet.
Chosse, r. de Geôle, 6.

Corbel, r. au Canu, 5.
Dejean, r. Puits-ès-Bottes.
Lemay, r. Gémare, 11.
Desaulnés, r. N.-St-Jean, 19.
Deterville, r. des Capucins, 64.
Dominique, r. de Lisieux, 3.
Doron, impasse Cauvigny.
Dubreuil, r. Neuve-St-Jean, 15.
Dufayel, r. aux Juifs, 5.
Duval, r. Gémare, 4.
Fanet, r. de Vaucelles, 27.
Feron, r. Pémagnie, 12.
Fleury, r. Neuve-St-Jean, 28.
Foucault, r. St-Jean, 94.
Fouché, r. des Quais, 70.
Fremont, à la Maladrerie.
Gaillouet, pl. St-Gilles.
Gaugain, r. des Quais, 48.
Giot, r. Neuve-St-Jean, 13.
Grenier, r. Bosnières, 17.
Guiton, r. d'Auge, 40.
Hurel, r. Neuve-St-Jean, 34.
Jardin, r. des Carmes, 15.
Lalande, pl. St-Sauveur, 32.
Lallemand, r. de Lisieux, 30.
Lamy, r. St-Jean, 187.
Lantin, r. Neuve-St-Jean, 12.
Lapallu, r. Gémare, 11.
Lebaron, r. Ecuyère, 19.
Leblanc, r. St-Laurent, 10.
Leboucher, r. de Geôle, 30.
Lebreton, r. Guill.-le-Conq., 9.
Lebreton, r. des Carmes, 22.
Lebreton, r. des Carmélites, 3.
Lebreton, r. de la Comédie, 5.
Lechevalier, r. N.-St-Jean, 4.
Lechevalier, r. des Croisiers, 10.
Leclerc, r. Notre-Dame, 96.
Lefort, r. du Havre.
Lefranc, r. des Capucins, 27.

Legras, r. Froide, 16.
Legris, r. Neuve-St-Jean, 10.
Lelonney, r. des Carmes, 19.
Lepallu, r. Gémare, 11.
Letanneur, r. St-Ouen, 43.
Levallois, imp. des Jacobins, 2.
Levallois, pl. de la Comédie, 7.
Levallois, r. de la Préfecture, 20.
Lucet, r. Singer, 11.
Mallet, à la Maladrerie.
Marie, r. Ste-Paix, 1.
Marie, r. Neuve-St-Jean, 11.
Marie, r. de Branville, 86.
Maury, r. Royale.
Mériel, à la Maladrerie.
Mesnil, r. de la Marine, 3.
Michel, r. aux Juifs, 21.
Moisson, imp. des Jacobins, 2.
Morice, r. Gémare, 10.
Morin, r. Basse, 15.
Moulinet, r. Guilbert, 5.
Moulin, r. de Lisieux 1.
Onfroy, r. des Capucins, 19.
Perrette, r. des Carmélites, 5.
Pitron, imp. Hôtel-Dieu.
Poitron, r. Pémagnie, 13.
Porée, r. Ecuyère, 46.
Postel, dit Duclos, r. Neuve-St-Jean, 14.
Poulard, r. d'Auge, 28.
Poutrel, r. Caponnière, 24.
Quesnel, r. Neuve-St-Jean, 5.
Renault, r. du Havre, 3.
Richard, r. de Falaise, 12.
Rivière, r. du Moulin, 12.
Rohée, r. Puits-ès-Bottes, 7.
Saillenfest, r. N.-St-Jean, 16.
Scelles, r. St-Martin, 76.
Simon, r. Gémare, 11.
Soinard, r. de l'Oratoire, 6.

Tarin, r. Ecuyère, 25.
Touchet, r. de la Boucherie, 4.
Touroude, r. de Geôle, 22.
Toutin, r. Neuve-St-Jean, 40.
Troppé, r. des Teinturiers, 15.
Valette, pl. de l'Anc.-Bouc, 120.
Vauquelin, r. Caponnière, 8.
Vautier, r. Neuve-du-Port.

MERCERIE (m^{ds} de).

Authié, r. Pémagnie, 17.
Catherine, r. des Carmélites, 12
Cauchard, r. des Teinturiers, 22.
Champin, r. du Moulin, 13.
Coutances, r. Caponnière, 15.
Delaunay, r. Branville, 18.
Delaunay, r. Froide, 19.
Denize, r. Notre-Dame, 64.
Desloges, r. Froide, 35.
Desmonts, r. de Geôle, 6.
Desvoies, r. St-Pierre, 8.
Douesnel (v^e), r. St-Jean, 124.
Dubosq, r. Froide, 27.
Dukans, r. Notre-Dame, 120.
Dumaine, venelle aux Che.. 2,
Gost, r. de Vaucelles, 106.
Grelley, place St-Pierre.
Guillouct, r. Jean-Romain, 2.
Hesnard, r. Froide, 13.
Henry (v^e), r. Froide, 17.
Jouaut-Rolland, r, St-Etien., 145
Lebaudy, passage Bellivet, 3.
Lefevre, r. Notre-Dame, 80.
Lelarge, r. Ecuyère, 7.
Lemonnier, r. St-Jean, 49.
Leroyer, r. de Vaucelles, 52.
Levéel. venelle aux Chév., 7.
Longpré-Quesnot, r. St-Jean, 74
Mallet (v^e), r. Froide, 31.
Manchon, pl. Royale, 15.

Marescal, r. St-Jean, 58.
Marie, r. Guill.-le-Conq., 29.
Pelcerf, pont St-Pierre, 6.
Piel-Desruisseaux, r. Froide, 45.
Piétout, r. St-Jean, 106.
Regnier, r. St-Pierre, 2.
Regnouf, r. St-Pierre, 39.
Robert (dem.), ven. Buquet, 1.
Salomon, Porte-au-Berger, 6.
Vérillon (dem.), r. St-Jean, 93.

MESSAGERIES.

Messageries générales, r. Not.-Dame, 50.
Messageries royales, pl. Royale, 3.
Messageries Petit-Loisel et Ce, r. St-Pierre, 28.
Messageries Jumelles, r. St-Jean 81.
(Voir à l'article *Diligences* pour les heures de départ).

MEUBLES (m^{ds} de).

Beaunier, r. Notre-Dame, 47.
Baverel, r. de Geôle, 10.
Baverel, r. St-Martin, 39.
Fouquier, r. Froide, 39.
Groult, r. Caponnière, 14.
Laberge, r. Froide, 12.
Sanrefus, r. Froide, 30.

MINISTRES DES PROTESTANTS.

Halward, r. St-Julien, 3.
Lucas, imp. Gohier.
Olive, r. de Geôle, 35.
Melon, présid. du Consistoire.

MODISTES.

(*Voir lingerie.*)

MOULINS A HUILE.

Moulin au Roi (moulin à vent), appartenant à Mme veuve Danjou et fils, situé à 2 kilom. de la ville de Caen, près la route de la Délivrande.

Moulin à vapeur, appartenant à M. Aumont, r. de la Marine.

Moulin de M. Foueambert, machine à vapeur, située à la Maladrerie.

Moulin de M. Larue-Hélie, machine à vapeur, située à Mondeville, près Caen.

Moulin de M. Meurdrac, moulin à eau, situé à Verson, près Caen, route de Villers.

Moulin de M. Bichonnier, moulin à eau, sur l'Odon.

MOUTARDE.
(Voir épiciers et coquetiers.)

MOUTARDE BLANCHE.

Pour les maladies du sang, d'humeur, des Néres, etc., dépôt chez M. Trevet, épicier, r. St-Jean, 137.

MUSÉE.

Musée de peinture, à l'Hôtel-de-Ville, pl. Royale. Ouvert au public les mardis et jeudis, depuis 11 h. jusqu'à 3 h. du soir. M. Guillard, conservateur.

Musée d'histoire naturelle, r. de la Chaîne, hôtel de l'Université. Ouvert au public de 11 h. à 3 h. du soir.

Chauvin, professeur d'histoire naturelle à la Faculté des sciences, r. Bagatelle, 14.

MUSIQUE (m^{ds} de).

Mériel aîné, pass. Bellivet.
Mériel jeune, r. St-Jean, 52.
Thibout, r. St-Jean, 91.

MUSIQUE (professeurs de).
(Voir professeurs.)

NAVIRES (constructeurs de).

Angot fils, r. de Vaucelles, 13.
Corneur frères, r. Frementelle.

NÉGOCIANTS.
(Voir aussi armateurs.)

Angot, r. de Vaucelles, 13.

Aumont et c^e, r. de la Marine, 4.
Aumont, pl. de l'Anc.-Bouch., 36.
Bellamy, r. de Geôle, 20.
Bouillie, imp. de la Fontaine, 12.
Boujon père, r. Gémare, 13.
Brebi, r. Neuve-St-Jean, 56.
Cautru frères, r. St-Jean, 240.
David, r. Guilbert, 26.
Donnet, pl. St-Sauveur, 20.
Foucard (P.), q. des Abattoirs.
Gervais, r. Montégu, 14.
Gombaux et c^e, r. des Quais, 50.
Graperon, r. du Moulin, 6.
Grusse, r. Neuve-du-Port,

Guilbert et c°, r. de Bernières, 12.
Holzmann, r. de l'Oratoire, 8.
Jobert frères, r. Guilbert, 18.
Lamy, r. des Carmes, 21.
Lecavelier-D., r. N.-St-Jean, 21.
Lefrançois, r. Neuve-St-Jean, 50.
Lehérihel, r. des Quais, 96.
Lemanissier (v°), r. N.-St-Jean, 5.
Lemoine, r. Neuve-St-Jean, 56.
Lesueur, r. des Sables, 8.
Luard et c°, r. de la Marine.
Paulmier et c°, r. St-Jean, 135.
Ravenel et c°, imp. Gohier.
Ruault (v°) et fils, r. de Vauc., 75.
Vautier frères, r. St-Jean, 238.
Verel (v°) et fils, r. Frementelle, 6.
Verier, r. Hamon, 16.

NOIR ANIMAL.

Foucard (P.), dép., q. des Abatt.
Larue-Elie, fab., à Mondeville, près Caen.
Le Baron, dép. et march., r. de Vaucelles, 32.

NOTAIRES.

Beaujour, pl. St-Sauveur, 28.
Colleville, r. de l'Odon, 10.
Daufresne, r. Ecuyère, 44.
Desportes, r. de la Chaîne, 8.
Moisant, pl. St-Sauveur, 16.
Seigneurie, r. de la Préfecture, 1.
Vinnebaux, r. de la Chaîne, 1.

NOUVEAUTÉS.

(Voir draperie.)

OPTICIENS-LUNETIERS.

Dutrône, passage Bellivet, 24.
Nessy, r. des Petits-Murs, 14.

ORFÈVRES ET BIJOUTIERS.

Alazard (v°) et fils, r. Froide, 8.
Beaufort, r. St-Jean, 115.
Binet-Jacot, pl. Royale.
Borgnis, r. St-Jean, 21.
Catherine, ven. aux Ch., 3.
Cottun, rue St-Jean, 93.
Desbordes, rue St-Jean, 24.
Dubuisson, rue de l'Orat., 4.
Fleury, place Malherbe.
Gombault, rue St-Jean, 37.
Hervieu, rue Notre-Dame, 51.
Maubant, rue St-Jean, 26.
Pasquet, rue Notre-Dame, 51.
Vauquelin, r. Notre-Dame, 115.

ORNEMENTS D'ÉGLISE.

Guincestre, r. du Vaugueux, 30.
Duval-Adam, *pour le dépôt de tous les ornements d'architectures en mastic, pierre et tout ce qui concerne la décoration des églises et des appartements,* r. des Petits-Murs, 9.

ORTHOPÉDISTE.

Longpré, passage Bellivet, 20.

PAPIERS ET FOURNITURES DE BUREAUX.

Cauville, fabricant de registres et régleur, rue Guill.-le-Conq. et place Fontette.
Duclos, rue St-Jean, 205.
Enguehard frères et sœur, *en gros, et fabricant de cartons en tous genres,* r. Not.-D., 127.
Farin-Bloquet, r. St-Pierre, 11.
Huard, rue St-Etienne, 124.
Lebecq, rue Notre-Dame, 40.
Lecrène, *fabricant de cartons en feuilles,* rue Froide, 9.

Lemarchand, v. aux Chev, 27.
Leroux, *fabrique de cartonnage*, rue Notre-Dame, 93.
Macé, *papiers en gros, fabrique de registres*, rue Gémare, 3.
Marie-Viel, rue Notre-Dame, 121.
Massienne, rue St-Jean, 85.
Perrée frères, pass. Bellivet.
Roger, *fabrique de registres*, rue St-Jean, 41.
Vienne, rue St-Jean. 129.
Woinez, *en gros et en détail*, r. Notre-Dame, 98.

PAPIERS PEINTS.

Bulot, rue de l'Ecu, 11.
Bulot-Briard, rue N.-Dame, 47.
Le Flaguais, r. des Jacobins, 10.
Lemonnier, r. Guill.-le-Conquérant, 14.
Mutel (v°), rue des Jacobins, 4.

PARAPLUIES.

Delaunay, r. Notre-Dame, 106.
Delmas, r. Guill.-le-Conq., 22.
Grenier, place Malherbe, 4.
Guerard-Deslauriers, rue de Bayeux, 1.
Pagis, rue Notre-Dame, 49.
Paillargue, pont St-Pierre, 9.
Perrier (mad.), pl. St-Sauv., 14.
Perrier, rue de Vaucelles, 67.
Pitel, rue Caponnière, 22.
Thibault, rue St-Jean, 54.

PARFUMEURS.

Marie, rue Notre-Dame, 87.
Moisson, ven. aux Chev., 2.

PASSEMENTIERS-FRANGIERS.

Alliot-Préjardin, r. Ecuyère, 11.

Audion, fab., r. Not.-Dame, 61.
Bourgeois, rue St-Martin, 76.
Delafontaine (pour meubles et modes), r. Notre-Dame, 101.
Gauthier, pl. Malherbe, 2.
Gelée, venelle aux Ch., 3.
Jeanne, venelle aux Ch., 6.
Joret, rue St-Sauveur, 33.
Launay (dem.), r. St-Jean, 181.
Launay, r. Notre-Dame, 84.
Launay (dem.), r. de Geôle, 20.
Laurent, pont St-Pierre, 13.
Le Bourgeois, r. St-Martin, 76.
Lecointe, venelle aux Chev., 19.
Lefoulon (dem.), r. St-Et., 125.
Lemoine (dem.), r. Pémag., 19.
Lemonnier (dem.), venelle aux Chevaux, 4.
Leport-Benard, r. St-Sauv., 21.
Letellier (dem.), r. Ecuyère, 46.
Malherbe, rue St-Jean, 28.
Maligne, rue St-Jean, 124.
Ménager (fabrique en général), rue Froide, 7.
Mercier, rue des Jacobins, 10.
Moulin, rue Pavée, 112.
Osmont, rue St-Etienne, 112.
Pitel, rue d'Auge, 11.
Quesnot, rue St-Jean, 208.
Radiguet, r. de Vaucelles, 108.
Rossignol, rue Montoir-de-la-Poissonnerie, 3.
Roucamps, rue St-Nicolas, 85.

PATISSIERS.

Alexis, rue St-Pierre, 26.
Barbuda, rue Notre-Dame, 74.
Decrocq, rue St-Jean, 136.
Elie, place St-Pierre, 2.
Houtain, rue Ecuyère, 14.

Lebreton , rue St-Jean , 148.
Madeleine , rue St-Jean, 82.
Marie, pont St-Pierre, 18.
Romain, rue Froide.
Ozanne (v°), rue St-Pierre , 20.
Roussette , Pont St-Pierre, 14.

PAYEUR.

Baron Fouache pour le département, rue de l'Oratoire, 13.

PEAUX.

(Voir corroyeurs.)

PEINTRES-DÉCORATEURS.

Belaize (v°), rue des Croisiers, 5.
Bouet, rue St-Jean , 79.
Croqueville, dit Duclos, rue St-Jean , 205.
Deneuville , rue de l'Oratoire, 3 *bis*.
Desfammes , r. des Carmél. ; 15.
Deshayes, rue Pavée, 131.
Gadebled, rue St-Martin, 38.
Guille , rue du Havre.
Huard, rue des Jacobins , 32.
Laviney , rue des Carmes , 66.
Letimonnier, rue de Geôle , 16.
Menard, rue de la Marine.
Monin, rue St-Jean, 85.
Mono , rue St-Jean, 85.
Niron , rue des Capucins , 4.
Paulmier, rue de Bernières, 6.
Pestel , rue St-Jean , 242.
Sauvage , rue Ecuyère, 46.
Sauvage , rue Notre-Dame, 123.

PÉDICURES.

M. et Mme Leblanc, r. St-Jean, 117, extirpent les cors aux pieds, oignons et durillons, arrangent les ongles rentrés dans les chairs.

PENSIONNATS POUR JEUNES GENS.

(Voir aussi Ecoles.)

Bérard, r. Bagatelle.
Halley, r. des Quais, 30.
Lechevalier, r. de Geôle, 29.
L'abbé Quillou, r. Bagatelle.
L'abbé Vauquelin, r. Desmoueux
Mutel , r. de la Préfecture, 32.

PENSIONNATS POUR LES JEUNES DEMOISELLES.

Blin (mad.), r. Caponnière, 12.
Deguerres (mad.), v. Gaillard, 1.
Piel-Desruisseeux (dem.), rue Neuve-St-Jean, 50.
Tropée (dem.), r. au Canu, 1.
Vicq (mad.), r. de Geôle, 53.
Vidu-du-Bignon (mad.), r. de la Fontaine, 3.
Weatheroff (mad.), pl. Royale, 16.

PERCEPTEURS.

1er *arrondissement.* Danne, r. des Carmes, 33.
2° *arrondissement.* Clément , r. de la Préfecture, 1.
Les bureaux sont ouverts pour les recettes, tous les jours, de 9 h. du matin à 3 h. du soir, exceptés les jours fériés.

PHARMACIENS.

Bassy, r. St-Jean, 153.
Bin-Dupart, pl. de l'Anc.-Boucherie, 39.
Blin, r. de Geôle, 36.
Danneville, r. du Moulin, 14.
Duperron, r. de Vaucelles, 55.

Fayel, r. Mont.-de-la-Poiss., 3.
Gilbert, r. Froide, 22.
Guérin, r. St-Pierre, 41.
Halbique, r. St-Jean, 46.
Jean, r. Notre-Dame, 68.
Lebois, pl. St-Sauveur, 5.
Lemarchand, r. St-Pierre, 29.
Lemonnier, r. de Vaucelles, 40.
Onfroy, r. St-Sauveur, 43.
Passet, pont St-Pierre, 5.
Pigache, r. St-Jean, 120.
Pluquet, r. Notre-Dame, 57.
Querrière, pl. Malherbe.
Rivière, r. Guill.-le-Conq., 35.
Thierry, r. de Vaucelles, 53.

PLATRE POUR ENGRAIS.

Angot, r. de Vaucelles, 13.
Benoist (mad.), r. des Teintu-
  riers, 21.
Vautier frères, r. St-Jean, 238.

PLATRIERS.

Benoist, r. Gémare, 21.
Benoist, r. St-Jean, 218.
Bisson, r. Guill.-le-Conq., 29.
Charpentier, r. St-Jean, 22.
Collette, r. de Bayeux, 3.
David-Durand, Montoir-de-la-
  Poissonnerie, 28.
David, r. de l'Oratoire, 9.
Hébert, r. de la Préfecture, 18.
Houvet, r. du Vaugueux, 10.
Lance, r. St-Sauveur, 6.
Lerenard, r. de l'Odon, 6.
Néel, r. de Geôle, 37.
Niard, r. Ecuyère, 22.
Porcet, r. de Vaucelles, 85.
Roger, r. des Teinturiers, 24.
Royer, r. St-Jean, 44.
Thouroude, r. St-Martin, 31.

Tullou, ven. des Protestants.
Vallée, r. Royale.
Vivien, r. St-Sauveur, 39.

PLOMB DE CHASSE
(Fabricants).

Regnault (Félix), r. Bicoquet, 16.
Richet, r. de la Préfecture, 15.

POSTE AUX LETTRES.

(Voir bur. de poste aux lettres.)

POTERIES (fab^{ts} et m^{ds} de).

(Voir aussi faïenciers.)

Comté-Nérat, r. de Falaise, 8.
Savergne, r. St-Ouen, 20.
Perdrieu, r. des Capucins, 46.
Perdrieu, r. des Capucins, 98.
Renard, r. Damozane.

POTIERS D'ETAIN.

Gouix, r. Notre-Dame, 103.
Ledresseur, r. St-Jean, 202.
Leseigneur, r. St-Pierre, 28.
Mulot, r. St-Jean, 194.

POUDRE VÉGÉTATIVE (m^d de).

Duguay, q. de l'Abattoir.
Hamon, r. des Quais, 44.
Lebailly, r. Branville, 17.

PRÉFECTURE.

Boscher, maître des requêtes,
  préfet, hôt. de la Préfecture.
  Les audiences publiques de
M. le préfet ont lieu tous les
jours de 1 h. à 4, hôtel des Bureaux de la Préfecture, r. de la
Préfecture.

Conseillers.

Lair (doyen), pont St-Jacques.

Boisard , faisant les fonctions de secrétaire-général.
Marc (Georges), avocat.
Levardois.

PROFESSEURS.

pour l'Ecriture.

Berthaume, r. des Carmes, 52.
Crespin, r. Basse, 29.
Fauvel, r. Ecuyère, 46.
Lalan, r. St-Jean, 188.
Mondo, r. St-Jean, 243.
Poubelle, r. Calibourg, 3.

Pour Langues.

Bourdon, r. Basse, 47.
Gautier, r. Guillaume, 14.
Legros, *français et comptabilité commerciale*, r. Guill.-le-C., 8.
Lamer, r. Froide, 31.
Lauvauté, *français et latin*, r. St-Jean, 145.
George, *anglais*, r. du Havre, 3.
Mondo, *français*, r. St-Jean, 243.
Parker, *pour l'anglais*, r. de la Marine, 5.
Rivière, *français et anglais*, r. du Gaillon, 47.
Tassilly, r. des V.-Carrières, 8.

Pour Mathématiques.

Desbans, r. Ecuyère, 26.
Mondo, r. St-Jean, 243.

Pour Musique et Chant.

Beziers, r. St-Jean, 90.
Beziers (dem.), r. St-Jean, 90.
Conard (dem.), r. N.-Dame, 65.
Gervais, r. Guill.-le-Conq., 29.
Lamy (dem.), r. St-Jean, 187.
Lavigne, r. St-Jean, 207.

Lebeck, r. Guill.-le-Conq., 31.
Lecordier, r. St-Jean, 54.
Marie, Pont-St-Jacques, 9.
Mériel, venelle aux Chev.
Morel (dem.), pont St-Pierre, 14.
Nicolas, r. de la Pr.-St-Gilles, 3.
Offarel (dem.), c. de la Monnaie, 1.
Rossy, r. St-Jean, 21.
Soster, r. Froide, 41.

Pour danses.

Baudry, ven. Haldot, 7.
Philippe, r. St-Jean, 91.

Pour Philosophie.

Charma, rue des Vieilles-Carrières, 17.

Pour Dessin.

Malherbe, rue Pailleuse, 20.

Pour la Navigation.

Robert, rue Ste-Anne, 7.

PRUD'HOMMES.

Le conseil des prud'hmmes se tient dans une des salles du tribunal de commerce, Hôtel-de-la-Bourse, pl. St-Pierre.
Gervais, *président*, r. Montégu.
Mancel, *vice-présid.*, r. St-Jean.

Membres.

Bompain, r. St-Sauveur.
Drouet, cour de la Monnaie.
Grusse, r. des Quais.
Hubert-Blondel, r. des P.-Murs.
Lebailly, r. Notre-Dame.
Le Flaguais, r. des Jacobins.
Salmon, r. Singer.
Vautier-Chaumeaux, r. J.-Rom.

Secrétaire.

Hamel, pl. St-Martin.

QUINCAILLIERS.

Cholet, r. de Bernières, 4.
Doisnel, r. de Vaucelles, 16.
Errots, venelle aux Chevaux.
Frigots, r. Ecuyère, 5.
Guerard-Deslauriers, p. St-Pierr.
Guerar-Lemaître, r. de Bayeux.
Leblanc, m. de la Poissonnerie.
Lecorsu, r. St-Jean, 105.
Liégard, r. St-Jean, 63.
Maillard, r. St-Jean, 76.
Tostain, r. Notre-Dame, 76.

RAMONEURS.

Lemonnier, direct., r. du Vau-
gueux.
Dubreuil, s.-direct., r. Neuve-
St-Jean, 15.
Deroulland, r. des Capucins, 37.
Lepage, r. Ecuyère, 20.
Etienne, r. Pailleuse, 4.
Hervieu (Hyp.), r. Menitor, 2.
Massier, r. du Vaugueux, 13.
Hébert père, r. Coupée, 2.
Hébert fils, r. St-Jean, 228.
Guillot, r. Branville.

RECETTE GÉNÉRALE.

Les bureaux, r. de l'Hôpital,
n° 10, sont ouverts de 9 h. du
matin à 4 h. du soir.
De Rigny, recev.-général des
finances, et chargé de la recette particulière de l'arrondissement de Caen.

*Recette des contributions directes
pour la ville de Caen et Ban-
lieue.*
Danne, r. des Carmes, 25.
Clément, r. de la Préfecture, 1.

Receveurs de l'enregistrement.
Letourneur, r. Ecuyère, 19,
pour les actes civils et timbre.
Leredde, r. St-Laurent, 3, *pour
les actes judiciaires.*
Guillaud, pl. St-Sauveur, près
de la halle, *pour les domaines
et les successions.*

RECEVEUR MUNICIPAL.

Surosne, r. Guilbert.

RECRUTEMENT.

Puvis, cap.-comm. le dépôt de
recrut. du Calv., r. du Havre.

REGISTRES (fab. de).

Cauville, pl. Fontette, 1.
Macé, r. Gémare, 6.
Royer, r. St-Jean, 41.

RÉGLEURS DE PAPIER.

Cauville, pl. Fontette, 1.
Callouet, m. de la Poissonnerie.

RELIEURS.

Auvray, r. St-Pierre, 35.
Bouillet, r. Ecuyère, 46.
Cardinal, r. aux Namps, 7.
Cauville, r. Guil.-le-Conq., 1.
Lecrène, r. Froide, 9.
Loutrel, r. des Croisiers.
Marie-Viel, r. Notre-Dame, 121.
Mereau, r. Froide, 12.
Perrée, passage Bellivet, 26.
Poulier, r. Ecuyère, 46.
Royer, r. St-Jean.
Varin, cour de la Monnaie, 2.

REMPLACEMENTS MILITAIRES.

M. Callouet fils, r. Froide, 25,
représentant la maison Tur-

pin de Rouen, se charge de traiter avec toutes les familles en général, soit avant, soit après le tirage, et même de traiter à des conditions avantageuses au moment du départ des jeunes remplaçants.

RESTAURATEURS.
(Voir traiteurs.)

ROUENNERIES.

Bisson, pl. Royale, 3.
Dèsloges, r. Froide, 35.
Feray, r. du Moulin, 9.
Gost, r. de Vaucelles, 106.
Halley et comp.
Hamard, r. Notre-Dame, 94.
Lavollay aîné, r. Notre-Dame, 46.
Lenoble-Noël, r. Notre-Dame, 70.
Loyer, r. Froide, 5.
Magron-Flise (en gros), rue de Bernières, 15.
Manchon, pl. Royale, 23.
Roussel, r. des Quatre-Vents, 2.
Voisin, r. Notre-Dame, 94.

ROULAGES.

Henry-Paysant, r. St-Jean, 122.
Héron, r. de Vaucelles, 31.
Huvet, r. des Quatre-Vents, 1.
Lemoré, r. de Vaucelles, 17.
Paisant, r. de la Fontaine, 6.

RUBANS.
(Voir fils et rubans).

SABLES (marchands de).

Briand, r. des Carmes.
Briard, r. des Quais, 68.
Collette, q. des Abattoirs.
Edien, r. de Vaucelles.

SAGES-FEMMES.

Baverel, r. de Geôle, 10.
Dessillons (dem.), r. Haute, 21.
Flahault (dem.), r. des Petits-Murs, 6.
Goubin, r. Ecuyère, 36.
Laville, r. d'Auge, 34.
Lebas (dem.), r. N.-Dame, 117.
Lequesne, r. St-Pierre, 16.
Leterrier, r. Roy-Cadet, 16.
Maillet–Duboulay, r. de Bayeux, 51 *bis.*
Paris (dem.), r. des Fiefs, 61.
Paris (dem.), r. de Vaucelles, 77.

SALLES D'ASILES.
Membres du Comité.

Donnet, maire, président, pl. St-Sauveur.
Durand, médec., r. Gémare, 19.
Demagneville.
De Caumont, r. des Jacobins, 2.
De Lachouquais, r. des Chanoines, 13.
Dupont-Longrais, r. Calib., 6.
Lair, conseiller de préfecture, p. St-Jacques.
Lecerf, r. de Geôle, 40.
Levardois.
Thomine, avoc., r. de Geôle, 46.
Montargis, curé de St-Pierre.
Gogniard, curé de Vaucelles.
Saudras, proviseur au Collége.

Directrices.

Leclancher (dem.), pour la salle d'asile, r. d'Auge.
Lecordier, (mad.) pour la salle d'asile, imp. des Carmélites.

Saint-Augustin (mad.), pour la
la s. d'asile, r. du Vaugueux.

SALLES DE VENTES PUBLIQUES.
(*Voir commissaires priseurs.*)

SANGSUES (dépôts de).

Bouteillier et comp., imp. de la
Fontaine, 14.
Dasché, r. Guilbert, 9.
Dasché, r. St-Jean, 152.
Onfroy, pharm., r. St-Sauv., 43.

SELS (entrepôts de).

Angot fils, r. de Vaucelles.
Aumont, pl. de l'Anc.-Bou., 36.
Duparc, r. des Quais, 24.
Dupont (v^c), r. de Bayeux, 4.
Feugère (v^c), r. de Vauc., 61.
Lamy, r. des Carmes, 21.
Lebrethon, r. St-Martin, 23.
Paulmier, r. des Carmes, 70.
Ruault fils, r. de Vaucelles, 75.

SELLIERS-CARROSSIERS ET HARNA-
CHEURS.

Autié, r. St-Jean, 140.
Colas, venelle aux Chevaux.
Delasalle, r. Ecuyère, 18.
Delauzanne, r. de la Comédie, 5.
Hannotin-Lemarchand, r. St-
Jean, 176.
Hayot-Heudiard, pl. Fontette.
Laisney, r. Jean-Romain, 1.
Lenjalley, imp. Cauvigny.
Lejeune, r. St-Jean, 261.
Leneuf, r. de Bernières, 1.
Liégard, r. de la Comédie, 7.
Moissel, r. St-Jean, 188.
Moisson, pont St-Jacques, 5.
Vincent, ven. aux Chevaux.

SERRURIERS.

Becquemie, r. St-Martin, 44.
Berthout, r. Pémagnie, 8.
Beziée, r. des Carmes, 14.
Cairon, r. de la Boucherie, 20.
Constant, marché au Bois, 14.
Dumont, r. des Carmes, 9.
Faussard, r. de Lisieux, 6.
Flaguais, r. Ecuyère, 5.
Fontaine, r. St-Sauveur, 4.
Guillemette, r. Froide, 14.
Guillotte, r. Jean-Romain, 11.
Hébert, r. Neuve St-Jean, 38.
Henry, r. Notre-Dame, 123.
Héricy, r. St-Nicolas, 67.
Hugot, r. des Carmélites, 18.
James, r. Neuve-St-Jean, 23.
Lavieille, r. des Carmes, 19.
Lebis, r. Caponnière, 10.
Lechesne, r. des Jacobins, 30.
Lecornu, r. Neuve-St-Jean, 9.
Manoury, r. Neuve-St-Jean, 21.
Marie, r. du Moulin, 7.
Marie, r. Haute, 8.
Marie, à la Maladrerie.
Mondehard, r. St-Laurent, 8.
Mondehard, r. des Teintur., 2.
Pierrepont, r. Gémare, 14.
Salmon, r. Frementelle, 13.
Verdant, r. Ste-Paix, 12.

SOCIÉTÉ ROYALE D'AGRICULTURE
ET DE COMMERCE.

Boscher, préfet, président.
Lair, conseil. de préf., secrét.

Officiers de bureau.

Lesauvage, vice-président.
Mancel, vice-secrétaire, r. St-
Jean, 66.

3

Vautier (Abel), trésorier, r. St-Jean, 238.
Duchevel, trésorier-honoraire.

Membres résidents.

Donnet, maire de Caen, pl. St-Sauveur.
Beauny de Recy, direct. des domaines.
Barthélemy, prép. en chef de l'octroi.
Bouillie aîné, nég., imp. de la Fontaine, 12.
Cailleux, vétér., r. Ecuyère, 18.
David, r. Guilbert, 26.
Debanneville (marquis de).
De Caumont, r. des Jacobins.
Decourdemanche, r. Froide.
Delachouquais, r. des Carmes.
Delaunay, prop.-cultivateur.
De Magneville.
Deschamps.
Deslonchamps.
D'Ison (comte), col. en retraite.
D'Osseville (comte) anc. maire de Caen.
Esnoult, architecte, r. Puits-ès-Bottes, 26.
Fourneaux, r. Guilbert, 8.
Gervais, filateur, à Montaigu.
Hérault, r. Pémagnie, 19.
Jardin.
Joyau, avocat.
Lacoste, vétérinaire, rue des Capucins, 21.
Le Barillier, propriétaire, rue des Chanoines, 10.
Lecerf, professeur en droit, rue de Geôle, 40.
Lecesne, directeur de la banque de France, rue Guilbert, 24.
Lecreps (Abel), propriétaire, rue Guilbert, 17.
Levardois, adjoint à la mairie de Caen.

CONSERVATEURS DU JARDIN DES PLANTES.

Manoury, conservateur du Jardin des Plantes, rue Desmoueux.
Person, directeur de l'Ecole d'équitation.
Roberge, membre de la Société linnéenne de Normandie.
Signard, prop., r. Guilbert, 6.
Simon, géomètre en chef du cadastre, r. Bagatelle, 2 *bis*.
Thierry.
Travers, professeur à la Faculté des Lettres, rue Jean-Romain.

SOCIÉTÉ D'HORTICULTURE.

Membres du bureau.

Duméril, président.
De Magneville, président honoraire.
De Guernon de Ranville, vice-président.
De Bonnechose, secrétaire de correspondance.
Soie-Suriray, secrétaire-archiviste, rue de Bernières, 10.
Saint-Fresne, trésorier.
Hardouin, secrétaire-adjoint.

Membres honoraires.

Boscher, préfet du Calvados.
Delaporte, capitaine au long-cours, rue du Vaugueux.

De Magneville, propriétaire, rue Guilbert.
Donnet, maire de la ville de Caen, place St-Sauveur.
Neumann, directeur des serres du Jardin du Roi.
Poiteau, naturaliste à Paris.

SOCIÉTÉ DE MÉDECINE.

Raisin, président, r. Froide, 41.
Etienne, secrétaire, rue de la Préfecture, 1.

Membres de la Société.

Lafosse, rue de la Préfecture, 8.
Dan de la Vauterie, rue Neuve-St-Jean, 51.
Liégard, rue des Carmes, 37.
Halbique, pharmacien, rue St-Jean, 46.
Cailleux, vétérinaire, rue Ecuyère, 18.
Leboucher.
Durand, rue Gémare, 19.
Leclerc.
Lebidois, rue Jean-Romain.
Regnault, rue St-Martin, 23.
St-Fresne, rue St-Jean, 120.
Godefroy.

SOCIÉTÉ DES ANTIQUAIRES.

De Récy, président.
Dumeril, secrétaire.
Pellerin, trésorier.
Gervais, vice-président.
Puisseux, secrétaire-adjoint.
Méritte-Lonchamps, bibliothécaire.

SOCIÉTÉ NORMANDE.

De Caumont, président.

L'abbé Daniel, secrétaire.
Lecerf, archiviste.
Godefroy, trésorier.

SOCIÉTÉ DE MÉDECINE VÉTÉRINAIRE.

Lacoste, vétérinaire en chef de la remonte, président, rue des Capucins, 21.
Cailleux, vétérinaire, secrétaire perpétuel, rue Ecuyère, 18.

SOIE (filature de).

Chrétien, fils et Duval, rue des Quais, 34.

TABACS.

Entrepôt.

Limare (v°), r. des Carmél., 3.

Débitants.

Bithorey, Porte-au-Berger, 1.
Bouet (v°), rue des Jacobins, 7.
Dufresne, rue de Falaise, 23.
Dumont, rue d'Auge, 59.
Fausset (mad.), rue Froide, 20.
Garnier (v°), rue Pémagnie, 5.
Godard (Alex.), r. St-Sauv, 29.
Lamidey, rue de Vaucelles, 1.
Lechangeur, pass. Belliv., 123.
Lemarchand, place Malherbe.
Letulle (v°), r. Notre-Dame, 121.
Miray (v°), rue St-Jean, 144.
Paris, rue de Vaucelles, 77.
Pernel, rue de Falaise, 10.
Poret, place St-Pierre, 6.
Roset, rue St-Pierre, 32.
Rosignol, rue St-Martin, 36.
Soutivier, place St-Pierre, 1.
Vincent, rue du Moulin, 18.

TAILLEURS.

Achats, rue Haute , 4.
Alliot-Préjardin , pont Saint-Jacques , 9.
André, p. du Marché-au-Bois, 13.
Assebourg, r. de Bernières, 17.
Bisson , rue de Bernières , 3.
Blanchard , pass. Bellivet, 12.
Carité, venelle aux Chev. , 21.
Challot, rue St-Jean , 129.
Chauvry , rue de Lisieux , 18.
Chrétien , r. Neuve-St-Jean , 5.
David (maison de la Belle-Fermière), rue Notre-Dame , 86.
Debuchère, rue St-Jean , 55.
Debuchère, r. Notre-Dame , 82.
Delafosse , rue St-Jean, 34.
Delarette , venelle Buquet , 12.
Denis , rue St-Jean , 76.
Deschevaux , rue des Quatre-Vents , 5.
Devic , rue St-Jean , 137.
Dutrône , rue St-Pierre , 31.
Fleury , place de l'Ancienne-Boucherie , 39.
Frigost, pont St-Pierre, 1.
Furon , rue des Carmélites ; 4.
Gaugain , rue St-Jean , 201.
Gosse , rue St-Jean , 243.
Grosos, rue des Capucins , 58.
Guilbert , rue de l'Odon , 15.
Homo , rue Froide, 10.
Honsick, rue Notre-Dame , 42.
Hubert , rue des Quais, 10.
Lair, rue Neuve-St-Jean , 5.
Langin , rue Notre-Dame , 53.
Lebas , rue Ecuyère , 23.
Lefèvre, rue de l'Odon , 4.
Lemaître, r. de Vaucelles , 102.
Leprovost, r. du Marais 1.

Leroux, r. Guil.-le Conq. 29.
Leroux, r. du Milieu, 10.
Lerouvillois, r. St-Jean, 61.
Lesage, r. Notre-Dame, 104.
Lesage, r. d'Auge, 29.
Leterrier, r. St-Jean, 34.
Levesque, r. Notre-Dame, 69.
Lèvre, r. St-Pierre, 28.
Morin, r. St-Martin, 22.
Paquin, pont St-Pierre, 20.
Paquin, r. St-Jean, 20.
Poisson, r. Notre-Dame, 47.
Provost, r. de la Préfecture, 7.
Renouf, ven. aux Chevaux, 14.
Rheins, (maison d'association de tailleurs), r. N.-Dame, 119.
Robert, r. Guilbert, 7.
Samson, rue St-Pierre, 85.
Savary, r. St-Jean, 194.
Siroux, r. St-Jean, 82.
Thomas, r. St-Martin, 22.
Villas, r. St-Jean, 61.
Villy, r. Notre-Dame, 52.

TANNEURS (*voir Corroyeurs*).

TAPIS (marchands de).

Magron, r. de Bernière, 15.
Pommery, r. des P.-Murs, 8 et 10.

TAPISSIERS-DÉCORATEURS.

Bazin, r. de Bernière, 5.
Blanchet, Puits-ès-Bottes, 9.
Duhomme, r. Notre-Dame, 88.
Dumesnil, r. aux Lisses, 42.
Durand, r. St-Jean, 132.
Eude, r. Hamon, 5.
Gigon, r. Notre-Dame, 104.
Hue, r. St-Pierre, 54.
Isaï, r. de l'Oratoire, 15.

Lalan, r. Froide, 14.
Lamy, r. St-Jean, 103.
Laville, r. de la Préfecture, 8.
Lecomte, r. Notre-Dame, 121.
Lecomte-Coiffin, r. de l'Orat, 7.
Maiseray, r. Notre-Dame, 69.
Malfilâtre, r. St-Malo, 11.
Malfilâtre, r. St-Jean, 40.
Mutel, r. St-Jean, 118.
Provost, r. de Geôle, 17.
Queudrue, r. de l'Oratoire, 13.
Roussel, r. St-Sauveur, 15.
Sanrefus, r. Froide, 20.
Tapin, r. de Geôle, 8.
Tassin, r. des Croisiers, 9.

TEINTURIERS.

Bisson, r. St-Sauveur, 18.
Bougy, r. St-Laurent, 16.
Claveau, r. Jean-Romain, 2.
Desnost, r. de Vaucelles, 102.
Dupaigne, r. de l'Oratoire, 5.
Gosselin, r. St-Laurent, 9.
Gripray, r. St-Jean, 205.
Guesnon, r. de Geôle, 24.
Hallot, r. Caponnière, 17.
Hamelin, r. Écuyère, 36.
Henry, r. Hamon, 18.
Jardin, r. de Geôle, 11.
Jardie (d^{lle}) r. des Quais, 52.
Letellier, r. de Vaucelles, 79.
Massieu, r. Gémare, 11.
Morice, r. Neuve-St-Jean, 22.
Porcher, pont St-Pierre, 14.
Renouf, r. Tour-de-Terre, 1.

TIMBRE.

Bureaux, rue de Geôle, 20.

Cavelier de Mocombe, receveur.

Fleury, garde magasin.
Renouf, timbreur.

TOILES (marchands de).

Bilheuste, r. Froide, 8.
Boudray, pont St-Jacques, 5.
Criquet, ven. aux Chevaux, 17.
Fontaine, venelle aux Chevaux.
Garnier, r. des Petits-Murs, 10.
Hardy, r. Notre-Dame, 46.
Lamarre, r. St-Jean, 33.
Lepetit, fab^t, r. Basse, 22.
Leport-Benard, r. St-Sauv., 21.
Loison, dit Marie, fab^t, impasse Cauvigny.
Leverdelet, r. St-Jean, 33.
Manchon frères, pl. Royale, 23.
Néel, r. des Quatre-Vents

TONNELLIERS.

Auvray, r. de Vaucelles, 28.
Chardey, r. Caponnière, 27.
Delaunay, r. de Vaucelles, 90.
Denis, r. Puits-ès-Bottes, 2.
Giard, Porte-au-Berger, 7.
Harlois, r. St-Jean, 186.
Jeanne, r. de l'Oratoire, 23.
Jeanne, venelle Buquet, 4.
Jouan, dit Lafontaine, r. des Capucins, 33.
Jouan, mont. Poissonnerie, 18.
Lehéricy, r. de la Boucherie, 33.
Luard, r. d'Auge, 3.
Lucas, r. Neuve-St-Jean, 39.
Maricot, rue du Vaugueux, 24.
Maricot, rue du Vaugueux, 26.
Michel, r. de Bayeux, 78.
Planquette, r. Neuve-St-Jean, 7.
Planquette, r. St-Sauveur, 37.
Rosel, r. des Teinturiers, 19.

TOURNEURS.

Beuron, r. St-Jean, 61.
Busnou, r. du Ham, 4.
Dauvergne, r. St-Sauveur, 11.
Groult, rue des Capucins, 92.
Gueroult, impasse Gohier.
Guilbert, rue des Croisiers, 6.
Habié, r. St-Jean, 69.
Hermerel, r. des Teinturiers, 21.
Larose, r. des Capucins, 61.
Lechesne, r. St-Martin, 19.
Lefoulon, r. Froide, 33.
Lefoulon, r. Basse, venelle Lemanissier.
Lemore, r. aux Lisses, 12.
Lequay, r. de Falaise, 15.
Vitel, r. Ecuyère, 7.

TRAITEURS–RESTAURATEURS.

Angot, r. St-Etienne, 149.
Assaux, r. St-Martin, 18.
Aubey, pl. Marché-au-Bois, 19.
Eudes, r. St-Pierre, 33.
Giet, r. St-Jean, 32.
Goupy, r. aux Namps, 3.
Harang, ven. aux Chevaux, 29.
Lamer, pl. Marché-au-Bois, 13.
Marie, r. St-Jean, 108.
Martine, r. St-Pierre, 28.
Vimont, r. de Vaucelles, 58.

TRIBUNAUX.

Tribunal de première instance, pl. Fontette, Palais-de-Justice.
Président, Deslonchamps, r. de l'Odon, 8.
Vice-président, — Lhermite, r. Vilaine, 2.

Juges.

Marguerie, pl. St-Sauveur, 4.

Lebourguignon - Duperré, r. Basse-St-Gilles.
Degremont-St-Manvieu, r. Bretagne-Bourg-l'Abbé, 31.
Vibert, r. des Chanoines, 26.

Juges suppléants.

Poignant, r. de la Chaîne.
Simon, r. des Cordeliers.
Boscher, r. St-Martin.
Castel, pl. St-Sauveur.

Parquet.

Procureur du roi. — Bouffey, r. de l'Odon, 10.
Substituts. — Lemenuet, r. St-Martin.
Dorval, r. Ecuyère.

Les audiences civiles de la 1re chambre ont lieu les trois premiers jours de la semaine, et celles de la 2e chambre le jeudi et le vendredi pour les affaires civiles et le samedi pour la police correctionnelle.

TRIBUNAL DE COMMERCE.

Pl. St-Pierre, hôtel de la Bourse.

Président. — Bouillie jeune, impasse Lafontaine.

Juges.
Decourdemanche, r. des Carmes.
Brard-Suriray, r. Notre-Dame.
Guillard, r. de Bernières.
David, r. Guilbert.

Suppl.
Richer, r. Jean-Rom.
Roger-Duval, r. de Bretagne-Calix.
Holzman, r. de l'Orat.
Lahaye, pl. Royale.

Devic, *greffier*, r. de l'Académie.
Belbarbe, *commis-gref.*, r. Branville.

Défenseurs au Tribunal de Com.

Piel-Desruisseaux, r. l'Odon, 19.
Rubin, r. St-Martin, 26.
Mesnil, pl. St-Martin, 10.
Levalois, r. St-Martin, 33.

TRIBUNAL DE JUSTICE DE PAIX.

(*Voir justice de paix.*)

VÉRIFICATEURS.

Destouches, vérificateur des douanes, imp. Gohier, 3.
Fauque, vérificateur des poids et mesures, imp. Gohier, 9.
Hue, vérificateur de l'enregistre. et domaines, r. aux Lisses, 20.

VÉTÉRINAIRES.

Aubry, r. de Vaucelles, 52.
Cailleux, r. Ecuyère, 18.
Desbans, r. au Canu, 24.
Lacoste, r. des Capucins, 21.

VICAIRES DE PAROISSES.

(*Voir curés*).

VINS ET LIQUEURS.

Blin, r. Notre-Dame, 117.
Boissée et Solange (*entrepôt*), r. Frementelle, 1.
Breville (*entrepôt*), pl. St-Pierre, 10.
Cabanès, r. St-Jean, 167.
Castel, r. du Havre.
Chevalier, r. St-Jean, 153.

Corblin, r. St-Jean, 263.
Dautard, r. d'Auge, 9.
Debaupte (*entrepôt*), r. des Quais, 44.
Degalon, r. de Vaucelles, 14.
Etienne (*entrep.*), r. des Quais, 64.
Fayel et Lemaître (*entrepôt*), r. des Quais.
Fayon, r. de l'Engannerie, 4.
Fontaine-l'Epée, r. de Geôle, 22.
Guerard, r. des Petits-Murs, 10.
Guilbert, à la Maladerie.
Guillon, r. Froide, 41.
Lebreton, r. St-Jean.
Lecavelier et co. (*entrepôt*), r. Neuve-St-Jean, 45 *bis*.
Lechevalier, r. Gémarre, 18.
Lecomte, r. St-Jean, 259.
Lejeune, r. de Vaucelles, 13.
Lemaître, r. Basse, 53.
Lemaine (*entrepôt*), r. St-Etienne, 120.
Lemarchand, r. de Vaucelles, 94.
Leneveu, r. d'Auge, 20.
Leprovost, r. St-Jean, 243.
Lepetit (*gros et entrepôt*), r. des Quais, 80.
Longuet (*entrepôt*), r. des Quais, 84.
Manchon, dit Lechevalier, r. St-Jean, 263.
Mesnil frères (*entrepôt*), r. N.-St-Jean, 17.
Michel (mad.) (*entrepôt*), r. Notre-Dame, 88.
Pauger, r. St-Jean, 234.
Pothier (*entrepôt*), r. du Havre.
Postel, r. St-Jean, 124.
Postel, r. Pemagnie, 14.
Quatravaux, r. des Jacobins, 42.

Ravenel père et fils (*entrepôt*), imp. Gohier, 9.
Renouf, imp. Gohier, 22.
Rivière, r. St-Julien, 2.
Saillenfest, à la Maladrerie.
Séjourné, r. du Havre.
Solenge, r. Frementel, 1.
Solenge (*entrepôt*), r. de l'Oratoire, 17.
Tillard et Colet (*entrepôt*), r. de de la Marine.

VITRIERS.

Barzaga, r. des Croisiers, 10.
Bertrand, r. Pemagnie, 14.
Croqueville, dit Duclos, r. St-Jean, 205.
Gervais, r. Puits-ès-Bottes, 18.
Gervais, r. Puits-ès-Bottes, 10.
Gobin, r. d'Auge, 83.
Gueroult, r. Notre-Dame, 116.
Ledain, r. de Vaucelles, 85.
Louvet, r. de Vaucelles, 65.
Malon-Gueroult, r. St-Jean, 195.
Malon-Gueroult, r. St-Etien., 116.
Marie, pl. de l'Ancienne-Boucherie, 118.
Marie-Douville, r. St-Etienne, 116.

Néel, r. de l'Oratoire, 16.
Noël, r. des Carmes, 5.

VOILIERS.

Blanchet fils, quai de Juillet.
Morin, r. St-Jean, 211.

VOITURES (loueurs de).

Auguste, pl. St-Martin, 30.
Binet, r. de Goôle, 31.
Derochebrune (v^e et fils), r. des Teinturiers, 13.
Guillemette, r. St-Jean, 100.
Hayot-Heudiard, pl. Fontette.
Jeanne, dit Valence, r. de Bayeux, 9.
Julien, r. St-Jean, 1.
Lavieille, r. des Teinturiers, 8.
Lelièvre, r. de l'Oratoire, 4.
Lemière, r. St-Jean, 11.
Marie, r. des Teinturiers, 4.
Moulin, imp. Cauvigny.

VOLAILLES (mds de)

Blondel, r. de Bayeux, 97.
Cantrel, r. de Bayeux, 53.
Feron, r. Bret.-Bourg-l'Abbé, 19.
Hettier, à la Maladrerie,
Lemarchand, r. de Bayeux, 84.

ZINC.

Duperré-Cresty, r. des Quais, 92.

LISTE GÉNÉRALE

DES ADRESSES.

A.

MM.

Acard (Jacques), coquetier, rue du Vaugueux, 18.
Achard (Gilles), lieutenant de vaisseau, r. Branville, 26.
Achtatt, tailleur, r. Haute, 4.
Adam (Cyrius-Auguste), bourrelier, r. de l'Anc.-Boucherie, 120.
Adam (v⁰ Jacques), r. des Capucins, 80.
Adam (Ange-Désiré), boucher, montoir de la Poissonnerie, 7.
Adam (Paul), couvreur, r. Haute, 9.
Adam de la Pommeraye (v⁰), r. des Carmes, 31.
Adeline (François-Thomas), coquetier, r. Basse, 35.
Adeline (v⁰ Jacques), r. St-Julien, 2.
Adeline, faiseur de bas, r. du Vaugueux, 1.
Aillot (femme), coquetière, r. de Bayeux, 84.
Aize (dame), r. Basse, 28.
Alard (Charles), brouettier, r. de la Délivrande, 9.
Alard (Jean-Baptiste), cultivateur, à Couvrechef.
Alais, garçon de magasin, r. de Vaucelles, 86.
Alexandre (Louis-Eugène), avocat, r. Saint-Martin, 21.
Alexandre (Jean et dem. Célina), r. Saint-Martin, 21.
Alexandre de Bois Launay père, avocat, r. de Bayeux, 23.
Alexandre de Bois Launay fils, avocat, r. de Bayeux, 23.
Alexandre (Amédée), avocat, r. des Croisiers, 2.
Alexandre-Godard, épicier, r. Saint-Sauveur, 27.
Alexis fils, pâtissier, r. Saint-Pierre, 26.
Alexis (François), r. Basse, 58.
Allain (Jean-Baptiste) et fils, r. aux Lisses, 29.
Allard (Arsène), marchand de dentelles, r. Notre-Dame, 105.
Allard-Deshayes, r. Notre-Dame, 105.
Allard (Isabelle-Pierre-Valery), r. des Capucins, 25.
Allard, conseiller à la cour, r. des Carmélites, 7 *ter*.
Allais (v⁰ Michel), viv. de son bien, pl. de l'Anc.-Boucherie, 114.
Alleaume (Louis), r. des Capucins, 60.
Allen (Jean), chef de bataillon retraité, r. Notre-Dame, 44.
Allice, vicaire de St-Etienne, r. de Bayeux, 43.
Alliot-Préjardin (v⁰ Ant.-Prosper), passement., r. Ecuyère, 11.

Ameline, curé de Notre-Dame, r. St-Laurent.
Ameline (v° François-Victor), blanchiss., r. des Sables, 6.
Ameline, ouvrier menuisier, r. de Vaucelles, 75.
Ameline (v° François), r. des Carmélites, 1.
Ameline (Alexandre), march. de draps, r. St-Jean, 59.
Ameline (François-Guill.), avocat, r. St-Jean, 29.
Ameline (mad.), marchande de fourrures, r. St-Jean, 29.
Ameline (Philippe), r. du Havre.
Ameline (Auguste), couvreur, r. du Vaugueux, 38.
Ameline, (André-Jean), r. de Lisieux, 13.
Amey-Dubuisson, r. Neuve-St-Jean, 3.
Anceau (mad.), couturière, r. St-Jean, 59.
Ancelle (Charlotte, v° Lesage), r. au Canu, 16.
André, tailleur, Marché-au-Bois, 13.
André (dem.), r. des Carrières-St-Gilles, 29.
André (v° Louis), r. Bosnières, 13.
André fils jeune, débitant, r. Notre-Dame, 51.
André, commis de M. Tillard, r. de la Marine, 4.
André (v° Pierre), cabaretière, r. de Vaucelles, 24.
André (Victor), r. de Vaucelles, 78.
André, marchand de blanc, r. Notre-Dame, 52.
André, revendeur de dentelles, r. Caponnière, 6.
Andrieu (Michel-Victor), menuisier, r. Notre-Dame, 100.
Anger (François-Isidore), r. des Carmélites, 14.
Anger (Jean-Baptiste-Josse), r. Frementelle, 17.
Angot, avoué, r. Ecuyère, 52.
Angot (Jean-Baptiste) et fils, traiteur, r. St-Etienne, 149.
Angot-Desruisseaux, r. du Gaillon, 30.
Angot (Vital-Auguste), négociant, r. de Vaucelles, 13.
Angot (v° Pierre-Vital) r. de Vaucelles, 20.
Angot (Alphonse), marchand de nouveautés, r. St-Jean, 30.
Angot (v° Jacques-Pierre), r. Frementelle, 1.
Anne (Louis), aubergiste, à la Maladrerie.
Annelot, chef de bureau de la direc. des contrib. dir., r. St-Jean, 185.
Antelme (Agapit), r. Bicoquet, 9.
Antoine, r. St-Jean, 79.
Antoine, jardinier, r. de la Délivrande, 30.
Antoine (Marie-Louise), r. Bosnière, 36.
Apvrille (Pierre-Aimé), épicier, r. St-Sauveur, 49.
Apvrille (dem. Marie), r. de Bayeux, 26.

Apvrille (Michel-Thomas), r. de Bayeux, 26.
Arceau (Pierre), coquetier, montoire de la Poissonnerie, 28.
Arciter, professeur au collége; r. des Jacobins, 14.
Arnaud (v° Sévère), r. Ecuyère, 30.
Arnaud (Pierre), r. Bosnière, 19.
Artur (Jean-François), cafetier, place Royale, 13.
Assaux (Honoré), traiteur, r. St-Martin, 18.
Asse, surnuméraire de l'enregistrement, r. de Geôle, 20.
Asselbourg, tailleur, r. de Bernières, 17.
Asselin fils et v° Michel, r. de Geôle, 54.
Attila, chirurgien-dentiste, pont St-Pierre, 20.
Aubay (Jean-Baptiste), lessivier, r. de Paris, 25.
Aubert (v° Gilles), coquetière, r. Coupée, 2.
Aubert (Gustave), marchand de souliers, r. St-Jean, 68.
Aubert (dem. Annette), r. de la Comédie, 7.
Aubert (Etienne-Charles), chamoiseur, r. de la Boucherie, 27.
Aubert (Alexis), courtier de chevaux, r. de Bayeux, 83.
Aubert (Marc-Antoine), aubergiste, r. Caponnière, 1.
Aubert, r. des Chanoines, 11.
Aubey (Jacques-François), r. du Milieu, 21.
Aubey (Jean-François), cabaretier, Marché-au-Bois, 19.
Aubey, ex-gendarme, montoir de la Poissonnerie, 18.
Aubey (Jean-Jacques), r. Gémare, 18.
Aubey (dame Jean), pl. St-Sauveur, 9.
Aubin, gendre Delacoudre, r. Basse, 36.
Aubin, conducteur, r. Basse, 33.
Aubin (Pierre), ex-boucher, r. Pailleuse, 3.
Aubourg (dem. Marie), r. St-Martin, 41.
Aubourg (dem.), r. Formage, 15.
Aubourg (Louis-Hyppolite-Amand), Grande-pl.-St-Gilles, 8.
Aubray (Antoine), r. des Chanoines, 16.
Aubrais (Jean), coquetier, r. du Vaugueux, 43.
Aubrée (Augustin), propriétaire, à la Maladerie.
Aubry (Pierre), épicier, r. de Vaucelles, 112.
Aubry, ex-marchand de chevaux, r. de Vaucelles, 54.
Aubry (Casimir-Adolphe), vétérinaire, r. de Vaucelles, 52.
Audion, marchand de fils et de rubans, r. Notre-Dame, 51.
Aulne (Armand), marchand de cidre, r. de Vaucelles, 43.
Aulne (Georges), menuisier, r. Ste-Anne, 14.
Aumont (Victor), r. des Carmes, 38.

Aumont (v° Pierre), r. Singer, 7.
Aumont aîné, fabricant d'huile, r. de la Marine, 4.
Aumont (Jacques), marchand de sel, pl. de l'An.-Boucherie, 39.
Aumont (Théodore), pl. de l'Ancienne-Boucherie, 41.
Aunay (Jean-Baptiste), cabaretier, r. de la Fontaine, 1.
Aunay (Louis-Auguste), employé, r. Guillaume-le-Conquérant, 15.
Aunay (Pierre-Guillaume), aubergiste, r. Notre-Dame, 71.
Aune (Pierre-Jean-Baptiste-François), aubergiste, r. de la Bou-
    cherie, 28.
Authié (Jean), mercier, r. Pémagnie, 17.
Authié, sellier, r. de Bernière, 17.
Auvray (Louis-François), r. Bosnière, 28.
Auvray (v° Victor), r. de Geôle, 47.
Auvray, employé au parquet du proc.-géné., r. aux Lisses, 50.
Auvray (Dominique), épicier, Porte-au-Berger, 1.
Auvray (Charles), faïencier, montoire de la Poissonnerie, 16.
Auvray (Alexandre), tonnelier, r. de Vaucelles, 28.
Auvray (Thomas), capitaine retraité, r. de l'Engahnerie, 5.
Auvray (François), épicier, marché au Bois, 4.
Auvray de Coursanne (Evremont), r. St-Jean, 177.
Auvray de Coursanne, pl. Royale, 7.
Auvray de Coursanne (François-Aignan), r. du Costil, 2.
Auvray (Pierre), charpentier, à la Maladrerie.
Avonde aîné, libraire, r. Notre-Dame, 101.
Avonde (Céleste-Théodore), pont St-Pierre, 14.
Aze (Charles), rentier, r. Bretagne-Calix, 10.
Aze (Jacques), r. St-Julien, 8.
Aze (François), bourrelier, r. de Vancelles, 56.
Aze (Olivier), médecin, r. des Jacobins, 2.

B

Babulée (Philippe), jardinier, r. de la Masse, 2.
Babulée (Ferdinand), boulanger, r. du Vaugueux, 3.
Babulée (Antoine-André), dit Bulot, r. Bosnière, 38.
Babulée (Jean-Louis), r. de Bayeux, 123.
Babulée (dame François-Victor), lingère, r. Ecuyère, 15.
Bacon (Auguste-Jean), r. d'Auge, 25.
Bacon (dem.), r. Basse, 21.
Bacon (Charles), r. de Falaise, 37.

Bacon (Pierre-Louis-Joseph), pl. Royale, 5.
Bacot (Auguste-Alfred-Edmond), r. Royale.
Bacot (Alexandre), propriétaire, pl. Royale, 21.
Bachelot (Edouard), revendeur de coton, r. St-Jean, 40.
Bagnard (Charles), préposé à la bascule, pl. de la caserne de Vaucelles.
Baillet (v°), r. des Capucins, 19.
Bailleul, jardinier, r. St-Ouen, 5.
Baillot (Henri-Louis-Gabriel) employé des contributions indirectes, r. St-Jean, 27.
Bain (Arsène v°), coquetière, r. des Teinturiers, 22.
Ballière (Jean), r. du Moulin, 6.
Baly (Alexandre), cultivateur, à la Folie.
Baly (Jean-Baptiste), boulanger, à Couvrechef.
Bance (sœur), r. de la Boucherie, 27.
Barbe-Lelongpré, conseiller à la cour, r. Vilaine, 18.
Barbelet (mad), r. St-Jean, 243.
Barbey (v°, née Maneille), pl. St-Sauveur, 30.
Barbey (Jean-Baptiste), propriétaire, r. Desmoueux, 4.
Barbey (v°), r. aux Namps, 12.
Barbey (Félix), cafetier, r. de Vaucelles, 69.
Barbey (dem. Malthide), r. Basse, 23.
Barbot (v° Gaspard-Eustache), r. de Geôle, 18.
Barbot fils, r. Bosnière, 6.
Barbot, marchand de sabots, r. St-Malo, 16.
Barbuda (Marin), confiseur-patissier, r. Notre-Dame, 72.
Bardel (Jean-Jacques), épicier, r. Vilaine, 1.
Bardel (Rose-Aimée), r. de Geôle, 24.
Bardel (Pierre-Yves), vivant de son bien, pl. Royale, 15.
Bardel (Joseph-Jean-Prosper), greffier de la justice de paix, r. Vilaine, 18.
Bardout (dame), r. Vilaine, 9.
Bardout aîné, avocat, r. Vilaine, 9.
Bardout jeune, avocat, r. Vilaine, 9.
Barette (v° Pierre), r. Ste-Paix, 27.
Barrey, emp. des contrib. ind., r. des Teinturiers, 23.
Barrey (Gabriel), facteur de dentelles, r. Ecuyère, 25.
Barrey (Pierre), débitant de cidre, r. des Capucins, 68.
Barrière, déb. de cidre, à la Maladrerie.
Barrière, revendeur, r. du Havre, 21.

Barthélemy, prép. en chef de l'octroi, r. St-Jean, 214.
Barzaga (Charles-Aimable), vitrier, r. des Croisiers, 10.
Barzuglia, march. de casquettes, v. aux Chevaux, 23.
Baslé, prop., r. Bretagne-Bourg-l'Abbé, 33.
Basly, march. de mousseline, r. St-Jean, 107.
Basselin (Gervais), cafetier, r. Hamon, 6.
Basset (Jean-Antoine), r. de Bayeux, 19.
Basset (dem. Louise), r. de Bayeux, 19.
Basset (v^e Pierre), r. de Bayeux, 86.
Basset (Frédéric-Edouard), menuisier, r. de Bayeux, 110.
Bassy (Laurent), droguiste, r. St-Jean, 153.
Bassy, r. de Bayeux, 16.
Bataille, r. de Bayeux, 32.
Bathenhausen (Henry), cafetier, r. de Vaucelles, 32.
Baton (Laurent), boulanger, r. Vilaine, 10.
Baudronet (François-Louis), r. Puits-ès-Bottes, 22.
Baudry (François-Aimé), r. aux Lisses, 50.
Baudry, coutelier, r. de Geôle, 7.
Baudry (Pierre-Frédéric), maître de danse, venelle Haldot, 7.
Baum, dir. d'un bur. d'assurance, r. de la Préfecture, 2.
Bauny de Récy, dir. de l'enregistrement, r. de Geôle, 20.
Bavant (Louis-François-Antoine), r. Branville, 100.
Baverel ainé, ébéniste, r. St-Martin, 39.
Baverel-Goubin, ébéniste, r. de Geôle, 19.
Bayeux (François), couvreur, r. Bosnière, 34.
Bayeux (Félix) fils aîné, avocat, pl. St-Sauveur, 14.
Bayeux-Dumesnil (Jacques), pl. St-Sauveur, 30.
Bazin (Louis-Eustache), march. de fruits, r. St-Jean, 196.
Bazin, tapissier, r. de Bernière, 5.
Bazin (Jean-Baptiste-Michel), r. Vilaine, 27.
Bazin (Louis-Pierre-Frédéric), r. Neuve-St-Jean, 48.
Bazin (Aimée-Louise-Marguerite), r. Neuve-St-Jean, 48.
Bazin (Pierre-Denis), contrôl. de marine, r. Guilbert, 29.
Bazin (Auguste), boulevard Courtonne.
Bazire père et fils, employés à la mairie, r. au Canu, 18.
Bazire (Aimé-Constant-Gabriel), r. Bosnière, 46.
Bazire (v^e Jean-François), r. Gémare, 1.
Bazire (François-Frédéric-Théod.), boulanger, r. de Falaise, 7.
Bazire (Louis-Henri-Honoré), r. de Geôle, 56.
Bazire (Hyacinte-Casimir), médecin, r. Guilbert, 20.

Bazire (Pierre), r. de la Masse, 5.
Bazourdy (Clovis), cordonnier, r. St-Jean, 106.
Bazourdy, colporteur, r. Ste-Paix, 39.
Bazourdy (Pierre-Louis), cordier, r. de Falaise, 62.
Beauchef de Servigny (v^e), r. Calibourg, 4.
Beaudouin, avocat, r. St-Nicolas, 82.
Beaudouin fils, r. St-Nicolas, 82.
Beaufort (François-Louis), argentier, r. St-Jean, 115.
Beauguillot (Victor-François) fils, r. des Carmélites, 3.
Beaujean (Jean-Baptiste), r. St-Sauveur, 1.
Beaujour (Sophronyme), notaire, pl. St-Sauveur, 28.
Beaujour (Camille-Auguste), fabr. de dentelles, r. Vilaine, 25.
Beaulieu, propriétaire, r. de Vaucelles, 51.
Beaumont, architecte, pl. de la Comédie, 2.
Beaunier (Arsène-Frédéric), m. de meubles, r. Notre-Dame, 47.
Beaurain (Hector), huissier, r. Quincampoix, 7.
Beausire (Victor), r. du Boulevard, 15.
Beausire, propriétaire, r. de Bayeux, 100.
Beauvais (Jean-Baptiste), taillandier, r. de Bayeux, 4.
Beauval, ex-avoué, r. Bicoquet, 10.
Béchet-Peschardière (v^e André-Ferdinand), pl. St-Sauveur, 9.
Béchet-Peschardière (dem. Léonide), pl. St-Sauveur, 9.
Béchet-Peschardière (dem. Elisa), pl. St-Sauveur, 9.
Béchet-Peschardière (Urbain), pl. St-Sauveur, 9.
Becq, professeur de musique, r. Guillaume-le-Conquérant, 31.
Becquemie (Paul), serrurier, r. St-Martin, 44.
Becquemont, capitaine d'artillerie, au Château.
Becquemy (Pierre-François-Edouard), r. St-Martin, 13.
Bédouelle (Ambroise), r. Froide, 43.
Bédouelle (Charles-Pierre-Marie), boucher, r. St-Jean, 48.
Bédouelle (v^e Jacques), r. St-Jean, 48.
Bedouelle fils, pl. Royale, 1.
Bédouelle (François), menuisier, r. Caponnière, 21.
Begouin (v^e Pierre), emballeur, r. des Petits-Murs, 10.
Belamy (v^e Pierre), impasse Gohier, 9.
Belbarbe (Pierre-François), menuisier, r. du Boulevard, 8.
Belbarbe (Alexandre-Edouard-Désiré), r. Branville.
Belcourt, clerc de notaire, pl. St-Sauveur, 8.
Béliard (Michel), cordonnier, r. des Carmes, 56.
Beljambe, coquetier, r. Notre-Dame, 104.

Bellaize (Charles), peintre, r. des Croisiers, 6
Bellaize (François-René), cabaretier, r. Caponnière, 6.
Bellamy (v° Jacques-Marie-Louis), r. St-Jean, 35.
Bellamy, r. d'Auge, 42.
Bellamy (Charles), négociant, r. de Geôle, 20.
Bellamy (Jean-Frauçois-Augustin), r. de Geôle, 20.
Belland des Communes (dem.), r. des Vieilles-Carrières, 12.
Bellanger (Pierre-Etienne), r. St-Etienne, 147.
Bellejambe, débitant, r. de Vaucelles, 76.
Bellejambe (v°), r. du Moulin, 9.
Bellenger (Louis-François) fils, luthier, r. de l'Oratoire, 19.
Bellenger, rentier, r. des Carmélites, 4.
Bellenger (v°), revendeuse, r. de la Comédie, 1.
Bellenger-Lefrançois (Charles-Armégile), r. des Jacobins, 14.
Belliard, employé à la préfecture, r. de la Préfecture, 29.
Bellisent (dem.), r. des Teinturiers, 2.
Bellissent (François), jardinier, r. des Capucins, 76.
Bellivet (Pierre-Gabriel), pl. Royale, 8.
Bénard (George), avocat, r. Calibourg, 7.
Bénard (François), r. d'Auge, 14.
Bénard (Pierre), boulanger, r. d'Auge, 82.
Bénard (Louis), menuisier, r. d'Auge, 29.
Bénard (Victor-Hyppolite), r. d'Auge, 59.
Bénard (François-Félix), menuisier, r. des Toiliers, 1.
Bénard, avoué, r. de la Chaîne, 1.
Bénard (Gabriel, propriétaire, r. St-Sauveur, 21.
Bénard, porte au Berger, 26.
Bénard (dem.), r. Basse, 21.
Bénard (Edouard), revendeur de dentelles, grande pl. St-Gilles, 3.
Benoist (femme Louis-Pierre), plâtrière, r. des Teinturiers, 21.
Benoist, ouvrier tailleur, r. Notre-Dame, 123.
Benoist (Pierre-Bernard), épicier, r. St-Jean, 12.
Benoist, portier, r. St-Jean, 214.
Benoist (Félix), plâtrier, r. St-Jean, 218.
Benoit (Jean-Baptiste), à la Folie.
Benoist (v°), r. Caponnière, 17.
Benoist (François), cabaretier, r. de Geôle, 4.
Benoit, coquetier, venelle Buquet, 1.
Bénouville, employé à la recette général, r. de Geôle, 18.
Benouville (v° Urbain), r. de Geôle, 18.

Béquet (Adolphe), employé à la Préfecture, r. des Jacobins, 10.
Bérard (Alexandre-Exupère), r. Desmoueux, 2.
Bérard (Marie-Antoine), revendeur, r. des Petits-Murs, 6.
Berchère, marchand de blouses, venelle aux Chevaux, 2.
Berès (Louis), marchand d'objets de fil de fer, r. de l'Oratoire, 11.
Bérjot (Jacques-Auguste), commis.-priseur, r. des Carmélites, 1.
Berger, ferblantier, r. St⁻-Ane, 104.
Bergue, munissionnaire, r. des Capucins, 36.
Berjot (Auguste), père, pl. de la Comédie, 2.
Berjot (Frédéric), droguiste, imp. de la Fontaine, 14.
Bernard (dame Louis), lingère, venelle aux Chevaux, 2.
Bernard, jardinier, r. Basse, 66.
Bérot (Gédéon), grènetier, pl. Malherbe, 12.
Bérot (Charles-René), ex-notaire, r. St-Louis, 8.
Bérot (Jean-Baptiste-Charles), clerc de notaire, r. St-Louis, 8.
Berrier (dem.), r. aux Namps, 1.
Berrurier (Etienne-François), propriétaire, pl. de la Mare, 16.
Berthauld (Jean-Baptiste), proc.-général, r. des Carmélites, 8.
Berthauld (Charles-Alfred), avocat, r. St-Martin, 47.
Berthauld (Pierre), couvreur, r. de la Comédie, 6.
Berthauld (Pierre), r. Pailleuse, 9.
Berthaume (Pierre-Simon), boulanger, r. St-Etienne, 122.
Berthaume, maître d'écriture, r. des Carmes, 52.
Berthaume (Pierre), coquetier, r. de l'Oratoire, 4.
Berthaume (Michel-Victor), facteur de dentelles, r. d'Auge, 117.
Berthau (François), r. de Vaucelles, 61.
Berthelot (Jean-Jacques), greffier à la cour, r. Neuve-St-Jean, 43.
Berthelot (Louis-Auguste), menuisier, pl. Vilaine, 75.
Berthelot (Amand), marchand de sabots, pl. Vilaine, 79.
Berthout, serrurier, r. Pémagnie, 8.
Berthout (Marie-Jeanne), femme Lemarchand, r. St-Martin, 39.
Berthout, employé, r. St-Martin, 53.
Berthout (dem.), sage-femme, r. St-Martin, 56.
Berthout (dem.), r. St-Sauveur, 30.
Bertrand (Jean-Baptiste), cabaretier, r. Pémagnie, 15.
Bertrand, professeur de rhétorique, r. Jean-Romain, 21.
Bertrand (Pierre-Louis), perruquier, r. des Jacobins, 1.
Berurier, chef de comptabilité à la recette générale, r. Bicoquet.
Beslou (Victor), cabaretier, pl. de l'Ancienne Poissonnerie, 3.
Besnard (Jean-Julien), r. Calibourg, 7.

Besnard (François-Henry), r. Jean-Romain.
Besnard aîné, représentant la maison Lecarpentier, r. St-Jean, 45.
Besnier (Charles-Gabriel-Désiré), marchand forain, r. N.-Dame, 81.
Besnier, constructeur, r. de Falaise.
Bessin (dem. Pélagie), lingère, r. St-Jean, 64.
Besson (v° Jean-Paul), r. de la Fontaine, 7.
Bétourné, sacristain, r. St-Julien, 8.
Bétourné, ferrailleur, impasse Gohier, 3.
Bétourné (Jean-Jacques), boulanger, r. Basse, 23.
Beuron (v° Pierre), tourneur, r. St-Jean, 61.
Beuron (Pierre), r. des Jacobins, 20.
Beuville, propriétaire, r. St-Jean, 161.
Beuzelin, ouvrier menuisier, r. St-Jean, 142.
Beuzelin, employé à la Préfecture, pl. St-Sauveur, 8.
Beziée (v°), débitante de boissons, r. Coupée, 21.
Beziée (François-Aimée-Aimable), serrurier, r. des Carmes, 14.
Béziée (Charles), r. des Carmes, 14.
Bézier, commis chez M. Vautier, r. St-Jean, 247.
Béziers (Clair-François), maître de musique, r. St-Jean, 90.
Béziers (dem.), maîtresse de piano, r. St-Jean, 90.
Bichet (Jean-Nicolas), au Château.
Bichot (Jacques-Charles-François), commissaire de police, r. St-Jean, 31.
Bidard (Joseph-François), r. de Vaucelles, 19.
Bidard (Eugène), forgeron, r. Graindorge.
Bidard (Jacques-Etienne), bottier, r. St-Jean, 98.
Bidard (Paul), fabricant de blondes, pl. Royale, 6.
Bidault (Arsène), jardinier, r. Basse, 72.
Bidot (Amand), jardinier, r. Traversière, 22.
Bidot (Pierre), jardinier, r. de Bretagne-Calix, 9.
Bidot (Joseph), Marché-au-Bois, 6.
Bieuron (Jean-Jacques-Aimé), débitant de cidre, r. du Pavillon, 16.
Biéville (Charles-Frédéric), r. Vilaine, 2.
Bigot (Pierre-François), commis marchand, quai de l'Abattoir.
Bijon (Jean-François), commissaire de police, r. de Geôle, 31.
Bijon (v° Jean-Louis), r. de Geôle, 31.
Bilheust, marchand de bois, r. Froide, 8.
Bilheust, commis négociant, r. d'Auge, 16.
Bilheust (Eugène), ferblantier, r. St-Jean, 35.
Billaunet, marchand cordonnier, r. du Moulin, 2.

Billet (Henry), coiffeur, r. St-Jean, 112.
Billon (Gilles-Julien), r. Basse, 91.
Bin-Dupart (Pierre-Victor), pl. de l'Ancienne-Boucherie, 39.
Binet (gendre de la vᵉ Hartel), r. du Vaugueux, 58.
Binet (Auguste), cordier, r. de Vaucelles, 34.
Binet (Amand), boucher, r. de Vaucelles, 122.
Binet (Jacques-Edouard), loueur de voitures, r. de Geôle, 31.
Binet (François), fripier, r. aux Namps, 2.
Binet (vᵉ), r. St-Sauveur, 21.
Binet (Philippe), r. Montaigu, 43.
Binet (vᵉ Pierre-Marie), r. de l'Oratoire, 4.
Binet (Paul-Ciprien), r. de l'Odon, 7.
Binet (Pierre-François), cafetier, pl. Royale, 3.
Binet (Louis-François), horloger, ven. aux Chevaux, 24.
Binet (Jean-Baptiste), boulanger, r. des Capucins, 74.
Binet (Louis-Etienne), cirier, r. Guillaume-le-Conquérant, 11.
Binet (Gilles), cabaretier, pl. St-Pierre.
Binet (Alexandre) aîné, menuisier, r. Neuve-St-Jean, 5.
Binet (Jacques-Laurent), aubergiste, r. St-Jean, 73.
Binetière (vᵉ), rentière, r. Guillaume-le-Conquérant, 30.
Birck, r. de la Marine, 3.
Bisson (Jean-Baptiste), boucher, r. des Jacobins, 5.
Bisson (Jacques), teinturier, r. St-Sauveur, 18.
Bisson (mad.), née Yon, marchande de bas, r. St-Pierre, 9.
Bisson (Alexandre-Philippe), r. d'Auge, 77.
Bisson (Henri-Louis), prêtre, r. St-Jean, 160.
Bisson (Salomon), capitaine en retraite, r. St-Jean, 168.
Bisson (Elise), coquetière, r. St-Jean, 204.
Bisson, tailleur, r. de Bernière, 3.
Bisson (Jacques), cabaretier, r. Notre-Dame, 83.
Bisson (Eugène), marchand de rouenneries, ven. aux Chevaux, 3.
Bisson (Raphaël), rouenneries, venelle aux Chevaux, 3.
Bisson (vᵉ Pierre), r. des Capucins, 28.
Bisson-Jardin (vᵉ Jean-Pierre), r. Guillaume-le-Conquérant, 4.
Bisson (Michel), cabaretier, r. du Hâvre.
Bisson (Jean-François), cafetier, r. St-Jean, 23.
Biesson (Henri), marchand de beurre, r. St-Jean, 191.
Bissonnet (vᵉ) fils, r. de Vaucelles, 44.
Bissonnet, coquetier, r. de Vaucelles, 19.
Bithorey (François-Marie), débitant de tabac, porte au Berger, 1.

Blaché (Jean-Michel), r. de la Prairie-St-Gilles, 9.
Blacher (Jean-Philippe-Marie), r. des Carmes, 66.
Blacher fils, voilier, quai de Juillet.
Blachet (Adrien), ouvrier tapissier, porte au Berger, 11.
Blaise, r. des Gendarmes, 1.
Blanchard, ingénieur retraité, r. de Geôle, 53.
Blanchard (Louis), épicier, r. de Falaise, 1.
Blanchard (François), r. St-Pierre, 16.
Blanchard, marchand tailleur, pass. Bellivet, 12.
Blanchard, charron, r. d'Auge, 27.
Blanchard (Napoléon), fabricant de chandelles, r. du Vaugueux, 2.
Blanchard, lieutenant des douanes, r. Basse, 61.
Blanchard-Quesnel (Jean-Baptiste), r. de Geôle, 53.
Blanche, marchande, r. St-Jean, 263.
Blanche, avocat, r. St-Manvieu.
Blanchet (Pierre-Constant), ferblantier, r. Guillaume-le-Conq., 29.
Blanchet, employé à la mairie, pl. Royale.
Blanchetière, conducteur de travaux, r. de la Prairie-St-Gilles, 7.
Blandin, pont St-Pierre, 14.
Blanlot (Louis), r. des Quais, 68.
Blanvillain (vᵉ), pl. Malherbe, 10.
Blet (François), r. Gémare, 12.
Blin (vᵉ), r. St-Martin, 31.
Blin (dem.), maîtresse de pension, r. Caponnière, 12.
Blin (Alexandre), pharmacien, r. de Geôle, 36.
Blin (Emile), chimiste, r. de Geôle, 36.
Blondel (Paul-Ferdinand), poulailler, r. de Bayeux, 97.
Blondel (vᵉ Antoine), r. des Jacobins, 6.
Blot, r. du Blanc, 1.
Blot, gendre de Lafontaine, r. Gémare, 2.
Blot (dem.), piqueuse de cartes, r. Notre-Dame, 95.
Bobier, avocat, r. de la Préfecture, 8.
Boidain (vᵉ Charles), rue Saint-Jean, 195.
Boisard (François), conseiller de Préfecture, r. Singer, 6.
Boisard, employé à la Préfecture, r. du Ham, 6.
Boisard, paveur, r. du Vaugueux, 31.
Boisard (Lucine), maîtresse de pension, r. Jean-Romain, 5.
Boisard, brasseur, r. de Falaise, 86.
Boisard (Eugénie), débitante, r. aux Juifs, 15.
Boisard (Léon) aîné, r. aux Juifs, 18.

Boisard (Jean-Pierre), maçon, r. de Bayeux, 50.
Boisnel, marchand de blonde, r. Notre-Dame, 91.
Boisnier-Saint-Maxent, surn. des cont. dir., pl. de la Préfect.,13.
Boisramey (P.-F.-L.), march. de soie, cour de la Monnaie, 1.
Boissée (Magloire), cordonnier, r. de Falaise, 46.
Boissée-Sénéchal (Alex.-Nicolas-Gervais), cordier, r. d'Auge, 37.
Boissée (v° Pierre-Ferdinand) et fils aîné, r. Pailleuse, 3.
Boissée (Pierre-Ferdinand), r. Pailleuse, 5.
Boissée fils, marchand de vins, r. Frementel, 1.
Boissée (Jean-Pierre), grènetier, r. St-Jean, 59.
Boivin fils aîné, boulanger, pl. de l'Ancienne-Poissonnerie, 7.
Boivin (Jean), boulanger, montoir de la Poissonnerie, 25.
Boivin fils, fabricant de dentelles, pl. Royale, 7.
Bompain (Jean-Alexandre), pl. St-Sauveur, 3.
Bompain (Charles) fils, pl. St-Sauveur, 3.
Bompain (François-Hippolyte), tanneur, r. Pémagnie, 21.
Bompain (Jacques), boulanger, r. des Jacobins, 13.
Bon, bottier, r. St-Sauveur, 20.
Bonifazy (v° Ant.-L.), marc. de casquettes, ven. aux Chevaux, 2.
Bonnaire (Charles-Ant.), professeur au collége, r. de Bayeux,46.
Bonnaire (Ernest), facteur de dentelles, r. des Quais, 94.
Bonnard, r. St-Julien, 18.
Bonnel (v° Pierre-Aug.), revend. de dentelles, r. de Branville, 36.
Bonnel (Antoine-Hippolyte-Marie), r. de Branville, 46.
Bonnel (Jean-Pierre), fabricant de sabots, r. St-Jean, 108.
Bonnel (Madeleine), factrice de dentelles, r. St-Jean, 134.
Bonnement (Jean-Louis-Gilles), r. de Vaucelles, 120.
Bonneserre, ex-imprimeur, r. Notre-Dame, 89.
Bonneserre (Henry-Ferdinand), r. St-Louis, 6.
Bonneserre (v° Victor), r. St-Louis, 6.
Bonneserre fils, imprimeur-libraire, r. Froide, 1.
Bonneserre (mad.), lingère, r. Froide, 41.
Bonnesœur, avocat, r. Guillaume-le-Conquérant, 17.
Bonnet (Charles), r. St-Jean, 140.
Bonnet, place St-Pierre.
Bonneval (mad.), r. des Garmélites, 7 *bis*.
Bonneville, conservateur des hypotèques, pl. Royale, 19.
Bonvalet (Clair), r. des Jacobins, 23.
Bonvalet (dem.), r. Froide, 16.
Bonvoisin, revendeur, imp. Gohier.

Bonvoisin (v°), r. des Carmélites, 3.
Boquet (Pierre-Joseph), pl. Malherbe, 12.
Boquet, marchand de faïence, r. de Bayeux, 30.
Boquet (Jean-Baptiste), r. Guillaume-le-Conquérant, 32.
Bordel fils, r. de Bretagne-Bourg-l'Abbé, 29.
Bordet (Bernard), coquetier, r. de Bayeux, 98.
Borel (Claude-Jean-Charles), cabaretier, r. St-Malo, 16.
Borgnis, dit Desbordes, bijoutier, r. St-Jean, 24.
Boscher (Edouard), préfet du Calvados, pl. de la Préfecture.
Boscher, avocat, r. St-Martin, 29.
Bosnières fils, r. des Quais, 64.
Bosque, r. des Jacobins, 38.
Bosquain (v° Jean-Baptiste), r. Neuve-St-Jean, 25.
Bosquain (Jacques-Henry), r. Neuve-St-Jean, 25.
Bosquain, graveur, pont St-Pierre, 5.
Bottet (Pierre-François), r. St-Malo, 16.
Bottet (v°), r. St-Jean, 186.
Bottet-Bidet (Ach.), dir. des bains royaux, pl. des Cas.-de-Vaucelles.
Bottet (Jules), horloger, r. Guillaume-le-Conquérant, 20.
Bottin-Desyles (P.-J.-A.), cons. à la cour, r. des Carmélites, 13.
Bouchard, gendre de Ruault, r. de Vaucelles, 75.
Boucher (v°), dentellière, r. du Vaugueux, 47.
Boudray jeune, pont St-Jacques, 5.
Boudray (Joseph), marchand de nouveautés, p. St-Jacques, 5.
Bouet (Pierre-Robert), r. de Falaise, 52.
Bouet fils, peintre, r. St-Denis, 10.
Bouet (Eugène-Charles), commis marchand, r. des Jacobins, 7.
Bouet (v° Charles-François), débit. de tabac, r. des Jacobins, 7.
Bouet (mad.), r. du Magasin-à-Poudre.
Bouffey, procureur du roi, r. de l'Odon, 10.
Bougy-Yvonnet, marchand de dentelles, r. Bosnière, 9.
Bougy (Louis-Charles et dem.), r. St-Laurent, 16.
Bougy aîné et jeune, r. St-Laurent, 16.
Bouilli (Louis-Marie), relieur, r. Ecuyère, 41.
Bouillé, coquetier, r. St-Nicolas, 69.
Bouillie (Jean-Guillaume), négociant, imp. de la Fontaine, 12.
Bouilly, marchand de grains, imp. de la Fontaine, 12.
Bouin (Marie), aubergiste, r. St-Jean, 220.
Boujon fils, marchand de grains en gros, r. de Geôle, 36.
Boutrais (Amand-Fidèle-Constant), chapelier, pl. St-Pierre, 12.

Boutrais (Pierre), coquetier, montoir de la Poissonnerie, 21.
Boujon (Hyppolite), marchand de farine, r. Gémare, 13.
Boujon (Auguste), clerc d'avoué, r. Ecuyère, 14.
Boulain aîné, r. Basse, 21.
Boulanger (Paul), coquetier, r. Coupée, 14.
Boulay (veuve), porte au Berger, 22.
Boullay, propriétaire, et (dem.), r. Bosnière, 19.
Boullement (dem.), r. de Geôle, 24.
Boullement (Emile-Joseph-Auguste), avocat, r. de Geôle, 24.
Boullier (Jean-François), aubergiste, r. Notre-Dame, 62.
Boullin (v⁰ Jacques-Georges-Urbain), r. de l'Odon, 9.
Boulogne (Louis-Dominique), r. Branville, 44.
Bouquerel, épicier, r. Notre-Dame, 62.
Bouquerel, vicaire, au presbytère, r. St-Laurent.
Bouquerel (Louis-Jacques), r. de Falaise, 16.
Bouquet (Jean), r. Ste-Paix, 75.
Bouquet, coquetier, montoir de la Poissonnerie, 24.
Bourdon (Louis-François), coquetier, r. du Vaugueux, 19.
Bourdon (Léon), professeur de langues, r. Basse, 47.
Bourdon (Charles), fab. de dentelles, r. Jean-Romain.
Bourdon, avoué, r. Ecuyère, 15.
Bourdon (François-Victor), agent de police, r. N.-St-Jean, 52.
Bourdon (Etienne), r. de l'Engannerie, 10.
Bourdille, logeur, r. Neuve-St-Jean, 36.
Bourgeois (dem. Marie), passementière, r. St-Martin, 76.
Bourget (Louis), cordonnier, r. de Bayeux, 79.
Bourienne (Alexandre-Frédéric), médecin, r. Vilaine, 14.
Bourienne (dem. Angélique), r. Vilaine, 14.
Bourienne (Prosper), boulanger, venelle aux Chevaux, 22.
Bourjon (mad.), r. St-Jean, 170.
Bourrienne (Pierre), huissier, r. des Croisiers, 6.
Bourrienne (mad. Françoise, née Calibourg), r. Vilaine, 11.
Bourrienne, déb. de cidre, r. Ste-Paix, 76.
Boursier (Jean-Jacques), charron, r. du Vaugueux, 25.
Boursier (Pierre), rentier, r. des Vieilles-Carrières, 4.
Boursier, doreur, r. des Petits-Murs, 8.
Boutey, march. de fournitures d'horlogerie, pont St-Jacques, 7.
Boutrais (Pierre), r. Ste-Anne.
Boutrais (v⁰), r. de Geôle, 12.
Boutrais (v⁰), r. du Moulin, 6.

Bouvet (Victor), gantier, r. St-Pierre, 6.
Branca, fab. de cheminées, r. St-Jean, 187.
Bray, vicaire de St-Sauveur, r. des Croisiers, 14.
Brazil, café de Foy, r. Jean-Romain, 1.
Brazil (vᵉ Pierre), r. St-Laurent, 9.
Brazil fils aîné, ancien boucher, r. St-Laurent, 9.
Bréard, employé des contributions indirectes, r. St-Jean, 227.
Bréard, faïencier, r. St-Jean, 24.
Breban-Paysant (Antoine-François), r. Guillaume-le-Conquér., 4.
Brebis (Louis), cabaretier, r. de Falaise, 10.
Breby (Louis), march. de grains, r. N.-St-Jean, 56.
Brée-Lafontaine (Marie), raboutisseuse, r. de la Préfect., 13.
Bréhon (Jean-François), commis-greffier, r. St-Martin, 51.
Breton, employé des postes, r. Froide, 45.
Bréville (Paul-Marc-Casimir), march. de vins, pl. St-Pierre, 10.
Bréville (dame Eugène), pl. St-Sauveur, 29.
Bréville (Edouard), courtier de marchandises, r. St-Jean, 39.
Bréville (Charles-Joseph), r. des Petits-Murs, 4.
Bréville (vᵉ Charles-François), r. des Petits-Murs, 4.
Brézol, armurier, r. Hamon, 5.
Briand, coquetier, r. St-Sauveur, 15.
Briand, coquetier, r. de Geôle, 21.
Briand (Jean-Baptiste-François), épicier, r. St-Jean, 207.
Briand, avocat, r. St-Jean, 207.
Briand (Auguste), cordonnier, r. des Teinturiers, 3.
Briand (Théodore), épicier, pl. de l'Ancienne-Boucherie, 41.
Briand Taïs (dem.), r. de Bayeux, 23.
Briand, charbonnier, r. des Capucins, 46.
Briard (vᵉ Germain-André), r. Ecuyère, 14.
Briard (vᵉ François-Luc), r. Froide, 16.
Briard (vᵉ Pierre-Amand), r. St-Jean, 66.
Briard (Louis-François), r. de l'Odon, 3.
Briard (Elie-Louis-Joseph), huissier, r. de l'Odon, 3.
Briard-Lambert (vᵉ), grènetière, r. de l'Odon, 15.
Briard (Edouard), march. de sable, r. des Quais, 68.
Rriard (Elie-Frédéric), r. des Chanoines, 6.
Brière (Jean-Baptiste-Emmanuel), r. Neuve-St-Jean, 17.
Brion (dem.), mégissière, r. Notre-Dame, 38.
Briosne (Pierre-André), r. des Croisiers, 6.
Brires, Anglais, r. Jean-Romain.

Brisollier-Dupré (vᵉ Nicolas), march. au Bois, 14.
Brisollier (vᵉ Jean-Louis), r. du Hávre.
Brisset (Marie-Thérèse), coquetière, r. St-Sauveur, 26.
Brocsp fils, Anglais, r. de Vaucelles, 1.
Brodard (dame), r. St-Jean, 91.
Broquet, employé des postes, r. de l'Oratoire, 27.
Broquet (Rosaline et Pauline), r. du Vaugueux, 29.
Brouillard, cordonnier, passage Bellivet, 4.
Broult (Charles), porte au Berger, 22.
Broutin (Joseph), postillon, marché au Bois, 10.
Brulé (vᵉ Jean-Nicolas), r. Ste-Paix, 71.
Brulé père, bimbelotier, r. des Teinturiers, 16.
Brien (Hypp.), insp. des contrib. dir., pl. de l'Anc.-Bouc., 146.
Brunet fils aîné, ferrailleur, r. St-Jean, 231.
Brunet (Jacques), débitant de cidre, r. de Vaucelles, 114.
Brunet (Auguste-Pierre), r. St-Sauveur, 33.
Brunet, conseiller à la cour, r. des Carmes, 28.
Brunet (Jacques), boulanger, r. Caponnière, 25.
Brunet (Exupère), r. de Bretagne-Bourg-l'Abbé, 21.
Brunet, employé des postes, r. du Moulin, 7.
Brunon (Phillart), r. St-Jean, 86.
Brunon (Léon), banquier, r. de l'Engannerie, 3.
Brunon fils aîné, entrepreneur de scieries, r. Royale.
Brunon (vᵉ Jean-Baptiste), r. St-Jean, 123.
Buhot (Thomas), coquetier, r. St-Jean, 212.
Buhour (Alexandre), cabaretier, r. de Falaise, 94.
Buhour (Edouard-Adolphe), huissier, r. Froide, 22.
Bulot fils aîné, march. de papiers peints, r. Caponnière, 11.
Bulot-Briard (Ad.-Léon), march. de papiers peints, r. N.-Dame, 47.
Buison (Albert), coutelier, r. de Geôle, 19.
Bûnel (Pierre-Frédéric), r. Pavée, 89.
Bûnel, officier de marine retraité, r. St-Jean, 85.
Bûnel (Martin), huissier, r. St-Martin, 26.
Bunouf (Pierre), coquetier, r. St-Malo, 15.
Burard (L.-F.-A.), greffier du juge de paix, r. St-Martin, 76.
Burel (Pierre-Auguste), r. Ecuyère, 1.
Buret (Jean-Pierre), agent d'affaires, r. du Tour-de-Terre, 6.
Bures (Auguste-Jean), épicier, r. de Vaucelles, 62.
Bures, débitant d'eau-de-vie, r. du Pavillon, 1.
Bures (Pierre-Paul), épicier, r. de Geôle, 2.

Buron (Jean-Baptiste), march. de blouses, r. Froide, 43.
Busnel (Rémy), r. de Geôle, 53.
Busnel, concierge du Musée, pl. Royale.
Busnel (Pierre-Thomas-Emmanuel), r. Branville, 89.
Busnel (Rémy), r. d'Auge, 43.
Busnel (Louis), boulanger, pl. de la Mare, 1.
Busnou, tourneur sur métaux, r. du Ham, 4.
Buxe, maître d'armes, r. Ecuyère, 48.

C

Cabien (Joseph) , voiturier , r. de Bernières , 11.
Cabour (Olivier) , fripier , r. des Croisiers , 17.
Cabourg (ve François), r. St-Jean , 41.
Cachelou (ve), pont St-Pierre, 12.
Cachelou (ve Jean-Baptiste) , pl. de la Mare, 5.
Cagnard , curé de Vaucelles , r. de l'Eglise-de-Vaucelles , 5.
Cahagne (Thomas) , r. St-Ouen , 18.
Cahagne (François), employé de l'octroi, r. Branville , 106.
Cahagnet (ve), venelle aux Chevaux , 14.
Cahagnet (Jean-Edouard), empl. à l'octroi, r. de la Préfecture, 6.
Cahier (René), lessivier , r. aux Juifs , 1.
Caignon (Jean-Baptiste) , loueur de voitures , r. aux Lisses , 4.
Caillard (mad. Marie-Jeanne), r. des Carmes , 66.
Caillard (Jean-Fr.-Arthur) , commis nég. , imp. Gohier , 1.
Caille-Desmares (L.-M.-A.), ex-offic. de gend., r. aux Lisses , 15.
Cailleux (Henri) , vétérinaire , r. Ecuyère , 18.
Cairon (Pierre), serrurier , r. de la Boucherie , 20.
Cairon (Michel), prote, r. des Jacobins.
Cairon (Jean-François), coquetier, r. des Jacobins , 6.
Calbris (Jean) fils , faïencier , r. St-Jean , 24.
Calbris (dem. Adélaïde), venelle Manissier , 1.
Callard (Jean-Pierre), boucher , r. des Jacobins. , 5.
Callouet (Laurent-François-Edouard) , r. St-Martin , 32.
Callouet (Eug.) fils, bur. de remplacem. milit. , r. Froide , 25.
Callouet (ve), montoir de la Poissonnerie, 11.
Canchard (Jean-Pierre-Auguste), merc., r. des Teinturiers , 22.
Candieu (François) , r. St-Sauveur , 36.
Candon (ve Louis-Jacques), r. des Quais , 74.
Canivet (Nicolas), r. du Ham , 6.

Canivet , r. de Geôle , 32.
Canivet (Charles-Jacq.-Ferdinand), commis , r. des Croisiers, 4.
Cantrel fils, employé à la Mairie , à la Mairie.
Cantrel (Jean-François) , march. de volaille , r. de Bayeux , 53.
Capitrel , sous-chef de bureau à la Préfect. , r. St-Etienne , 145.
Cardinal , relieur, r. aux Namps, 9.
Cardine , conducteur de voitures , r. St-Jean , 85.
Carlet (vᵉ), r. de Bernière , 8.
Carité (Louis) , tailleur, venelle aux Chevaux , 21.
Caron , avocat, r. Ecuyère, 49.
Carpentier (vᵉ), r. St-Jean, 224.
Carpentier (Hippolyte), plâtrier , r. St-Jean , 224.
Cartirade (femme) , revendeuse , Champ-de-Foire , 14.
Casset (Philippe) , r. aux Lisses , 10.
Casset (Amédée), ouvrier horloger , r. aux Lisses , 10.
Casiel , aubergiste, r. de Vaucelles , 21.
Castel (Jacques), r. de Falaise , 59.
Castel (vᵉ Louis) , pl. St-Sauveur , 18.
Castel (Nicolas-Jean-Baptiste-Louis), avocat , pl. St-Sauveur, 18.
Castel , maison Leroy , march. de vin , r. du Havre.
Catel (Dominique), badestamier , r. de Vaucelles, 47.
Catherine, ouvrier horloger , venelle Buquet, 1.
Catherine (vᵉ Louis-François), coquetière , r. Basse , 5.
Catherine (Constant), boulanger , r. de l'Anc.-Boucherie , 120.
Catherine (Jean-Jacques), maître couvreur, r. des Quais, 48.
Catherine (Nestor), marchand de fils, r. des Carmélites , 12.
Catherine , concierge de la mairie , pl. Royale.
Catherine (Cyresme) , débitant , r. St-Laurent , 9.
Catherine (Jacques), débitant d'eau-de-vie, r. aux Lisses , 14.
Catillon (Pierre) , boucher , r. des Sables , 4.
Cauger (vᵉ Jean), r. Notre-Dame , 112.
Cauger (Charles-Auguste) , r. Notre-Dame , 112.
Caumont (François), r. des Carmes, 32.
Cauvet (Pierre), capitaine retraité , r. St-Pierre , 36.
Cauvet (Emmanuel), propriétaire , r. Ecuyère, 51.
Cauvet fils aîné et jeune, r. Ecuyère , 51.
Cauvet-Duhamel (Jean-Nicolas), r. Ste-Paix , 77.
Cauvet , épicier , r. de Vaucelles, 78.
Cauville (P.), fab. de rég. et papet., r. Guillaume-le-Conq. , 1.
Cauville (Fréd.-Fr.), fab. de reg. et papet. , r. Guil.-le-Conq., 1.

Cauvin aîné et veuve Pierre, r. du Ham., 2.
Cautru (Victor), r. St-Jean, 240.
Cautru (Marie-Anne), r. St-Jean, 240.
Cahier (Thomas), jardinier, r. Ste-Paix, 59.
Cazanove, agent d'assurances, r. Guillaume-le-Conquérant, 3.
Cécire (François-Charles), r. St-Julien, 22.
Cécire (Marie-Monique), r. St-Jean, 100.
Cécire (Jean-Jacques), propriétaire, r. de Vaucelles, 66.
Chable, avocat, pl. Royale, 12.
Chalange (Jean-François), menuisier, cour de la Monnaie, 1.
Champin (veuve Louis), épicière, r. Froide, 51.
Champin (Pierre), ex-épicier, r. Haute, 23.
Champin (Louis), épicier, r. St-Jean, 174.
Champsaud, avocat, r. de la Chaîne, 20.
Chancerel, empl. aux contrib. indir., r. Guillaume-le-Conq., 35.
Chantepie, ancien inspect. de l'Académie, r. des Cordeliers, 3.
Chanu, maréchal, r. St-Jean, 217.
Chantrel (Jean-Léonard), fripier, r. Froide, 41.
Chapel, marchand de dentelles, r. du Vaugueux, 41.
Chapron (Pierre), chirurgien, r. St-Jean, 239.
Chapron (veuve Constant), r. Puits-ès-Bottes, 22.
Chapron (Charles), r. St-Pierre, 28.
Chardèy (gendre de vᵉ Giard), tonnelier, r. Caponnière, 27.
Charma, professeur de philosophie, r. des Vieilles-Carrières, 17.
Charpillon, garde-magasin des lits militaires, r. Frementel, 3.
Charpentier (Jean-Baptiste-Michel), offic. ret., r. St-Sauveur, 47.
Chartier (François-Guillaume), r. de Paris, 22.
Chartier (Jacques), cabaretier, pl. St-Sauveur, 9.
Chasaust (Louis-Marchand), r. St-Jean, 129.
Chasles, vicaire de St-Jean, r. des Carmes, 26.
Châtel (vᵉ), chasublière, r. St-Pierre, 26.
Châtel (Alexandre), r. St-Pierre, 33.
Châtel (vᵉ Jacques), dentellière, r. du Ham, 6.
Chauvel, employé, pl. St-Sauveur, 5.
Chauvet, employé à l'octroi, r. de Bayeux, 87.
Chaumeil (Eugène-Adolphe), r. Basse, 59.
Chauvière (Thomas), marchand de fruits, pl. St-Pierre, 18.
Chauvin, commis principal des douanes, r. Neuve-du-Port.
Chauvin François), fabricant de bas, r. du Vaugueux, 19.
Chauvin (F.-J.), prof. d'hist. nat. à la Fac. des scienc., r. Bagatelle, 14

Chauvry (François), r. Froide, 4.
Chauvry, tailleur, r. de Lisieux, 18.
Chavantrey, maréchal, cour de la Monnaie, 4.
Chayon (dame), r. St-Jean, 143.
Chedru, horloger, r. de Vaucelles, 67.
Chemin (Léon), tailleur de pierre, r. de la Délivrande, 28.
Chemin (Jean-Louis), marchand d'os, r. du Boulevard, 13.
Chemin, coquetier, r. de Paris, 26.
Chemin (Louis), confiseur, r. Notre-Dame, 69.
Chemin (v⁰ Dominique), r. des Carrières-St-Gilles, 21.
Chemin (Constant), aubergiste, r. de la Chaîne, 20.
Chemin (Edouard), r. des Carmes, 5.
Cheradame, conseiller à la cour, r. Singer, 6.
Chesnel (Jacques), propriétaire, pl. Malherbe, 6.
Chesnel (Augustin), libraire, r. St-Jean, 46.
Chesnel (Jean-Baptiste), boulanger, r. Notre-Dame, 113.
Chevalier (Hilaire), menuisier, pass. Bellivet.
Chevalier (François) fils, menuisier, r. de Falaise, 27.
Chevalier (Pierre-François), r. de Falaise, 27.
Chevalier (Alexandre), doreur, r. Hamon, 4.
Chevalier (Jean-François), marchand de vin, r. St-Jean, 165.
Chevalier (Louis-François-Edouard), boulanger, r. St-Jean, 165.
Chibourg, médecin, r. de Geôle, 30.
Chicot, perruquier, r. de Vaucelles, 47.
Chipel (Edouard-André), cordonnier, r. Guil.-le-Conquérant, 29.
Chitel (Charles), r. Basse, 18.
Chochon-Latouche, r. Guillaume-le-Conquérant, 35.
Chollet, dessinateur en dentelles, r. de la Préfecture, 6.
Chollet (Pierre-Michel), r. de l'Hôtel-de-Ville, 24.
Chollet (Nicolas), ex-quincaillier, r. de Bernières, 4.
Chollet (Jean-Victor), quincaillier, r. de Bernières, 4.
Chouteau, miroitier, r. Notre-Dame, 56.
Chrétien, épicier, r. Jean-Romain, 31.
Chrétien (Edouard), r. St-Jean, 132.
Chrétien (Amand), r. de Geôle, 44.
Chrétien, r. Guilbert, 5.
Chrétien, tailleur, r. Neuve-St-Jean, 5.
Christot (madame François), coquetière, à la Maladrerie.
Chuquet (François-Marie), boulanger, r. Ste-Paix, 20.
Chuquet (François-Marie), r. Ste-Paix, 24.

Chuquet (François-Alexandre), épicier, r. St-Jean, 211.
Cicile (Hégésype-Felix), r. Formage, 13.
Cingal (v° Jean-Jacques), coquetière, mont. de la Poissonnerie, 28.
Cingal (Felix), boulanger, r. Ste-Paix, 24.
Claudet (Jean-Baptiste-Dominique), r. de Bretagne-B.-l'Abbé, 19.
Claveau, teinturier, r. Jean-Romain, 2.
Clavreuil (Jean), perruquier, r. des Carrières-St-Gilles, 4.
Clément (Jean), percepteur, r. de la Préfecture, 1.
Clément (Louis-Homère), march. de modes, r. St-Jean, 109.
Clément, capitaine, r. de la Prairie-St-Gilles, 3.
Clément (François-Théophile), r. St-Romain, 19.
Clergé fils, débitant d'eau-de-vie, pass. Bellivet, 40.
Clérisse (Lacour), boucher, r. St-Jean, 158.
Clerisse (v° François), libraire, r. Ecuyère, 40.
Clerisse (v° Jacques), r. de Vaucelles, 37.
Cliquet (v°), r. de l'Eglise-de-Vaucelles, 1.
Cliquet, coquetier, r. Vilaine, 12.
Cliquet (Jean-Baptiste), r. Basse, 7.
Clouet (Benoît-Aimable), coquetier, r. Notre-Dame, 59.
Clouet (mad.), r. Guilbert, 25.
Closmesnil, contre-maître, r. Montaigu, 63.
Cocquillier, employé des postes, r. du Moulin, 7.
Colas (Jean-Baptiste), marchand de soie, r. Notre-Dame, 45.
Colas (François), revendeur, r. du Champ-de-Foire, 13.
Colas de Courcelles, capitaine de génie, au Château.
Colbert (Pierre), débitant d'eau-de-vie, r. Neuve-St-Jean, 11.
Colette, maître de langues, r. des Croisiers, 17.
Collas, dit Vincent, r. Notre-Dame, 74.
Collette (v° Nicolas-Louis), r. St-Jean, 62.
Collette (Auguste), marchand plâtrier, r. de Bayeux, 3.
Collette débitant, de cidre, q. de l'Abattoir.
Collet (Prudent), cabaretier, r. de Geôle, 4.
Collet (Jean,Louis), brasseur, r. de la Marine, 6.
Collet-Descotils (v°), née Vintras, r. Guillaume-le-Conq., 5.
Colet-Descotils fils jeune, r. Guillaume-le-Conquérant, 5.
Colleville, vicaire de Vaucelle, r. de l'Eglise-de-Vaucelles, 5.
Colleville, notaire, r. de l'Odon, 10.
Collin, ouvrier tailleur, ven. aux Chevaux, 14.
Collin (v° Louis-Hyacinte-Augustin), r. Guilbert, 33.
Colombat, cabaretier, pl. de la Préfecture, 13.

Colombe (Guillaume-François), r. St-Jean, 170.
Coltée (Nicolas), jardinier, r. Guerrière, 20.
Coltée (Pierre-Charles), agent d'affaires, r. de l'Odon, 15.
Cometry (v°), r. Froide, 17.
Compté-Nérac, fabricant de poterie, r. de Falaise, 8.
Conard (Pierre-François-Marguerie), r. Notre-Dame, 65.
Constant (François), ferrailleur, marché au Bois, 4.
Constant (Jean-Baptiste), r. de la Boucherie, 33.
Cony (Jean-Louis), dit Lafontaine, maréchal, r. St-Jean, 127.
Cony (Ch.-Louis-Pierre), dit Lafontaine, coquet., r. St-Jean, 131.
Cooke, anglais, r. des Chanoines, 17.
Copineau, garde-magasin du timbre, r. Ste-Paix, 45.
Coquille-Deslongchamps, r. St-Jean, 111.
Corbel (Denis-Louis), menuisier, r. au Canu, 5.
Corbel (Louis) fils, pl. St-Sauveur, 32.
Corbel (Pierre-Philippe), r. Caponnière, 12.
Corbel (v° Sebastien-Marc), r. des Capucins, 23.
Corbel (v° Louis), à la Maladrerie.
Corbin (Fr.-F.-Am.), débitant d'eau-de-vie, r. de Vaucelles, 67.
Corbin (v° et dem.), r. de Geôle, 36.
Corblin, marchand de vins, r. St-Jean, 263.
Cordier, luthier, r. St-Jean, 97.
Cornadin (Antoine), débitant, marché au Bois, 6.
Cornet-Lavallée (dem.), r. Ecuyère, 28.
Cornet (Jean-Baptiste et v°), boucher, r. de Vaucelles, 25.
Cornet, ex-boucher, r. des Quais, 94.
Cornet-Farolet (v°), bouchère, r. de la Boucherie, 71.
Cornet (Jean-Victor-Amand), boucher, r. de la Boucherie, 7.
Cornet (v° Simon), r. de la Boucherie, 29.
Cornet (Bazire-Charles), boucher, r. Ecuyère, 23.
Cornet (v°), bouchère, r. de Vaucelles, 71.
Cosnard fils, r. des Jacobins, 6.
Cosnard (Gédéon), r. des Jacobins, 6.
Cosnard (Jacques-Séverin), quai de Juillet.
Cosson (Eugène), coquetier, r. Puits-ès-Bottes, 13.
Cosnard (v°), aubergiste, r. de Vaucelles, 50.
Costard, propriétaire, r. de la Marine, 23.
Coste (Pierre), débitant, r. Graindorge.
Costey (Pierre), basdestamier, r. du Vaugueux, 66.
Costey (Charles-Isidore), r. St-Jean, 49.

Costy (Antoine), marchand de casquettes, pass. Bellivet, 15.
Costy (Anatole), épicier, r. Gémare, 1.
Costy, jardinier, ven. Manissier, 10.
Cotentin (Jean), aubergiste, r. de la Marine, 6.
Cotentin (Pierre-Charles), couvreur, Porte-au-Berger, 5.
Cottun, bijoutier, r. St-Jean, 93.
Coudray (Jean-Baptiste), pl. St-Sauveur, 7.
Coudreau, marchand de vin, r. Guilbert, 5.
Couetil, directeur de l'Ecole normale, cour du Collége.
Couetil, professeur de l'Ecole normale, r. Guillaume-le-Conq., 29.
Couppey (ve Jean-René), ven. Buquet, 7.
Courcelle (Jean-Hippolyte), dégraisseur, r. de la Délivrande, 22.
Courceille (ve), r. Notre-Dame, 74.
Courtin (Jean-Jules), r. de Bayeux, 15.
Courtoise, conseiller à la cour, r. de Bernière, 48.
Courty (Pierre-Jean) fils, avocat, r. Bicoquet, 24.
Coutance, coquetier, r. de Bernière, 13.
Coutance (Modeste), rubannier, r. Caponnière, 15.
Cauteux (Jean-Nicolas) charcutier, r. St-Pierre, 15.
Couturier, jardinier, r. Tortue, 1.
Couturier (ve Jacques), coquetière, r. St-Sauveur, 16.
Cousin (Louis), débitant, r. du Gaillon, 11.
Couvrechef, employé à l'Académie, r. au Canu, 8.
Couvrechef, boulanger, r. de Vaucelles, 60.
Couvrechef (Auguste), charcutier, r. St-Jean, 27.
Couvrechef (Pierre-François), r. de Vaucelles, 98.
Crab-Trée, anglais, r. des Carmes, 15,
Crespin (Gédéon), r. des Jacobins, 8.
Crespin, économe des hôpitaux, r. des Cordeliers, 15.
Crespin, maître d'écriture, r. Basse, 29.
Crespin (ve Julien), r. Basse, 29.
Crespin (dame), pl. de la Comédie, 1.
Crevel (François), marchand de vins, r. St-Jean, 263.
Crevel (ve), r. St-Martin, 45.
Criquet, boulanger, r. de Geôle, 13.
Criquet (Guy-Emmanuel), ven. aux Chevaux, 17.
Criquet (Louis-Léon), boulanger, r. de Falaise, 8.
Criquet (Jean-Pierre-Victor), boulanger, r. St-Jean, 198.
Criquet, clerc de notaire, r. St-Jean, 154.
Criquet (dame), r. St-Jean, 154.

Croissant (Edouard), ferblantier, r. St-Sauveur, 24.
Croissy, dit Richard (dem.), r. Branville, 3.
Croissy (v⁰ Richard), r. Écuyère, 33.
Croissy (Richard), grènetier, r. Écuyère, 33.
Croqueville (Adolphe), dit Duclos, peintre, r. St-Jean, 205.

D

Dacher (Auguste), droguiste, r. St-Jean, 152.
Dacher (François), r. Guilbert, 9.
Daches, insp. de l'enregist. des domaines, r. St-Jean, 170.
Daigneau (mad.), r. des Chanoines, 10.
Daigremont-St-Manvieu (Léop.), juge, r. Bret.-Bourg-l'Abbé, 31.
Dalechamps (François), r. Singer, 12.
Dalechamps (dem., sœurs), r. Singer, 14.
Dallet (v⁰ Jacques-Léon), r. de Bayeux, 45.
Dalibert (Louis-Auguste et fils Alfred), r. de Bayeux, 30.
Daligault, sous-inspect. des écoles primaires, r. des Carmes, 52.
Damamme, épicier, r. des Sables, 10.
Dame (Louis-Joseph), percepteur, r. des Carmes, 33.
Dan-Boisne, r. Écuyère, 21.
Dangerville, substitut du procur. général, r. Jean-Romain.
Danjard (Pierre-Michel), ébéniste, r. de la Prairie-St-Gilles, 5.
Danjard (v⁰ Louis-Marin), r. St-Jean, 44.
Danjou (v⁰) et fils, fabricant d'huile, r. Notre-Dame, 92.
Daniel, anglais, r. des Carmes, 51.
Daniel (Joseph-Etienne), ferblantier-lampiste, r. Froide, 10.
Daniel (l'abbé), recteur de l'Académie, r. de la Chaîne, 4.
Dan-Lavanterie (Pierre-Auguste), médecin, r. Neuve-St-Jean, 51.
Danne (dem.), r. Guillaume-le-Conquérant, 15.
Danneville (Louis-Emmanuel), r. de Bayeux, 27.
Danneville (Louis-Auguste), pharmacien, r. du Moulin, 14.
Danneville (Théophile), march. de modes, r. de Bernière, 11.
Dantard (Jean-Pierre), marchand de vins, r. d'Auge, 9.
Dantoneth, caissier de la banque de France, r. Guilbert, 24.
Darbonnet (Charles-Paul), r. Puits-ès-Bottes, 9.
Darbourg, ancien capitaine de gendarmerie, r. des Quais, 70.
Darcanchy (Jacques-Alexis-Auguste), venelle Buquet, 39.
Dargouge (dem. Lodoïse), r. Basse, 39.
Dary, gendre de Lesueur, r. des Sables, 8.
Davoult (Jacques-François), instituteur, r. Basse, 1.

4

David , cafetier , r. de l'Oratoire , 10.
David (Jean), plâtrier , r. de l'Oratoire , 5.
David (Pierre), ancien jardinier , r. des Capucins , 64.
David, marchand tailleur , r. Notre-Dame , 86.
David (Noël) ; marchand forain , pont St-Jacques ; 3.
David, facteur de diligence , r. de la Préfecture , 21.
David , facteur de diligence , r. St-Jean ; 74.
David (Hippolyte), propriétaire , r. du Gaillon , 12.
David (veuve Pierre-François), marc. revend., r. de Lisieux , 17.
David-Durand (Ch.-Hipp.), plât. , mont. de la Poissonnerie, 28.
David (Henri), plâtrier , r. St-Jean , 8.
David (Germain), r. Guilbert , 24.
David (Marie-Madeleine) , r. des Carmes , 49.
David (Constant) , coquetier, à la Maladrerie.
Davon (dem. aînée), r. St-Jean , 44.
Davon (dem. jeune) , r. St-Jean , 44.
Davy , avoué à la cour, pl. St-Sauveur , 32.
Daubigny , pl. de la Comédie , 6.
Daufresne, notaire, r. Ecuyère , 44.
Daulne (Léonard) , r. St-Jean ; 223.
Daulne (dame), r. de Vaucelles, 90.
Daumesnil (Joseph) , boulanger, r. Guillaume-le-Conq. , 4.
Daumesnil (veuve), née Goujon , r. Ste-Anne , 8.
Daumesnil , tonnelier , r. de Vaucelles , 90.
Daunasle (Joseph-Louis), fripier , r. Froide , 49.
Dauphin-Valembourg fils aîné et j., marc. de dent., p.St-Jacq.,2.
Dauphin-Valembourg (vᵉ P.-H.-V.) , pont St-Jacques , 2.
Dautresme (veuve Jean-Jacques), r. de la Préfecture , 26.
Dauvergne (Jean-Jacques), tourneur , r. St-Sauveur , 11.
Debail , impasse Cauvigny.
Debanville (Edouard) , r. Hôtel-de-Ville , 20.
Debas (Guillaume), r. de Lisieux , 19.
Debauple, marchand de vin , r. des Quais , 44.
Debeaurepaire (L.-Jacq.-Ant.-Eug.) , r. des Chanoines, 30.
De Belfond , r. des Carmes , 32.
De Belfond (Bernardin) , r. Guilbert , 22.
De Bernière (veuve), r. de Vaucelles , 26.
De Bernière, vérificateur de douane , passage Bellivet.
De Belleville (mad.), r. de Bayeux , 33.
De Boislambert, r. de Geôle , 40.

De Boislambert (Félix-Aimé) , avocat, pl. Royale , 14.
De Boislambert (Auguste) , r. Neuve-St-Jean , 56.
De Boislambert (Pierre-Henri) , r. Neuve-St-Jean , 56.
De Boislambert (veuve Frédéric) , r. Neuve-St-Jean , 56.
De Bonchamp, propriétaire, r. Guilbert, 10.
De Bougy , r. de la Préfecture , 27.
De Brunville , r. des Carmes , 62.
Debuchère, tailleur, r. Notre-Dame , 82.
Decaen (Joseph-Marie), r. des Petits-Murs , 10.
Decaen (veuve Victor), coquetière, r. Guill.-le-Conquérant , 25.
Decaen (Pierre), blanchisseur, r. de l'Abbatiale , 3.
Decaen , commis à la banque de France , r. Guilbert, 26.
Decaen (dem.), r. St-Martin, 78.
Decairon (Alexandre-Désiré-Bernard) , r. de Bayeux , 44.
Decairon (dem.), r. Guilbert , 27.
Decaumont (Horace), r. des Carmes , 23.
De Cauvigny (Amédée), r. des Carmes , 22.
De Cauvigny (baron Arthur), r. des Chanoines, 14.
De Cauville-Lachesnée, avocat , pl. St-Sauveur , 9.
Decaux (Grégoire) , couvreur, r. St-Manvieux , 7.
Decazotte (veuve), née Laforet, r. des Capucins, 55.
Dechallon (Jean-Baptiste), pl. Malherbe, 20.
Dechauffour (Aug.-Olivier-Clément), frip. , r. des Croisiers, 22.
Ducheux-Duboulay (Annette), r. Écuyère , 18.
Dechristot (Auguste-Louis) , r. des Carrières-St-Gilles, 5.
Declée (Guillaume), r. des Carmélites , 14.
Declosmesnil (Jean), charcutier , r. Hamon , 10.
Deconinek (François-Etienne), charcutier. r. Caponnière, 13.
Décot , marchand d'eau-de-vie , r. des Quais , 78.
Decressy, r. St-Jean , 127.
Decressonnière (mad.) , r. de Geôle , 32.
Decrocq (Auguste), pâtissier, r. St-Jean, 136.
Decroisille (César-Auguste), r. de l'Engannerie , 5.
Decourcy, anglais , r. des Chanoines, 9.
Decourdemanche (Louis-Nicolas-Auguste), r. St-Jean , 71.
Decourseulles (mad.), r. Notre-Dame , 92.
Dedouit (Nicolas-Gilles), r. Notre-Dame , 101.
Dedruval (Edmond), r. Ste-Anne , 8.
Deformeville, conseiller à la cour, r. Hôtel-de-Ville , 26.
De Formigny (mad.), r. St-Jean, 7.

De Foucault fils , r. de l'Engannerie , 14.
Defrance (Pierre-Etienne), r. du Vaugueux, 22.
Defranqueville (Louis-Athanase), pl. Royale , 6.
Defaucamberge, entr des fourn. de Beaulieu, à la Maladrerie.
Degalon (Henri-François), march. de vins, r. de Vaucelles , 14.
Degand (Antoine-Achille-Edme), r. Guill.-le-Conquérant , 8.
Degand (Agathon-Achille) , r. Guillaume-le-Conquérant , 8.
Degen (Mathieu-Gaspard) , débit. de cidre , r. de la Pigacière, 2.
Degournay (Jules), employé à l'assurance Mutuelle, r. Basse , 52.
Degournay (Amand), conseiller à la cour , r. de Geôle , 38.
Degournay (François-Amand), r. aux Lisses , 15.
Degraimont-St-Manvieu (mad.), r. Guillaume-le-Conquérant, 11.
Degremoult et fils , r. Bretagne-Bourg-l'Abbé , 7.
Degrenthe (Adolphe) , r. de la Prairie-St-Gilles., 1.
Degrenthe (dem. Louise), r. Ecuyère, 49.
Degrenthe (Adolphe), r. Ecuyère, 49.
De Guermont-de-St-Ursin (dem.), r. des Carmes , 47.
De Guermont (v⁴) et fils , r. Ste-Paix , 17.
D'Hermilly jeune , cabaretier, r. St-Jean, 144.
D'Hermilly (dem.), r. St-Jean, 146.
Dejackson (mad.), r. de l'Ancienne-Boucherie , 118.
Dejean , débitant de cidre, r. du Vaugueux , 38.
Dejean (Pierre-François) , r. Vilaine , 27.
Dejean (François), entrepreneur de bâtiments, r. aux Lisses, 19.
Dejean (Louis-Hippolyte), ancien horloger, r. Notre-Dame , 125.
Delabarthe (v⁴) , r. de la Chaîne , 14.
Delabertinière (v⁴), prop. et demoiselle , venelle Buquet, 37.
Delabrèche (Philippe-Edouard-Dominique), épicier, r. de Geôle, 4.
Delacaisse, propriétaire, r. Ste-Paix, 82.
Delachaise (v⁴ Richard), r. St-Martin, 35.
Delacorde, ex-notaire, r. St-Manvieux, 7.
Delacorde père, r. de Bayeux, 37.
Delacour (Claude), épicier, r. St-Sauveur, 33.
Delacroix (Pierre-Louis), r. de Branville, 53.
Delafontaine (Thimoléon), fabricant de franges, r. N.-Dame, 110.
Delafontaine (Pierre-Victor), avocat, r. de Bayeux, 33.
Delafontaine (dem.), r. Guillaume-le-Conquérant, 11.
Delafoye (François-Louis-Léonard), r. de l'Académie.
Delahaye (Louis-Antoine), ferrailleur, r. St-Jean, 205.
Delahaye, ex-conducteur de diligence, r. St-Jean, 177.

Delahaye (François), mégissier, r. Ecuyère, 20.
Delahogue (v^e), r. de la Fontaine, 5.
Delalande (Gab.-F.), déb. d'eau-de-vie, r. aux Lisses, 36.
Delalande (Thomas) et fils, pâtissiers, r. Notre-Dame, 81.
Delalande (Pierre), maréchal, r. de Vaugueux, 4.
Delalonde (dem.), r. de Vaugueux, 65.
Delalonde (Marie-Catherine-Adélaïde), pl. de la Mare, 9.
Delamare, r. Basse, 32.
Delamatiouze (Jacques-Constant), r. de l'Académie, 3.
Delan, marchand épicier, r. St-Pierre, 2.
Delande (Pierre-Louis), épicier, r. des Quais, 42.
Delangle (Alphonse), médecin, r. du Moulin, 5.
Delangle (Hilaire-Guillaume), r. Ecuyère, 49.
Delangle (Charles), avocat, r. Ecuyère, 49.
Delangle, professeur, pl. St-Sauveur, 32.
Delanney, ancien dir. des contrib. dir., r. des Cordeliers, 15.
Delapigacière (Pierre-Jean-François), r. de Bernière, 14.
Delaplace-Delangle, lieutenant trésorier, r. des Carmes, 58.
Delaplénière, commandant retraité, r. Guill.-le-Conquérant, 63.
Delaporte-Belval (dem.), r. St-Julien, 18.
Delaporte-Benoist, r. St-Etienne, 118.
Delarette (Jean-Baptiste), r. St-Jean, 171.
Delarette (Jean-Baptiste), tailleur, venelle Buquet, 2.
Delarivière (mad. la comtesse), r. St-Jean, 22.
Delaroque (Louis-Benjamin), pompier, r. de Vaucelles, 12.
Delaroque, coquetier, r. St-Nicolas, 96.
Delaroque (vicomte), r. des Carmes, 38.
Delarue (v^e Arsène), pont St-Jacques, 3.
Delarue, directrice de l'école normale des filles, r. des Croisiers, 7.
Delarue, r. Neuve-du-Port, place d'Arme..
Delasalle (v^e Joseph-Frédéric), r. de Falaise, 10.
Delasalle (Pierre), épicier, passage Bellivet, 19.
Delasalle (Arsène), sellier, r. Ecuyère, 18.
Delassalle (Jean-Louis), employé à l'Académie, r. Basse, 32.
Delaunay (v^e Alexandre-Louis), r. Jean-Romain.
Delaunay (Auguste), mercier, r. de Branville, 18.
Delaunay (v^e Michel), montoir de la Poissonnerie, 13.
Delaunay (Simon) fils, montoir de la Poissonnerie, 13.
Delaunay (v^e Pierre), r. Ecuyère, 18.
Delaunay (Jacques-Joseph), r. Notre-Dame, 117.

Delaunay (Jacques-Alexis), épicier, r. St-Jean, 232.
Delaunay (Alexis-Louis), employé à la mairie, r. du Moulin, 12.
Delaunay (Jacques), r. Notre-Dame, 96.
Delaunay (v° Michel), march. de parapluies, r. Notre-Dame, 106.
Delaunay (v° Louis), débitante, r. du Moulin-St-Ouen, 4.
Delaunay, ouvrier cordonnier, r. de Vaucelles, 59.
Delaunay (François), boulanger, r. d'Auge, 5.
Delaunay (Pierre-Joseph), r. Leroy, 10.
Delaunay (Florentin), marchand de fil et rubans, r. Froide, 19.
Delaunay (Jean-Baptiste-René), avocat, r. St-Martin, 24.
Delaunay (Louis-Thomas), r. de Bayeux, 90.
Delauzane (Alexandre), sellier, r. de la Comédie, 5.
Delavande, ancien notaire, r. Jean-Romain, 9.
Delavene (Jacques-Frédéric), r. des Cordes-St-Gilles, 5.
Delavigne (v° Amand-Théodore), fab. de bas, r. de Vaucelles, 72.
Delavigne, au Collége, place de l'Ancienne-Boucherie, 112.
Delaville (Louis-Barbe), capitaine, r. des Quais, 28.
Delaville (Polidor) fils, r. des Capucins, 1.
Delaville fils, conseiller à la cour, r. Bicoquet, 36.
Delayen, cabaretier, r. aux Lisses, 50.
Deletre dit Fourmy, aubergiste, r. Ste-Paix, 79.
Delisle (Georges), avocat et prof. en droit, r. des Croisiers, 13.
Delisle (Léon), avocat, r. des Croisiers, 13.
Delisle (Eugène), avocat, r. des Croisiers, 13.
Delgot (Olivier), r. du Moulin-St-Ouen, 7.
Delgot, employé à la préfecture, r. du Moulin-St-Ouen, 7.
Delmas (v° Antoine), r. St-Jean, 76.
Delmas (Jacques), march. de parap., r. Guill.-le-Conquérant, 22
Desloges, vicaire de St-Jean, r. des Carmes, 6.
Delorimier (v°), vivant de son bien, r. St-Martin, 80.
Delorimier fils et demoiselle, r. St-Martin, 80.
Delorme (dame), r. de la Délivrande, 14.
Delorme (demoiselle), r. des Carmes, 12.
Delos, r. Notre-Dame, 70.
Delsart (Auguste), débitante d'eau-de-vie, r. aux Lisses, 38.
Delot (v° Pierre), débitante d'eau-de-vie, r. du Milieu, 5.
Demalherbe (v°), r. de Geôle, 56.
Demalherbe de Villiers, r. aux Lisses, 6.
Demalherbe, r. St-Anne, 11.
Demalis (Raoul), r. St-Martin, 45.

Demandre (Albert), confiseur, r. St-Jean, 87.
Demastin (dame), r. des Carmes, 25.
Demaucomble, receveur des timbres, r. Caponnière, 28.
Demaugenet (Marcel), rec. du bur. de bienf., r. Guil.-le-Conq., 33.
De Maumonnier (Henriette), r. Guilbert, 14.
De Mathan, pair de France, r. de l'Engannerie, 4.
Demay (Louis-Henri), r. St-Jean, 186.
Demiers de Crouzillac, avocat-général, r. de Bayeux, 58.
Demorand, employé à la Fonderie, r. Graindorge, 3.
Demorand, employé des contrib. indir., r. Graindorge, 3.
Demorieux (Louis-François), r. de Vaucelles, 104.
Demorieux, conseiller à la préfecture, r. des Cordeliers, 4.
De Montcanisy (v°), r. St-Jean, 150.
De Montlorey (mad.), r. Guilbert, 23.
Denalroger (v°) et demoiselle, r. de l'Abbatiale, 1.
Deneuville, peintre, r. de l'Oratoire, 3 *bis*.
Devenoix (dem.), modiste, r. Jean-Romain, 9.
Denis (Pierre-Charles), coquetier, r. St-Etienne, 141.
Denis (Charles-Auguste), coquetier, r. de Geôle, 22.
Denis (François-Thomas), jardinier, r. Vaubenard, 6.
Denis (Gabriel-Louis fils et v°), fripier, r. Basse, 13.
Denis (Jacques), marchand de modes, pont St-Jacques, 7.
Denis (Henri), tailleur, r. St-Jean, 76.
Denis (v° Jacques), boulangère, r. de Vaucelles, 69.
Denis (Charles), tonnelier, r. Puits-ès-Bottes, 2.
Denis (Félix), r. St-Jean, 145.
Denis (Constant), aubergiste, r. de Falaise, 59.
Denis (Pierre-Casimir), r. Basse, venelle Manissier.
Denize (Casimir), horloger, r. Notre-Dame, 121.
Denize (dem. Aline), r. Notre-Dame, 64.
Denize (dem. Célina), rubannière, r. Notre-Dame, 64.
Denneval, maîtresse de pension, r. St-Jean, 164.
Denully, employé des contributions indirectes.
Depillon de St-Paul (Auguste-Théodore), r. Calibourg, 4.
Deprel (v°), r. Caponnière, 7.
Deprimois-Ilas (Ed. et dame), maît. de poste, r. des Carmélites, 18.
Dequivilly, r. des Jacobins, 5.
Derel (Antoine), r. Caponnière, 42.
Derel (Pierre-Louis), boulanger, r. Caponnière, 12.
De Réméon (mad. v°), r. Lafontaine, 8.

Derencmesnil (Pierre), boulanger, r. des Teinturiers, 16.
De Reveillasse , rentier, r. des Carmes, 9.
De Rigny , receveur général, r. St-Louis, 10.
De Rochebrune (v.), loueuse de voit., r. des Teinturiers, 13.
De Rochebrune fils, r. des Teinturiers, 13.
De Sainjean (mad.) , r. Guilbert, 30.
De Sainte-Marie (dem.), r. Guilbert , 4.
De Sainte-Marie (veuve), r. des Carmélites, 7.
De Sainte-Marie (Victor), r. St-Jean , 121.
De Saint-Sauveur (dem.) , r. des Capucins, 55.
De Salienne , général commandant le départ., r. des Quais, 50.
Desaulnes (Jacques-Théodore-Louis-Désiré) , men., r. St-Jean, 19.
Desbans , professeur de mathématiques , r. Ecuyère, 26.
Desbans , vétérinaire , r. au Canu, 24.
Desbissons (Jean) , marchand de lait, r. des Jacobins , 4.
Desbleds, faiseur de bas, venelle Buquet, 49.
Desbleds (Victor), cabaretier, montoir de la Poissonnerie, 19.
Desbleds (Achille), commis marchand , r. St-Sauveur , 49.
Desbordeaux (Jules-Alphonse), r. Singer , 8.
Desbordeaux (veuve Louis), r. Singer, 8.
Deschamps (Jean-François-Samson), insp. forestier, r. Leroy, 5.
Deschamps (dem. Emilie), r. Leroy , 5.
Deschamps (veuve Jacques), r. des Cordeliers , 5.
Deschamps , receveur de l'octroi, r. St-Jean, 224.
Deschamps , aubergiste , r. de Vaucelles , 68.
Deschamps (Jules), employé à la mairie, r. St-Jean, 87.
Deschevaux, tailleur, r. des Quatre-Vents, 5.
Desclais (Auguste), bourrelier, r. St-Nicolas, 73.
Desclais, employé à la préfecture , r. St-Nicolas, 73.
Descotils (veuve Louis), débitante de cidre, r. de Rouen , 20.
Desdouet fils, r. de l'Oratoire, 4.
Deséran (Camille-Léonard), r. des Carmes, 44.
Desétanges (veuve), r. Ste-Anne , 6.
Deseulle (dem.) jeune, r. des Quais, 90.
Deseulle (dem.) aînée , r. des Quais, 90.
Desfemme, peintre , r. des Carmélites, 15.
Desfontaine (dem.) , r. St-Jean, 7.
Desgremont-St-Manvieux (L.-Alp.), cons. à la cour, r. Singer, 8.
Deshayes, r. Guilbert, 5.
Deshayes de Gassau, femme née l'abbé , r. des Jacobins , 44.

Deshayes, marchand de dentelles, r. des Jacobins, 44.
Deshayes (Philippe), peintre, r. Pavée, 131.
Deshayes (Pierre), boulanger, r. Notre-Dame, 55.
Deshayes (Charles), boulanger, r. Notre-Dame, 95.
Desilles (Clément-Gustave-Alexandre), r. Guilbert, 24.
Deslande (dem.), maison Amélie, r. du Havre.
Deslande (Charles), revendeur, r. des Quais, 48.
Deslande (Jean-Baptiste), boucher, r. de la Boucherie, 13.
Deslande (Louis-Modeste), r. de la Chaîne, 2.
Deslande, avocat, r. Basse, 18.
Desloges (Jean-Pierre), ex-préposé aux douanes, r. Coupée, 11.
Desloges (Victor-Eugène), r. des Quais, 36.
Desloges, ouvrier passementier, r. de la Préfecture, 22.
Desloges (Jean-Edouard), mercier, r. Froide, 5.
Deslonchamps (dem), r. des Carmélites, 7.
Deslonchamps, anglais, r. des Chanoines, 3.
Deslonchamps (Jules), président du tribunal civil, r. de l'Odon, 8.
Desmares (Arsène-Antoine-Louis), épicier, r. St-Pierre, 90.
Desmares, avoué à la cour, r. St-Manvieu, 7.
Desmarets (v° Nicolas), r. d'Auge, 12.
Desmarets (v°), r. Haute, 9.
Desmarets, cafetier, pont St-Jacques, 9.
Desmont (François), r. de Geôle, 6.
Desmortreux (Pierre), r. St-Jean, 200.
Desnost (Léon), teinturier, r. de Vaucelles, 102.
Despaillère (v°), r. de Bernière, 8.
Desplanques, cabaretier, r. de Vaucelles, 11.
Desportes (Eugène), march. de dentelles, r. St-Jean, 120.
Desportes, notaire, pl. St-Sauveur, 8.
Després (Jacques), avoué, r. Pémagnie, 19.
Després, professeur au collége, r. Guillaume-le-Conquérant, 25.
Després, meunier, r. Hamon, 7.
Desruisseaux (v°), née Barthelemy, r. Royale.
Desruisseaux (Paul), médecin, r. Pémagnie, 3.
Dessaux, avoué, venelle aux Chevaux, 16.
Desessard (Eugène-Charles), conseiller à la cour, r. de Bayeux, 41.
Dessessart (Laurent), avocat, pl. St-Sauveur, 10.
Dessillon (dem.), sage-femme, r. Haute, 21.
Dessillon (v°), r. Haute, 23.
Dessillon, ouvrier chez M. Aumont, r. de Vaucelles, 78.

Destouche, vérificateur des douanes, impasse Gohier, 3.
Desurosne (Gustave-Alexis), r. Guilbert, 19.
Detenas (mad.), r. Singer, 10.
Deterville (mad.), revendeuse, montoir de la Poissonnerie, 24.
Detervile, marchand de grains, cour de l'Ancienne-Halle, 3.
Deterville, débitant, r. St-Malo, 10.
Deterville, gendre de M. Lecoq, cour de l'Ancienne-Halle, 3.
Deterville (François), menuisier, r. des Capucins, 64.
Dethan (Pierre-François-Germain), r. des Teinturiers, 7.
Dethoury, gendre de M. Lelaidier, r. des Cordeliers, 11.
De Tiller (dem.), née de Ruqueville, r. St-Jean, 139.
De Tilly (vicomte), r. des Carmes, 36.
De Torsay (mad.), r. des Cordeliers, 12.
Detouchet fils, r. St-Jean, 214.
Detremont (v⁰), r. de Branville, 12.
Detruisard, r. des Capucins, 17.
Devalroger, avocat, pl. St-Sauveur, 19.
Devathebert (dem. Louise), r. des Jacobins, 3.
Devauborel (Julien-Pascal), r. Guilbert, 24.
Devaumesle de Livet (Henry-Jean-Baptiste), r. St-Laurent, 16.
Devauquelin (Bonne), r. St-Martin, 18.
Devaux, chirurgien-major en retraite, r. Basse, 33.
Devaux (Jean-Louis), épicier, r. aux Lisses, 37.
Devaux (P.-Auguste), fabric. de peignes, pl. de la Comédie, 10.
Devé, gendre de M. Cosnard, r. de Vaucelles, 50.
Devic (Antoine-Marin), avocat, r. St-Martin, 29.
Devic (J.-A.-M.), greff. du trib. de comm. ven., St-Martin, 8.
Devictor, propriétaire, r. St-Etienne, 120.
Devie (Victor), tailleur, r. St-Jean, 137.
Devigne, coquetier, r. du Vaugueux, 55.
Devilleneuve, libraire, passage Bellivet.
De Wempsen, maréchal de camp en retraite, r. St-Louis, 10.
D'Héricy (Casimir-Aimé), r. de l'Engannerie, 7.
D'Houel (v⁰), vivant de son bien, r. de la Fontaine, 8.
Didelot (dem), r. de Bayeux, 48.
Didelot, procureur-général, r. St-Jean, 122.
Diée (Pierre-François), boulanger, r. de Bayeux, 71.
Diée (Jean), débitant, r. de l'Ancienne-Boucherie, 126.
Diée (Pierre-Louis), boulanger, r. aux Lisses, 44.
Dieu de Bellefont (dame), pl. St-Sauveur, 34.

Dieudonné, professeur, r. St-Martin, 35.
Dieu-Lafait (v°), r. Montaigu, 27.
Dinguebert (v° d'Accary), r. Guilbert, 14.
Docagne, boucher, r. St-Malo, 2.
Docagne (Armand-Théodore), r. Ste-Paix, 73.
Dodé (Louis-Edouard), coiffeur, r. St-Jean, 101.
Doisnel (Alexandre), quincaillier, r. de Vaucelles, 16.
Dominique aîné, menuisier, r. de Lisieux, 3.
Donnet (Auguste), maire de Caen, pl. St-Sauveur, 20.
Donnet fils (Gustave), pl. St-Sauveur, 20.
Donnet (Paul), marchand de beurre, r. de Vaucelles, 92.
Dorceau de Fontette (Emmanuel), avocat, r. Ecuyère, 5.
Dorey, relieur, r. aux Lisses, 2.
Dormie (dem.), r. Pavée, 137.
Dormin (Louis), ex-avoué, r. Notre-Dame, 70.
Doron père, menuisier, impasse Gouvigny.
Doron fils, impasse Gouvigny,
Dosquet, inspecteur de Beaulieu, à la Maladrerie.
D'Osseville (le comte), r. Guilbert, 34.
Doublet (Lafosse-Edouard), agent d'affaires. r. de l'Académie, 4.
Doublet, avocat, r. de la Chaîne, 18.
Douète, vivant de son bien, place de la Mare, 13.
Douesnel (v° Louis), rubannière, r. St-Jean, 124.
Douin (Pierre), r. St-Gilles, 7.
Douin (Edouard-Désiré), r. Royale.
Doupesse (Jean-Baptiste), cabaretier, r. St-Jean, 253.
Douville (Villams), ferblantier, r. de Vaucelles, 79.
Douville (Charles), marchand forain, place de la Comédie, 2.
Dras, r. de la Pigacière, 1.
Drouard (Lucienne), r. Notre-Dame, 67.
Drouet (Jacques-Paul), fab. de blondes, cour de la Monnaie, 1.
Dubois (Frédéric-Joseph), ancien lieutenant, r. Gémare, 18.
Dubois Delaunay (Charles-Alfred), r. Neuve-du-Port.
Dubois (v°), rentière, r. St-Jean, 185.
Dubois, employé des contributions indirectes, r. St-Jean, 46.
Dubois, débitant, r. du Gaillon.
Dubois (v° Guillaume), r. St-Sauveur, 15.
Dubois (dem. Célina), marchande de dentelles, r. Ecuyère, 52.
Dubosq (v° Pierre-Guillaume), r. Notre-Dame, 107.
Dubosq (v° Gilles-Alexis), r. Calibourg, 9.

Dubosq (Pierre), cabaretier, r. St-Jean, 226.
Dubosq (Alfred), coiffeur, passage Bellivet, 4.
Dubosq (Victor), coiffeur. r. St-Sauveur, 4.
Dubosq (Martial), mercier, r. Froide, 27.
Dubosq (Théodore-Fr.), perr.-coiffeur, r. Notre-Dame, 90.
Dubosq (Desjard.-Guill.), ag. d'assur., r. du Pont-St-Jacques, 1.
Dubosq (Pierre-Charles), facteur de dentelles, r. Pailleuse, 7.
Dubosq (dem.), couturière, r. St-Jean, 212.
Dubosq (ve Antoine-Boniface), r. Pailleuse, 7.
Dubosq (Paul), cafetier, place de la Comédie, 6.
Dubourg (Gilles), débitant, r. aux Juifs, 14.
Dubourg, propriétaire, r. de l'Hôtel-de-Ville, 28.
Dubousquet, propriétaire, r. Puits-ès-bottes, 23.
Dubreuil (Jean-Jacques), r. Neuve-St-Jean, 15.
Dubreuil (ve Auguste), r. de Falaise, 28.
Dubreuil (Charles-Joseph), cordonnier, r. St-Jean, 86.
Dubreuil (Pierre), r. Quincampoix, 1.
Dubreuil (Michel), épicier, r. de Vaucelles, 86.
Dubreuil (Auguste), ex-gendarme, r. de Vaucelles, 34.
Dubuisson (Frédéric), place Royale, 16.
Dubuisson (Laurent-Joseph), r. de l'Oratoire, 4.
Dubuisson (Adolphe), bijoutier, r. de l'Oratoire, 4.
Ducellier (Pierre), épicier, r. des Quais, 22.
Ducellier (Jean-Pierre-François), coquetier, r. St-Jean, 219.
Duchemin (Louis), boulanger, r. St-Pierre, 4.
Duchemin, cordonnier, r. au Canu, 6.
Duchemin (Pierre), coquetier, r. Caponnière, 3.
Duchesne (Nicolas-Henry), r. St-Jean, 16.
Duchevrel, ancien économe des hôpitaux, r. St-Jean, 100.
Duclos (Jean-François), venelle aux Chevaux, 20.
Duclos (Lucie), couturière, r. Ecuyère, 42.
Duclos (Jacques), boulanger, r. St-Jaen, 116.
Duclos-Leblanc (Marie-Bernard-Auguste), r. Ecuyère, 45.
Duclos-Leblanc (dam.), r. St-Laurent, 11.
Ducoudray, débitant de cidre, r. du Vaugueux, 38.
Ducoudray (dem.), r. d'Auge, 10.
Ducray (ve), r. des Capucins, 17.
Dudesert, propriétaire, r. Pémagnie, 12.
Dudonné (François-Gabriel), r. Neuve-St-Jean, 58.
Dudonné fils, r. Neuve-St-Jean, 58.

Dudouet (dem. Madeleine-Julie), r. Hôtel-de-Ville, 28.
Dudouet (dem. Pauline), r. St-Laurent, 9.
Dudouit (Nicolas), libraire, venelle aux Chevaux.
Dudouit (femme Bosquet), r. Hôtel-de-Ville, 29.
Dufay (François-Gilles), march. de volailles, venelle Buquet, 55.
Dufay (Charles), r. Leroy, 7.
Dufayel (Alexis-Louis-Gabriel), menuisier, r. aux Juifs, 5.
Dufour (Jean-Louis), lessivier, r. du Boulevart, 11.
Dufour (Edouard), ébéniste, Porte-au-Berger, 4.
Dufour, empl. des contrib. indirectes, boulevart Courtonne.
Dufour (François), huissier, r. Pémagnie, 14.
Dufour (Pierre-Horace), r. St-Jean, 107.
Dufresne, débitant de tabac, r. de Falaise, 23.
Dufresne, courtier en marchandises, r. St-Jean, 216.
Dufresne, ancien percepteur, r. de Bayeux, 64.
Dufresne (v° Pierre-Nicolas-Auguste), r. Ecuyère, 24.
Duguay (Ad.-F.), marc. de poudre végétative, q. de l'Abatoir, 4.
Duguay (Robert), q. de l'Abattoir, 8.
Duguay (E.) fils aîné, marc. de poudre végét., q. de l'Abattoir, 8.
Duhamel (François-René), r. de Bayeux, 38.
Duhamel (v°) et fils, commis, r. St-Laurent, 4.
Duhomme (Théodore), tapissier, r. Froide, 4.
Duhomme (Paul), épicier, r. Froide, 4.
Duhutrel (Jean), receveur de l'octroi, r. St-Laurent, 12.
Dujardin (François), cabaretier, r. Calibourg, 5.
Dujardin (J.-B.) aîné, march. de dentelles, r. Graindorge, 17.
Dukle, anglais, r. des Chanoines, 15.
Dumaine, cordonnier, r. St-Jean, 169.
Dumaine (Félix), mercier, venelle aux Chevaux, 2.
Dumaine, charron, r. de la Pigacière, 2.
Dumaine (Jean-Baptiste), march. de blouses, r. St-Pierre, 1.
Dumarais (v°), r. Bretagne-Calix, 2.
Dumont (Jacques), chaudronnier, pl. St-Pierre, 11.
Dumesnil-Dubuisson (Félix-Emile), r. des Carmes, 28.
Dumesnil, ouvrier tapissier, r. Notre-Dame, 47.
Dumesnil (Charles), tapissier, r. aux Lisses, 42.
Dumez (Pierre-Jacques-François), r. Branville, 102.
Dumont (Désiré), serrurier, r. des Carmes, 9.
Dumont-Delalonde (Jean-François), prêtre, r. Vilaine, 9.
Dumont (Louis), boulanger, r. de Bayeux, 88.

Dumont, débitant de tabac, r. d'Auge, 59.
Dumont, ancien aubergiste, r. Pavée, 83.
Dumoncel (mad.), r. de Bosnière, 30.
Dunis, blanchisseur, r. St-Jean, 129.
Duntan (Nicolas), marchand de rubans, r. St-Etienne, 120.
Duparc (Etienne-François), cafetier, pl. St-Sauveur, 11.
Dupeigne (Edouard), teinturier, r. de l'Oratoire, 5.
Duperré-Feuguerolles (Marcellin), avocat, r. des Croisiers, 13.
Duperré (Paul), propriétaire, r. Basse, 53.
Duperron (Jean-Pierre) pharmacien, r. de Vaucelles, 55.
Duperron, propriétaire, r. Ecuyère, 19.
Dupont (Pierre), boulanger, r. de Falaise, 19.
Dupont-Longrais, président à la cour, r. Calibourg, 6.
Dupont-Longrais fils et dem., r. Calibourg, 6.
Dupont (femme Jean-Jacques), née Bouley, c. de l-Anc.-Halle, 6.
Dupont, propriétaire, r. Notre-Dame, 87.
Dupont (veuve Michel), marchande de sel, r. de Bayeux, 4.
Dupont-Bellais, ex-mercier, r. Neuve-Bourg-l'Abbé, 1.
Dupont (veuve), vivant de son bien, pl. St-Sauveur, 21.
Dupont (Constant), avoué, r. Pémagnie, 12.
Dupont (Gustave-François), avocat, r. Pémagnie, 12.
Dupont, prêtre aux Bénédictines, r. Neuve-des-Cordeliers.
Dupont (veuve Jean-Victor-Constant), r. des Cordeliers, 10.
Dupont-Veniard, grènetier, r. St-Laurent, 4.
Dupont (Hippolyte), coquetier, r. des Jacobins, 7.
Dupont, chapelain de Beaulieu, à la Maladrerie.
Dupontavice (Charles-Alexandre), pl. Royale, 23.
Duport, vérificateur des douanes, pl. St-Pierre, 12.
Dupré, r. St-Jean, 85.
Dupré (Etienne), jardinier, r. Traversière, 17.
Dupré (veuve François), r. de la Préfecture, 26.
Duprey (dem. Félicité), r. des Capucins, 29.
Duprey (Henriette), r. des Quais, 16.
Duprey (Jean-Marcellin), charpentier, r. Basse, 16.
Dupuy (veuve), r. Bourg-l'Abbé, 33.
Durand de la Borderie, comm. de marine, r. Frementel, 4.
Durand (François), ex-notaire, r. aux Lisses, 21.
Durand de la Borderie, contr. des contr. dir., r. St-Jean, 24.
Durand (Jean-Baptiste) fils, avocat, r. de Bosnière, 7.
Durand (Rose), dentellière, r. Notre-Dame, 81.

Durand (François), ex-notaire, pl. St-Sauveur, 16.
Durand, employé, r. St-Pierre, 31.
Durand, receveur des hospices, r. des Cordeliers, 7.
Durand (Jacques-Louis), docteur-médecin, r. Gémare, 19.
Durand (Pierre), pharmacien à l'Hôtel-Dieu, r. Haute.
Durand (Pierre), marchand de fer, r. Calibourg, 16.
Durand (Simon-Michel), taill. de pierres, à la Maladrerie.
Duranty, empl. des cont. indirectes, r. de Geôle, 52.
Durel fils, r. St-Pierre, 26.
Dorosset (veuve), r. St-Laurent, 11.
Durozier (Jean-François), huissier, r. de l'Odon, 3.
Duruel, vivant de son bien, r. St-Julien, 18.
Dutaillis (Pierre-Auguste), clerc de notaire, p. St-Sauveur, 8.
Dutertre (Désiré), r. Gémare, 20.
Duthay (Antoine), jardinier, montoir de la Poissonnerie, 26.
Dutrosne, tailleur d'habits, r. St-Pierre, 31.
Dutrosne (veuve), r. Ecuyère, 26.
Dutrosne (Adolphe), coutelier, passage Bellivet, 24.
Duval (v° Jean-Pierre-César), r. St-Etienne, 147.
Duval (Michel et dem.), menuisier, r. Gémare, 4.
Duval (Achille), march. de fils et dentelles, r. des Quais, 36.
Duval, débitant, r. St-Malo, 3.
Duval, jardinier, r. de la Masse, 5.
Duval (Joseph), négociant, r. des Petits-Murs, 10.
Duval (veuve Nicolas), r. Hamon, 9.
Duval, direct. des messageries Petit et Loisel, r. St-Pierre, 28.
Duval fils, r. St-Pierre, 24.
Duval (mad.), revendeuse, r. des Capucins, 24.
Duval (v° et dem.), r. Pavée, 107.
Duval (Jean), journalier, r. des Capucins, 1.
Duval (Jean-Louis), coquetier, r. de Vaucelles, 38.
Duval (Jean-François-Amand), r. du Costil, 4.
Duval (Simon-Michel), tailleur de pierres, à la Maladrerie.
Duval (François), dit Lagroult, à la Maladrerie.
Duval (Magloire), facteur de dentelles, à la Maladrerie.
Duvard, docteur-médecin, r. des Chanoines, 10.
Duvelleroy (dem,), coquetière, r. Notre-Dame, 83.
Duvelleroy (Jean-Victor), grènetier, r. des Croisiers, 3.
Duvieux (Pierre-Léon), r. Ste-Paix, 41.
Duvieux (Louis), r. de Vaucelles, 102.

E

Ecolasse (Frédéric), impasse de l'Hôtel-Dieu.
Edon (Jacques), inspect. de l'Académie, r. Neuve-des-Cordeliers.
Edouard, coquetier, r. des Quais, 14.
Elie (Pierre), r. de la Préfecture, 10.
Elie (Jean-Baptiste) fils, pâtissier, pl. St-Pierre, 2.
Ellier, cabaretier, r. aux Lisses, 1.
Ellis, anglais, r. Guilbert, 14.
Elizabeth (v⁰ Pierre), r. des Carmes, 62.
Emmery, employé des contrib. directes, r. des Carmélites, 15.
Enard (Daniel), ex-coquetier, r. de Falaise, 21.
Enault (Louis), r. des Carmélites, 12.
Enout (Louis), architecte, r. Puits-ès-Bottes, 25.
Enguehard frères, marchand de papiers, r. St-Etienne, 127.
Enrif (Paul), marchand de nouveautés, r. Pont-St-Pierre, 16.
Equeville, perruquier, r. des Jacobins, 5.
Erard (dame), r. St-Julien, 4.
Erfort (dame), montoir de la Poissonnerie, 13.
Errard (Charles), ferblantier, r. des Petits-Murs, 10.
Errots, quincaillier, ven. aux Chevaux, 17.
Escher (Jean-Charles), sous-intendant militaire, r. Bicoquet, 5.
Esnault (v⁰ Edmond), r. des Capucins, 4.
Esnault (Jean-Auguste), commis, r. Ecuyère, 14.
Esnault (Louis-François), r. de la Préfecture, 35.
Esnault (dem. Louise-Victoire), r. St-Laurent.
Esnault (Adolphe), ouvrier horloger, r. St-Pierre, 6.
Esnault (Eugène), r. Carrières-Neuves, 15.
Esnault (Pierre-François-Laurent et v⁰), r. de Geôle, 26.
Esnault (Louis-Salomon), r. Leroy, 8.
Esnault (v⁰ Jean-Baptiste-Salomon), r. des Chanoines, 1.
Esnault (Françoise), blanchisseuse, à la Maladrerie.
Essiard (Eustache), cordonnier, cour de la Monnaie, 6.
Etienne (Pierre aîné), marchand de vin, r. des Quais, 64.
Etienne (v⁰ Pierre), r. du Havre.
Etienne, forgeron, r. des Carmélites, 9.
Etienne, empl. des contrib. indir., r. des Carrières-St-Gilles, 19.
Etienne, avocat, r. de Geôle, 18.
Etienne (François-Amédée), débit. de liqueurs, r. de Geôle, 3.

Etienne (Louis), médecin, r. de la Préfecture, 1.
Etienne (Joseph), r. Bretagne-Bourg-l'Abbé, 1.
Etienne (Charles), march. de sabots, r. Bretagne-B.-l'Abbé, 2.
Etienne (François-Augustin), prêtre, r. St-Ouen, 4.
Eudes (Auguste), perruquier, r. St-Malo, 16.
Eudes (Deslongchamps, r. de Geôle, 28.
Eudes (François), tapissier, r. Hamon, 5.
Eudes (v° et dem. Jean-Baptiste,) r. Caponnière, 4.
Eudes (Désiré), pav ur, à la Maladrerie.
Eudine (Jean), maréchal, r. St-Jean, 219.
Eve, employé à la recette générale, r. St-Louis, 10.
Evrard (Jean-Marie). fondeur, r. St-Jean, 248.
Exard, maître de port, r. Royale.

F

Fabulet (Jacques-Auguste), épicier, r. St-Sauveur, 47.
Fajou, marchand de vin, r. de l'Engannerie, 4.
Falué (J.-B.-Hyacinte), march. de dentelles, r. St-Etienne, 145.
Fanet (Jean-Baptiste), menuisier, r. de Vaucelles, 27.
Fanet (v° Auguste), r. St-Sauveur, 41.
Fanet (Paul), r. St-Etienne, 110.
Fanet-Lebourgeois (Alexandre), r. aux Namps, 4.
Fanet (Paul), huissier, r. de Geôle, 22.
Fanet (dame), r. Royale.
Fanet (Jean-François-Etienne), cordonnier, r. du Havre.
Farin-Bloquet (Jean-Charles), march. de papier, r. St-Pierre, 11.
Farol (Pierre), dit Laroche, r. St-Etienne, 129.
Faucon-Duquesney (Théophile), doct.-méd., r. de la Préfecture, 24.
Faucon (Auguste), cabaretier, r. des Capucins, 13.
Faucon (Jules-César-Alexandre), r. des Capucins, 15.
Faucon (dem.), r. des Capucins, 13.
Faucon (Jean-Jacques), coquetier. r. Caponnière, 32.
Faucon (Etienne), médecin, r. Ste-Anne, 18.
Faucon (Jules-Jacques), agent d'ass., mont. de la Poissonnerie, 12.
Faucon (Guillaume), *hôtel de la Victoire*, pl. du Marché-au-Bois, 23.
Fauques, vérificateur des poids et mes., impasse Gohier, 9.
Faure (v°), r. Haute, 10.
Faure, colporteur avec balle, r. Neuve-St-Jean, 25.
Faussard (Constant), serrurier, r. de Lisieux, 6.

Fautra (v° Louis-Guillaume), r. St-Martin, 36.
Fautré (mad), r. St-Martin, 31.
Fauvel (Charles), forgeron, r. Royale.
Fauvel, march. de draps, r. St-Jean, 28.
Fauvel (dem. Victoire), r. de Vaucelles, 82.
Fauvel (Victor-Adolphe), avocat, r. Ecuyère, 46.
Fauvel (Guillaume), professeur d'écriture, r. Ecuyère, 46.
Fauvel (v° Guillaume-Amédée), r. de Geôle, 29.
Fauvel (dem. Anne), pl. de la Mare, 12.
Fauvel (v°) le jeune, cour de l'Ancienne-Halle, 1.
Fauvel, cafetier, r. St-Sauveur, 34.
Fauvel (François), bourrelier, r. Guillaume-le-Conquérant, 29.
Favier, bimbelotier, passage Bellivet, 14.
Fay (v° Georges-Etienne), marbrière, r. Royale.
Faye, employé aux assurances, r. St-Jean, 134.
Fayel (Paul), pharmacien, montoir de la Poissonnerie, 3.
Fayel (François-Benjamin), r. des Quais, 66.
Felie (Jean-Jacques), débitant de cidre, r. du Boulevart, 6.
Félix (Emile), cafetier, Champ-de-Foire.
Feray-Demay (v°), r. de la Chaîne, 12.
Feret fils, r. des Toiliers, 9.
Feret (Frédéric), jardinier, r. du Marais, 5.
Feret (François), débitant d'eau-de-vie, r. Coupée, 13.
Feret (v° Blaise-François), r. St-Jean, 58.
Feret (v° Firmin), r. aux Namps, 8.
Feret, employé à la préfecture, r. Ecuyère, 17.
Feret (Pierre), marchand de rouenneries, r. du Moulin, 99.
Fermine (Jean-Marin-Félix), r. Pémagnie, 12.
Feron (Pierre), épicier, r. Notre-Dame, 111.
Feron (Pierre-Jean), cabaretier, r. Ste-Paix, 4.
Feron (Pierre), menuisier, r. Pémagnie, 12.
Feron (Jean-Baptiste), r. Hamon, 18.
Ferouelle (Louis-Isidore), négociant, r. du Moulin, 3.
Fessard (Nicolas), dit Vincent, r. des Capucins, 54.
Festu, chapelier, venelle aux Chevaux, 4.
Feugray (Louis-Calixte), montoir de la Poissonnerie, 22.
Feugray, r. Ste-Paix, 6.
Fichet (Hippolyte), r. St-Jean, 79.
Fichet (Eugène-Alfred), aubergiste, r. St-Jean, 81.
Fierville (Charles), épicier, r. Froide, 20.

Fierville (Jean), receveur de l'octroi, r. Ste-Paix, 77.
Fitz-Gérard (v*), impasse Cauvigny.
Flaguais (Pierre-François-Joseph), serrurrier, r. Ecuyère, 5.
Flaguais (Michel), coquetier, r. Ecuyère, 33.
Flault (dem.), sage-femme, r. des Petits-Murs.
Fleury (Guillaume), porteur de contraintes, r. Ecuyère, 24.
Fleury, bijoutier, pl. Malherbe, 6.
Fleury (v*), pl. de l'Ancienne-Boucherie, 41.
Fleury (Georges), taill. d'habits, pl. de l'Ancienne-Boucherie, 39.
Fleury (Louis), cabaretier, pl. de la Comédie, 9.
Fleury (Charles), boulanger, r. Royale.
Fleury (Louis-Arsène), marchand de bois, r. des Carmes, 55.
Fleury (Pierre-Luc), menuisier, r. Neuve-St-Jean, 28.
Fleury, receveur du timbre, r. des Quais, 36.
Fleury (Jean-Louis), Porte-au-Berger, 6.
Flon (v* Pierre), chaudronnière, r. St-Etienne, 116.
Florent (Jean-Baptiste), débitant, r. de Falaise, 14.
Foache, payeur du département, r. de l'Oratoire, 13.
Foisel (Jean-Louis), directeur des bains, r. de Vaucelles, 44.
Fontaine, commis de M. Merciel, r. de la Boucherie, 15.
Fontaine (Jules), venelle aux Chevaux, 17.
Fontaine (mad.), institutrice, r. des Quatre-Vents, 5.
Fontaine, serrurrier, r. St-Sauveur, 4
Fontaine (André), coquetier, r. de Falaise, 17.
Fontaine (Jean-Baptiste), gantier, r. St-Jean, 31.
Fontaine (Pierre), coquetier, r. St-Jean, 134.
Fontaine (Adrien), épicier, r. de l'Oratoire, 4.
Fontaine (Pierre), boulanger, r. Puits-ès-Bottes, 4.
Fontaine-Lépée (Jacques-Charles), m. de vin, r. de Geôle, 2.
Fontaine (Louis-Jacques), à la Folie.
Fontal (Louis-Eugène) capitaine retraité, r. de Bernière, 4.
Fortin (Charles-Michel), rentier, r. Calibourg, 1.
Fortin, ingénieur, r. St-Jean, 263.
Fortin (dame), r. Ecuyère, 46.
Fortin (Jean-Baptiste), r. Puits-ès-Bottes, 38.
Fossard (v*), r. Ecuyère, 17.
Fossard (Charles-Louis), r. Basse, ven. Manissier.
Fossée (Victor), coquetier, r. des Carmes, 8.
Fossey (Constant), r. Neuve-St-Jean, 42.
Fossey, débitant, r. St-Jean, 64.

Fossey (v⁰ François-Julien), r. Ecuyère, 17.
Fouassier (Charles-François), linger, r. de Bernières, 5.
Fouassier (dam.), couturière, r. de Bernières, 7.
Foubert (Magloire), perruquier, r. de Vaucelles, 24.
Foucard (François-Germain-Paul), négoc., quai de l'Abattoir.
Foucault (François), menuisier, r. St-Jean, 94.
Foucault (v⁰ Etienne), r. Puits-ès-Bottes, 25.
Foucault (Adélaïde), r. Puits-ès-Bottes, 25.
Fouchaux (Louis), cirier, r. Caponnière, 3.
Foucher, anc. direct. d'une maison de dét., r. des Carmes, 22.
Foucher (George-Louis-Pierre), r. des Carmes, 22.
Foucher, menuisier, r. des Quais, 70.
Foucher (v⁰ Louis), r. d'Auge, 65.
Foucher (François), r. Ste-Paix, 49.
Foucher (Jean-Louis), r. Ste-Paix, 59.
Foucher, agent d'affaires, r. du Milieu, 14.
Foucher (Georges), march. de dentelles, r. Puits-ès-Bottes, 25.
Foucher (Alexandre), à la Maladrerie.
Foucher fils, greffier à Beaulieu, à la Maladrerie.
Fouet (dem.), lingère, r. St-Jean, 82.
Foulon (Guillaume), marchand de poterie, r. Calibourg, 13.
Foulon, blanchisseur, r. Ecuyère, 17.
Fouques, jardinier, r. Montaigu, 10.
Fouques (François), cafetier, r. Guillaume-le-Conquérant, 33.
Fouques (Paul-Edmond), employé à Beaulieu.
Fouquet (v⁰ François), dentellière, r. Puits-ès-Bottes, 12.
Fouquet-Borel, chaudronnier, r. St-Malo, 14.
Fouquet, inspect. des eaux et forêts, r. Hamon, 7.
Fouquier (Félix), march. de meubles, r. Froide, 39.
Fourneaux (Alexandre-Amand), r. Guilbert, 8.
Fournet, contrôleur de ville, r. St-Sauveur, 11.
Fournet, boulanger, r. du Pavillon, 6.
Fournet (Pierre), boulanger, marché aux Bois, 15.
Fournet (Jean), boulanger, r. de Vaucelles, 4.
Fournier (Marie-Richard-Hippolyte), anc. not., pl. St-Sauv., 17.
Fournier (Jean-Baptiste), r. Guillaume-le-Conquérant, 23.
Fournier (Félix), direct. d'assurance, r. Guillaume-le-Conq., 23.
Fradel (Henri), march. de dentelles, r. Puits-ès-Bottes, 41.
Fradel, propriétaire, r. des Quais, 34.
François (Adolphe), cabaretier, r. Formage, 2.

Frappart fils, r. de Geôle, 16.
Fray, r. Bagatelle, 12.
Fréard (Michel-Hilaire), r. St-Jean, 100.
Fremin (v^e de Lessard), r. des Capucins, 55.
Frémont (Pierre-Jean-Baptiste), r. Pavée, 120.
Frémont (François), r. Ste-Paix, 58.
Fremont (Pierre), r. du Marais, 21.
Frémont (Hippolyte), rubannier, r. de Geôle, 30.
Fremont (Benoist), menuisier, à la Maladrerie.
Fremont (Pierre), à la Maladrerie.
Freuley (v^e et demoiselle), r. de Geôle, 58.
Frilay (v^e Jean-François), r. Ecuyère, 1.
Frilay (Jean-Jacques), fripier, r. des Croisiers, 4.
Frilay (Jacques), r. de la Chaîne.
Frilay (v^e Jacques), r. St-Pierre, 18.
Frigost, quincaillier, r. Ecuyère, 5.
Frigot (Georges-François), march. tailleur, pont St-Pierre, 1.
Frigost (Elie), march. de nouveautés, r. St-Jean, 100.
Frillay (Charles-Paul), cabaretier, pl. St-Sauveur, 7.
Froer (Georges), ouvrier bijoutier, r. Ecuyère, 19.
Frogère (dem. Rosalie), pl. Royale, 5.
Fromage (Adèle), montoir du Château, 24.
Frondière (François-Auguste-Grégoire), r. de Vaucelles, 49.
Fugère (v^e Nicolas-Théod.), m. de sel en gr., r. de Vaucelles, 61.
Furon (Jean-François), tailleur, r. des Carmélites, 4.

G

Gabrie fils, propriétaire, r. Guillaume-le-Conquérant, 12.
Gabrie (Louis-François-Pierre), fabric. de bas, r. du Gaillon, 12.
Gabriel, religieuse, r. St-Jean, 146.
Gadebleds (Jean-Baptiste-Marcel), peintre, r. St-Martin, 38.
Gallebois (Auguste), coquetier, r. St-Jean, 172.
Gallebois (Hilaire), coquetier, r. St-Jean, 229.
Gallet, débitant de cidre, r. de Falaise, 32.
Gallier-Salles (Pierre-Jacques), instituteur, r. du Vaugueux, 20.
Gallot (Jean), jardinier, r. des Muets, 2.
Galopin (Edouard), dit Filleul, r. Basse, 44.
Gamard (v^e Charles-Augustin et dem.), r. Jean-Romain, 8.
Cambier (dem. Sophie), r. Guillaume-le-Conquérant, 15.

Gambier (Louis-Pierre-François), r. Gémare, 14.
Garat jeune, marchand de balances , r. Notre-Dame, 53.
Garcelles , curé de St-Gilles , r. Ste-Anne , 15.
Garcelles fils , r. de Bretagne, 8.
Garcelles (Louis-Julien), r. Bretagne-Bourg-l'Abbé, 20.
Gardin de Classe , inspecteur des douanes, r. Guilbert, 8.
Gardin (Louis-Prosper), pl. St-Sauveur , 22.
Gardin (Auguste-Isidore), r. des Bateaux.
Garnier (François), marchand de toiles , r. des Petits-Murs, 10.
Garnier (Louis-Pierre), coquetier , r. du Moulin , 9.
Garnier (Jean-Baptiste) , cloutier , pl. St-Sauveur , 28.
Garnier (veuve Jacques), débitante de tabac, r. Pémagnie, 5.
Garnier (Jacques), maréchal, r. Graindorge , 7.
Garnier , huissier, r. Pémagnie , 18.
Garnier (Constant), à la Maladrerie.
Gassion (Eugène), conducteur , r. de la Délivrande, 24.
Gaucher (mad.), r. Vilaine , 16.
Gaudin de St-Brice (Félix), r. aux Lisses, 17.
Gaugain (Marin), r. Basse, 36.
Gaugain , ex-coquetier , r. du Four , 2.
Gaugain (Louis), jardinier , r. de Branville , 82.
Gaugain (Louis), tailleur, r. St-Jean, 201.
Gaugain (Pierre), r. des Capucins , 40.
Gaugain (Marin), r. Basse, 36.
Gaule (veuve François), coquetière, r. de Bayeux, 5.
Gaultier , employé , pl. du Château.
Gaultier (Etienne), rubannier, r. St-Jean, 147.
Gaupuceau (François-Jean-Baptiste), r. de Vaucelles , 48.
Gauthier, marchand de farine , r. du Vaugueux , 9.
Gauthier , commis marchand de vins, r. Neuve-St-Jean , 17.
Gauthier (dame vᵉ), r. Notre-Dame , 48.
Gautier (Louis-Edmond), prof. de langues, r. Guill.-le-Conq., 14.
Gautier (Jules-Samuel), r. des Carmélites , 13.
Gauthier, passementier , pl. Malherbe, 2.
Gautier-Dalechamps, marchand de dentelles , r. St-Pierre , 21.
Gautier (Simon), ex-bijoutier . r. de l'Eglise-de-Vaucelles , 5.
Gautier (Paul-Tranquille), à l'école de natation, r. Montaigu.
Gauvin (Etienne-Melchior), r. de la Boucherie, 5.
Gazel , r. Royale, 62.
Géant (François), chev. de la légion d'honneur, r. St-Etienne, 143.

Geffine (veuve), r. Ste-Paix, 44.
Geffroy (Charles-Antoine), venelle aux Chevaux, 20.
Geffroy (Edouard-Eugène), r. du Tour-de-Terre, 23.
Gelée (Noël), passementier, venelle aux Chevaux, 3.
Gelée-Boulet (Louis-Benjamin), r. Montaigu, 16.
Genoi, r Jean-Romain, 8.
Gerard (Charles), coquetier, pl. de la Mare, 3.
Germain (v°), débitante de boisson, r. Haute, 23.
Germain (François), cabaretier, r. de Lisieux, 32.
Germain (Jacques), r. St-Jean, 31.
Germain (Pierre-Charles), r. Ste-Paix, 32.
Gernez, gendarme en retraite, pl. de l'Anc.-Boucherie, 120.
Gervais, prof. de musique, r. Guillaume-le-Conquérant, 29.
Gervais (Charles-Rose), avocat, r. Pémagnie, 22.
Gervais, employé à la recette générale, r. St-Jean, 237.
Gervais fils, vitrier, r. Puits-ès-Bottes, 10.
Gervais (Pierre-François), vitrier, r. Puits-ès-Bottes, 18.
Gervais (Marie-Michel), filateur, r. Montaigu, 14.
Giard (Louis-François), tonnelier, Porte-au-Berger, 7.
Giard (v° Pierre), r. St-Laurent, 2.
Giard (v° Louis-Benardin), r. Caponnière, 27.
Giard (Louis-Eugène et dem.), r. Caponnière, 27.
Giet (Auguste), traiteur, r. St-Jean, 32.
Giffard (Pierre), revendeur de café, r. de Vaucelles, 67.
Gigon, tapissier, r. Notre-Dame, 104.
Gilbert (Pierre), pharmacien, r. Froide, 22.
Gilbert (Pierre-Louis-Alphonse), boulanger, pl. de la Comédie, 4.
Gilles, surnuméraire des contrib. indirectes, r. St-Jean, 46.
Gilles (Thomas), r. des Quais, 54.
Gilles (Jean-Jacques), fripier, r. des Croisiers, 4.
Gillette (Louis), coquetier, r. Montaigu, 7.
Giot (Jean), menuisier, r. Neuve-St-Jean.
Giot (Adolphe), cordonnier, r. Gémare, 12.
Girard (François), à la Maladrerie.
Gobillet (Jean-Jacques), épicier, venelle aux Chevaux.
Gobin (v° Louis-Michel), boulangère, r. de Vaucelles, 83.
Godard (Louis), horloger, pl. St-Pierre, 7.
Godard (Ovide), épicier, r. St-Sauveur, 31.
Godard (Eustache), ancien avoué, r. Neuve-des-Cordeliers, 6.
Godard (Victor-Amédée-Louis), anc. huissier, r. des Croisiers, 6.

Godard (Charles), r. aux Lisses , 8.
Godard (Théodore), boul. Courtonne.
Godard (Jean-Baptiste) , boulanger , r. Pavée , 93.
Godard (Charles-Ernest), r. St-Jean , 22.
Godard (Pierre-Eugène) , boulanger , r. des Quais , 38.
Godefroy (William) , anglais , r. St-Jean , 34.
Godefroy (Jean-Bapt.) fils, dir. de l'*Équitable*, r. des Capucins, 31.
Godefroy (Jean-Louis) , officier retraité, r. de Bayeux , 48.
Godefroy (Pierre-Narcisse), r. des Cordeliers, 7.
Goden (Arsène), cabaretier , passage Bellivet.
Godet (v° Pierre) , r. Basse , 95.
Godet, dit Deschamps, revendeur , r. de Vaucelles , 32.
Godillon , blanchisseur , r. de Vaucelles , 26.
Gohier, batelier, r. Montaigu, 49.
Golin (v° Pierre-Charles), r. Basse, 33.
Gombeaux (Charles-François), r. de la Fontaine, 3.
Gombeaux (Jean-Baptiste), r. de la Fontaine, 3.
Gombault (Louis-Victor), bijoutier, r. St-Jean, 37.
Gondouin (Jean-François), march. de fer, r. Guill.-le-Conq., 31.
Gons (Barthelemy), officier pensionné, r. de Vaucelles, 127.
Gonsalve (Philippe), débitant, r. St-Jean, 236.
Gonville (Jean-François), coquetier, venelle aux Chevaux, 10.
Gony (Pierre), cafetier, r. de la Fontaine, 2.
Goslin (v°), r. Guillaume-le-Conquérant, 11.
Gosse (Michel), r. Basse, 99.
Gosse (v° Charles), cabaretière, r. Formage, 1.
Gosse (Louis-Charles-René), tailleur, r. St-Jean, 257.
Gosselin, marchand de nouveautés, pl. Royale, 7.
Gosselin (v° Gilles), cour de la Monnaie, 6.
Gosselin (Antoine) jeune, r. Notre-Dame, 62.
Gosselin (Victor), marchand de bas, r. St-Etienne, 153.
Gosselin fils aîné, cirier, r. St-Pierre, 37.
Gosselin (Louis-Marin), r. des Carmes, 15.
Gosselin, marchand de blondes, r. St-Jean, 84.
Gosselin (François), r. Pavée, 132.
Gosselin, teinturier, r. St-Laurent, 9.
Gosselin (v°), r. Branville, 49.
Gosselin (Marc-François), march. de beurre, r. Graindorge, 10.
Gosselin (Jean-Baptiste), fabric. de bas, Grande-pl.-St-Gilles, 9.
Gosselin (v° Pierre), r. des Vieilles-Carrières, 26.

Gosselin (Jules-Adj.-Alf.), com. m., r. des Vieilles-Carrières, 26.
Gosselin (Edouard), cour de l'Ancienne-Halle, 7.
Gosselin (Joseph-Emmanuel), épicier, r. Gémare, 7.
Gosset (Pierre-Etienne), r. de Branville, 151.
Gosset (v⁰), vivant de son bien, r. Guillaume-le-Conquérant, 35.
Gost (Léonor), coquetier, r. St-Jean, 131.
Gost, ferblantier, r. St-Jean, 223.
Gost fils aîné, r. de Vaucelles, 98.
Gost (Augustin), mercier, r. de Vaucelles, 98.
Gost (v⁰ Joseph), r. de Branville, 84.
Gossu, inspecteur des postes aux lettres, r. Leroy, 6.
Gouabin (Jean-Fr.), chef d'escad. en retr., r. des Chanoines, 24.
Goubin (v⁰), sage-femme, r. Leroy, 10.
Goubin (mad.), sage-femme, r. Ecuyère, 38.
Goudier (Nicolas), charron, r. Bosnière, 2.
Gouet (mad.), dentellière, r. Froide, 14.
Gouit (Jean-François), cordonnier, r. du Tour-de-Terre, 23.
Gouix (Nicolas), potier d'étain, r. Notre-Dame, 103.
Gouget (Eugène-Edouard), marchand de sabots, r. Hamon, 3.
Goujon, cartonnier, r. des Petits-Murs, 8.
Goujon (dem.), cabinet littéraire, pass. Bellivet, 27.
Goujon (François-Edmond), r. des Chanoines, 19.
Goujon (Sophie), r. St-Anne, 13.
Goulard, linger, r. Froide, 25.
Goulay (François-Victor), débitant de cidre, r. St-Sauveur, 26.
Gouley, tarcur, r. des Croisiers, 6.
Gouley (Jean-Hippolyte), r. de Bayeux, 48.
Gouley (Exupère), r. St-Etienne, 118.
Goupil de Prefelm, avocat-général, r. St-Julien, 8.
Goupil (Pierre), coquetier, pl. de la Comédie, 7.
Goupil (Henriette), r. St-Jean, 128.
Goupil (François), marchand de vins, r. St-Jean, 35.
Goupy (Frédéric-Louis), traiteur, r. aux Namps, 3.
Gourbin, professeur au Collége, pl. St-Sauveur, 33.
Gournay, ex-fabricant de bas, r. St-Julien, 14.
Gournay-Sorel (Noël), fabricant de bas, r. du Vaugueux, 28.
Gournay (v⁰), r. St-Manvieu.
Gournay (Jacques), épicier, r. St-Etienne, 118.
Gournay (v⁰ Robert), r. Hamon, 8.
Goussiaume (Pierre-Amand), mégissier, imp. de la Boucherie, 2.

Grachard (Pierre), r. au Canu, 18.
Graindorge (Eugène), débitant d'eau-de-vie, r. St-Martin, 63.
Granderie, ouvrier menuisier, r. de Vaucelles, 79.
Granderie (Amédée), r. de Branville, 21.
Grand-Fils (Jean-Baptiste), r. St-Julien, 20.
Grand (dem.), r. St-Julien, 20.
Grandguillot (Marie), coquetière, r. de la Marine, 5.
Grangé (Charles), r. Neuve-St-Jean, 52.
Graperon (Jean-Baptiste-Léon), épicier, r. du Moulin, 6.
Garpin, employé du génie, pl. St-Sauveur, 25.
Grad (Etienne) fils, facteur de diligence, r. St-Jean, 87.
Graverand, concierge du tribunal civil, pl. St-Sauveur.
Gravier-Cousin, épicier, r. Ecuyère, 14.
Gravrand-Collet (Jacques-François-Urbain), r. St-Jean, 62.
Greffin (Charles), marché au Bois, 15.
Grégoire (Henri), mégissier, r. au Canu, 12.
Grelley (Denis), mercier, pl. St-Pierre.
Grelley (François), couvreur, r. des Carrières-St-Gilles.
Grenier (v° et dem. Jean-Jacques), r. Gémare, 6.
Grenier (Pierre) fils, menuisier, r. Bosnière, 17.
Grenier (Urbain), charpentier, r. du Vaugueux, 35.
Grenier (François-Alexandre), r. du Vaugueux, 35.
Grente (Louis), coquetier, r. des Carrières-Neuves, 19.
Grenthe, ancien domestique, r. Froide, 43.
Griffon (Bon-Jean-François), pl. Royale, 15.
Grillat, employé aux contributions indir., r. Notre-Dame, 48.
Grimaud (Amand), coquetier, r. Froide, 39.
Grimbert (François-Romain), charcutier, pl. St-Pierre, 11.
Grimoult (v°), coquetière, r. de Vaucelles, 42.
Grippont (Louis), débitant d'eau-de-vie, r. du Vaugueux, 21.
Gripray, débitant d'eau-de-vie, r. au Canu, 58.
Griset, commis-principal des douanes, imp. Gohier, 4.
Groignard (mad.), propriétaire, r. St-Jean, 85.
Groignard, contrôleur des contributions ind., r. St-Jean, 86.
Grosas (Jacques), r. des Capucins, 52.
Grosas (Jacques-Alex.-Constant), tailleur, r. des Capucins, 58.
Groscol (Félix), chef de bureau à la préfecture, r. Montaigu, 41.
Groscol (Jean) fils, employé à la préfecture, r. de la Comédie, 2.
Groscol (Jean-Jacques), r. de la Comédie, 2.
Grosos (v°), dite Chapelle, r. de Falaise, 86.

Grouet, curé de St-Ouen, r. des Capucins, 94.
Grouet (Gabriel), r. Basse, 61.
Grouet (Casimir), ex-boulanger, r. Ste-Paix, 60.
Grouet (Jean-Jacques), r. Ste-Paix, 55.
Grouet (Julien), r. Coupée, 17.
Grouet (Jean-François), r. Notre-Dame, 82.
Groult (Urbain), épicier, r. St-Pierre, 27.
Groult (Samuel), tourneur, r. des Capucins, 92.
Groult (Jean-Baptiste), marchand de meubles, r. Caponnière, 14.
Groult (René), cultivateur, r. de Bayeux, 58.
Groult (Jean-François-Victor), r. Ste-Paix, 72.
Groult (Joseph), marchand de fagots, r. des Bateaux.
Gruet, directeur des contribut. indirectes, r. Neuve-St-Jean, 50.
Gruet (Constant-Joseph), employé des contributions indirectes,
    rue Neuve-Saint-Jean, 50.
Grusse-Daigneaux, r. des Quais, 96.
Guerard-Lemaître (Auguste-Denis), quincaillier, r. de Bayeux, 1.
Guerard-Deslauriers (Eug.), marc. de parapluies, r. de Bayeux, 1.
Guerard (dem.), r. de Branville, 66.
Guerard-Deslauriers (Charles), quincaillier, pont St-Pierre, 8.
Guerard (Pierre-Aug.), march. de vins, r. des Petits-Murs, 10.
Guerard (Jean-Baptiste), march. de dentelles, r. Notre-Dame, 52.
Gueret-Desnoyers père et fils, pl. Royale, 4.
Guerin (Charles), horloger, r. St-Martin, 21.
Guerin, principal du collége de Coutances, r. aux Lisses, 19.
Guerin (Jacques), toilier, à la Folie.
Guérin (ve Jean-Bernard), r. Ste-Paix, 72.
Guerin (Henri), débitant d'eau-de-vie, r. Graindorge, 9.
Guerin (ve), r. de Vaucelles, 69.
Guerin, cabaretier, r. des Carmes, 59.
Guerin (Alexandre-Henri), pharmacien, r. St-Pierre, 41.
Guerin (Thomas), débitant de cidre, r. Pémagnie, 7.
Guerin (dame), née Gervais, r. des Cordeliers, 1.
Guerin (Gilles), r. Froide, 20.
Guernet (François), coquetier, r. du Vaugueux, 56.
Guérnier (dame Charles-Victor) née Poulain, r. Caponnière, 2.
Gueroult, r. St-Ouen, 22.
Gueroult (ve Pierre), à la Folie.
Gueroult (ve), r. de Geôle, 30.
Gueroult, vivant de son bien, r. St-Jean, 100.

Gueroult-Delavigne (François), r. St-Jean, 50.
Gueroult (v^e Pierre-Paul), r. Notre-Dame, 57.
Gueroult (v^e Guillaume), tripière, r. Froide, 28.
Gueroult (Paul-Théodore), tourneur en bois, imp. Gohier.
Guerrier (Denis), professeur de chant, r. des Carmélites, 5.
Guesdon (Prosper), r. de la Préfecture, 3.
Guesdon, militaire retraité, r. St-Jean, 174.
Guesnon (Louis), dégraisseur, r. de Geôle, 24.
Guesnon (Jean-Baptiste), coquetier, à la Maladrerie.
Guibaud (dame), r. des Quais, 56.
Guilbert, tailleur, r. de l'Odon, 15.
Guilbert, employé au greffe du tribunal civil, r. des Croisiers, 6.
Guilbert (Pierre), tourneur, r. des Croisiers, 6.
Guilbert (Henri-Joachim), épicier, r. du Moulin, 1.
Guilbert, lessivier, r. St-Jean, 261.
Guilbert (Augustin-Franç-Michel), banquier, r. de Bernière, 12.
Guilbert (Louis-Joachim), boucher, r. de Vaucelles, 46.
Guilbert (Jean-Baptiste), cordonnier, r. Branville, 10.
Guilbert (v^e et dem.), r. St-Julien, 3.
Guilbert (Jean-Pierre), r. St-Nicolas, 106.
Guilbert, vivant de son bien, r. Guillaume-le-Conquérant, 27.
Guilbert (Alexandre), ouvrier tanneur, r. Pavée, 132.
Guilbert, coquetier, r. de Bretagne-Bourg-l'Abbé, 20.
Guilbert (Casimir-Arsène), cabaretier, r. du Pont-Créon, 19.
Guilbert (Pierre-Amand), marchand de vins, à la Maladrerie.
Guillemin (Pierre-Victor), débitant de cidre, r. du Pavillon, 11.
Guilland, receveur des domaines, r. de la Chaîne, 7.
Guillard, conservateur du Musée, r. du Havre.
Guillard (Edouard), coquetier, r. St-Jean, 167.
Guillard (v^e François-Pierre), r. St-Jean, 110.
Guillard (François) et fils et dem., r. de Bernière, 9.
Guillard (v^e François), r. de Vaucelles, 122.
Guille (François), cabaretier, r. St-Jean, 257.
Guille, peintre, r. du Havre.
Guillemette (Julien), loueur de chevaux, r. St-Jean, 100.
Guillemette (Gilles), cabaretier, quai de Juillet.
Guillemette, serrurier, r. Froide, 14.
Guillet (Jean-Pierre-Charles), boucher, r. St-Jean, 131.
Guilmin (André), épicier, r. Guillaume-le-Conquérant, 12.
Guillon (Emmanuel), marchand de vins, r. Froide, 41.

Guillot (v°), née Caille des Fontaines, r. de Bayeux, 18.
Guillot (Théodore), dit Dupré, perruquier, r. Caponnière, 22.
Guillot, mégissier, r. des Capucins, 41.
Guillot, professeur à l'Ecole Normale, r. Guill.-le-Conq., 29.
Guillot (Alexandre), perruquier, montoir de la Poissonnerie, 2.
Guillot (Pierrre-Charles), boucher, r. St-Jean, 213.
Guillotte (v°), serrurière, r. Jean-Romain, 11.
Guillouet (Léon), marchand de fils, r. Jean-Romain, 2.
Guillouet (Pierre), pl. St-Gilles.
Guillouet (François), dit Poulot, à la Maladrerie.
Guillouet (Aimable), ouvrier cordonnier, à la Maladrerie.
Guin (Charles-Simon), r. Pavée, 136.
Guincestre, march. et fab. d'ornem. d'église, r. du Vaugueux, 30.
Guermane, r. Puits-ès-Bottes, 26.
Guittière, recev. des contrib. indi., r. de la Prairie-St-Gilles.
Guiton aîné et Jean, marchands de draps, r. St-Pierre, 19.
Guy, architecte de la ville, r. Singer, 11.
Guy (v° François), impasse Gohier, 1.
Guy (Pierre-Victor), boulanger, r. St-Jean, 149.

H

Halbique (v° Louis), r. St-Jean, 46.
Halbique (Louis-André), pharmacien, r. St-Jean, 46.
Halbique, r. de Falaise, 94.
Halbot (Jean-Claude), r. Guilbert, 23.
Halley, marchand de nouveautés, pl. Royale, 7.
Halley (Jean-Baptiste), r. du Marais, 1.
Halley (v°), r. de l'Oratoire, 4.
Halley (dem.), r. St-Jean, 241.
Halley fils, marchand de chevaux, r. Frementel, 11.
Halley, maître de pension, r. des Quais, 30.
Halley (Théophile), boulanger, r. d'Auge, 82.
Hallot (Léonard), teinturier, r. Caponnière, 17.
Hallot, employé, r. St-Jean, 74.
Hallot (v°), r. Guilbert, 24.
Halward, ministre protestant, r. St-Julien, 3.
Hamard (dem. Jeanne), venelle St-Martin, 8.
Hamard-Lebreton (François-Maurice), r. Froide, 35.
Hamel (Jean-François), coquetier, r. des Teinturiers, 8.

Hamel (Marc-Louis), coquetier, Grande-pl.-St-Gilles, 12.
Hamel (ve Pierre), r. Puits-ès-Bottes, 1.
Hamel (Arsène), revendeur, venelle Buquet, 6.
Hamel, bourrelier, pl. de l'Ancienne-Poissonnerie, 1.
Hamel (Pierre), ouvrier corroyeur, pl.de l'Anc.-Poissonnerie, 18.
Hamel (Françoise), femme Deschamps, r. Ste-Paix, 63.
Hamel (Pierre-Marin), r. de Vaucelles, 90.
Hamel jeune, perruquier, r. de Vaucelles, 104.
Hamelet (Denis-Thomas), r. St-Jean, 224.
Hamelet, chirurgien-major retraité, r. de Vaucelles, 15.
Hamelin-de-Courcelles, teinturier, r. Ecuyère, 36.
Hamelin (ve Noël-Jean-François), r. Vilaine, 6.
Hamelin, revendeur, Champ-de-Foire, 23.
Hamelin (Joseph-Victor), à la Maladrerie.
Hamon (Thomas), à la Maladrerie.
Hamon (Jean-François), cabaretier, r. de Falaise, 61.
Hamon (Pierre-Auguste), tisserand, r. Ste-Paix, 18.
Hamon (Constantin), r. Ste-Paix, 18.
Hamon (Pierre-François), r. des Quais, 44.
Hamon (ve), commis de négociant, r. St-Jean, 247.
Hannotin-Lemaréchal, sellier, r. St-Jean, 176.
Haquette (Edouard), directeur du spectacle, Champ-de-Foire.
Harang, cafetier-restaurateur, venelle aux Chevaux, 29.
Harang (ve), pl. St-Sauveur, 22.
Harang (Sophie), femme Alexis, boulangère, r. de Vaucelles, 64.
Haraut (dame ve), r. des Carrières-St-Gilles, 11.
Hardel (Aimable-Augustin), imprimeur-libraire, r. Froide, 2.
Hardienne, ouvrier horloger, r. des Quais, 52.
Hardouin aîné, r. St-Jean, 223.
Hardouin (Jean-François), épicier, r. St-Martin, 39.
Hardouin (André), horloger, cour du Collége.
Hardouin (ve), r. Caponnière, 16.
Hardy (Adolphe), marchand de toiles, r. Notre-Dame, 46.
Hardy, vétérinaire, r. Ecuyère, 33.
Hardy (Charles-Jacques-Louis), r. St-Martin, 55.
Hardy (Jean), maréchal, r. de Vaucelles, 59.
Hardy (Mathieu), revendeur, r. de l'Oratoire, 11.
Hardy (François), forgeron, r. de la Marine.
Harel (dame), r. des Carmes, 5.
Harel (ve), r. de la Prairie-St-Gilles, 1.

Harel, bouquiniste, r. Ecuyère, 46.
Harel Jacques (v°), r. Notre-Dame, 78.
Harivel (Jean), r. Notre-Dame, 79.
Haron (Romain), architecte, r. des Jacobins, 44.
Hartel (Louis-Dominique), march. de paille, r. Bicoquet, 18.
Hartois (François), tonnelier, r. St-Jean, 186.
Hastain (Guillaume-Pierre-Adolphe), avoué, pl. St-Sauveur, 26.
Hastain, empl. chez M. le commiss. de marine, imp. Gohier, 2.
Haulard-Labrière (Charles), march. de dentelles, r. St-Jean, 162.
Haupoix (Michel), venelle aux Chevaux, 22.
Haupoix, débitant, quai de juillet.
Hauttement fils, r. des Chanoines, 12.
Havard, chaudronnier, r. St-Etienne, 112.
Havard (Pierre), ouvrier charron, r. de Rouen, 13.
Hayet (Fr.-Guillaume), maréchal, r. des Teinturiers, 12.
Hayaert (Jean-Baptiste), cap. de gend. en retraite, r. Haute, 2.
Hayot-Heudiard, sellier, r. Ecuyère, 50.
Hazard (dame), r. St-Jean, 93.
Hébert (Marie-Anne-Virginie), blanchisseuse, r. Ste-Paix, 75.
Hébert, gendre de M. Soutivier, pont St-Pierre, 1.
Hébert (v°), r. Puits-ès-Bottes, 6.
Hébert (v° Jean-Baptiste-Thomas-Gabriel), r. de Geôle, 34.
Hébert (dem.), r. de Geôle, 23.
Hébert (François) fils, bourrelier, r. aux Lisses, 27.
Hébert (François), r. St-Pierre, 75.
Hébert fils, r. de la Boucherie, 7.
Hébert (François), plâtrier, r. de la Préfecture, 18.
Hébert (Auguste-François), maçon, r. des Fiefs, 57.
Hébert (v° Julien), r. de Bayeux, 59.
Hébert (Jacques-Marin), huissier, pl. St-Martin, 4.
Hébert de Montigny fils, r. de Vaucelles, 11.
Hébert, journalier, r. d'Auge, 16.
Hébert (dem.), pl. St-Pierre, 20.
Hébert (Edouard), serrurier, r. Neuve-St-Jean, 38.
Hébert (Hercule-Ferdinand-Théodore), r. Neuve-St-Jean, 58.
Hébert (Jean), cabaretier, à la Maladrerie.
Hédiard (Bernard), marchand forain, r. du Moulin, 6.
Hediard (Robert-François-Frédéric), r. de Vaucelles, 23.
Hedon, avoué, r. Guillaume-le-Conquérant, 29.
Hédouin, empl. des contrib. indirectes, r. Hamon, 6.

Hédouin , avoué , pl. St-Sauveur , 8.
Hélain (Pierre), coquetier , r. St-Jean , 201.
Hélaine (Jean-Baptiste) , r. Notre-Dame, 119.
Hélie (Anne-Françoise) , r. des Quatre-Vents , 7.
Hélie (Laurent-Joseph) , r. de la Préfecture , 26.
Hélin (Jean-Eustache), capitaine en retraite , r. St-Sauveur , 47.
Hellaine (Pierre) , r. des Jacobins , 6.
Helland (v⁰ Jean-Pierre), r. Calibourg , 1.
Helland fils , r. des Capucins , 10.
Hellouin (Michel), aubergiste, r. Caponnière , 19.
Hellouin (v⁰ Jacques), boulangère , r. Branville, 12.
Hélouis , cordonnier , pl. St-Pierre , 6.
Hémery , aubergiste , r. de Vaucelles, 7.
Hemmery (Homère), coquetier , r. de Geôle, 15.
Henry, commis négociant , r. du Havre.
Henry (v⁰), r. du Havre.
Henry-Paisant, commissionnaire de roulage , r. St-Jean , 122.
Henry (v⁰), mercière , r. Froide, 17.
Henry (Louis), chaudronnier, r. St-Laurent, 8.
Henry, teinturier-dégraisseur , r. Hamon , 18.
Henry, marchand de draps ; r. St-Pierre , 24.
Henry , serrurier , r. Notre-Dame , 123.
Héot (Jean-Georges), ex-avoué , r. St-Julien , 12.
Héran (Jean-François), r. d'Auge, 107.
Hérault (Alex.-Gustave), ingén. en ch. des mines, r. Pémagnie, 19.
Hericy (Pierre-Guillaume-Alexandre), serrurier, r. St-Nicolas, 67.
Heriot (v⁰) , r. Bosnière , 23.
Hergaie (Denis) , coquetier , r. St-Jean, 43.
Hermerel (Hippolyte), venelle Campion, 7.
Hermerel (Thomas-Victor) , tourneur , r. des Teinturiers, 21.
Héron (v⁰ Julien) , r. de Vaucelles, 31.
Héron (Ange-Désiré) , commiss. de roulage, r. de Vaucelles, 31.
Herrier (Jean-Marin) , cabaretier , r. Basse, 14.
Herrier (Pierre-François) , badestamier , r. du Ham , 16.
Herville , ouvrier teinturier , r. des Teinturiers , 21.
Herville (dem.) , vivant de son bien , r. de la Mare , 15.
Herville, ouvrier filateur , r. Ste-Paix , 28.
Hervieu (Pierre-Frédéric-Auguste), r. aux Lisses , 1.
Hervieu (Jean-Jacques) , débitant de cidre , r. de Falaise , 76.
Hervieu , clerc de notaire, pl. St-Sauveur, 16.

Hervieu, lessivier, r. Pailleuse, 21.
Hervieu, metteur en œuvres, r. Notre-Dame, 88.
Hervieu (dem. Marguerite), r. Gémare, 18.
Hesnard (v° Jean-Gabriel), r. Branville, 64.
Hesnard (dem.), mercière, r. Froide, 13.
Hetier (Charles-Claude), ex-huissier, r. de Geôle, 38.
Hettier, directeur de l'assurance *Mutuelle*, r. St-Jean, 79.
Hettier (Claude-Jean-Baptiste) fils, revendeur, Ch.-de-Foire, 21.
Hettier, r. Pavée, 134.
Hettier (François), marchand-poulaillier, à la Maladrerie.
Hioster (Jacques-Henri), doubleur de coton, r. Ste-Paix, 29.
Hilaire, au bureau du *Pilote*, pl. St-Sauveur, 22.
Hillon, anglais, r. de Branville, 1.
Hivelin, inspecteur de l'assurance mutuelle, r. St-Jean, 182.
Hofdienne, avocat, r. des Croisiers, 18.
Holzman (Joseph et v°), marchands de bas, r. de l'Oratoire, 6.
Hommais (Pierre-Vict.), com. march. de bas, r. de Bosnière, 15.
Homo, tailleur d'habits, r. Froide, 10.
Homo fils, ouvrier typographe, r. aux Namps, 12.
Homo (Jean-Baptiste), à la Maladrerie.
Honsick, marchand tailleur, r. Notre-Dame, 42.
Horie de Beaucain, lieut.-col. retraité, r. des Chanoines, 26.
Horion (v° Jean-Louis), r. des Croisiers, 1.
Houard, peintre en bâtiment, r. des Jacobins, 32.
Houel (Pierre), boucher, r. du Vaugueux, 1.
Houel, entrepreneur, r. St-Manvieu.
Houlier, instituteur, r. St-Laurent, 9.
Houllier, avoué, r. Gémare, 8.
Houssay (Adèle-Elisabeth), r. Guilbert, 11.
Houssaye (femme), r. Basse, 15.
Housset (Casimir), contrôleur des contrib. dir., r. de Geôle, 33.
Houtain (Pierre-Jean), pâtissier, r. Ecuyère, 14.
Houvert (Emmanuel), plâtrier, r. du Vaugueux, 10.
Hoybel (v° Louis-François) et fils, r. d'Auge, 32.
Huard (dem.), r. du Moulin, 1.
Huard (Louis-Antoine), marchand de papiers, r. St-Etienne, 124.
Hubert-Blondel, entrepreneur des bains, r. des Petits-Murs, 16.
Hubert-Desnoyers (Louis-H.-Dau.), coquetier, r. de Bayeux, 62.
Hubert, cond. de travaux, pl. de l'Ancienne-Boucherie, 39.
Hubert, militaire retraité, r. aux Lisses, 32.

5

Hubert-Descotils (Hector), r. aux Lisses, 28.
Hubert (François), fabricant de dentelles, r. Basse, 18.
Hubert (Louis-Charles), pl. St-Pierre, 5.
Hubert (Ch.-Franç.), march. de fils et rubans, pl. St-Pierre,
Hubert (Paul), journalier, r. Ste-Paix, 57.
Hubie (Marc-Antoine), chapelier, r. de Vaucelles, 29.
Hubie fils, épicier, marché au Bois, 2.
Huble (Pierre-Léonard), r. de Falaise 76.
Hubie (v° Jean-Baptiste), r. St-Pierre, 35.
Huby (Léonard), fabri. de chandelles, épicier, r. St-Pierre, 35.
Huby (Philippe), marché au Bois, 2.
Huby (Alphonse-Charles), marché au Bois, 2.
Hue (Etienne), bourrelier, r. de Vaucelles, 45.
Hue (Paul), r. des Jacobins, 2.
Hue (Alexandre), perruquier, r. St-Jean, 122.
Hue (Victor), propriétaire, r. St-Jean, 71.
Hue, débitant, quai de Juillet.
Hue (Philippe-Léonard), vérific. de l'enreg., r. aux Lisses, 20.
Hue (Etienne) fils, épicier, r. du Vaugueux, 14.
Hue (Jean-Frédéric), bourrelier, r. du Vaugueux, 7.
Hue de Prébois (v°), rentière, pl. St-Sauveur, 15.
Hue (Pierre-Louis), cabaretier, ven. aux Chevaux, 9.
Hue (Flavien), r. Notre-Dame, 54.
Hue (Arsène), chapelier, r. St-Pierre, 5.
Hue (Alexandre), épicier, r. Gémare, 8.
Hue (Simon-Marie), r. St-Jean, 50.
Huet (Charles-François), cabaretier, r. St-Pierre, 12.
Huet (v° Jacques), r. Notre-Dame, 76.
Huet-Cabourg, libraire, pl. St-Pierre.
Huet (v° Denis), r. Ecuyère, 12.
Huet (François), ferrailleur, r. d'Auge, 24.
Huet, dit Leblanc, couvreur, r. St-Jean, 74.
Huguet (François), boulanger, cour de la Monnaie, 2.
Huguot (Félix), serrurier-mécanicien, r. des Carmélites, 18.
Huillard (Jean-Ber.), empl. à la préfecture, r. de la Préfecture.
Hulery (Louis-François-Henri), tailleur, r. des Quais, 10.
Hurel (Jean-François-Sébastien), r. Neuve-St-Jean, 30.
Hurel (Augustin), menuisier, r. Neuve-St-Jean, 34.
Hurel, chaudronnier, r. d'Auge, 66.
Hurel (Théophile), huissier, r. Pémagnie, 1.

Huvet (Jacques-Mathias), ven. Haldot, 5.
Hyppert, garde d'artillerie, au Château.

I

Isabel (Nicolas), coquetier, r. Froide, 26.
Isabell, ébéniste, r. St-Jean, 74.
Isabelle (dem.), blanchisseuse, r. du Moulin, 14.
Isabelle (v° Pierre), r. des Carmélites, 11.
Isabelle (Armand), cafetier, r. de Bernière, 3.

J

Jacquelin (Louis-François-Désiré), ferblantier, r. Froide, 53.
Jacquelin (Charles), r. du Havre.
Jacquemeston (v° Jean-Pierre), fact. de dent., r. de Falaise, 2.
Jacquemont (v° Jacques-Franç.), m. de papiers, r. de Geôle, 14.
Jacquet (Pierre-François), r. Neuve-St-Jean, 27.
Jacquot (Pierre) père, ex-horloger, ven. Marboue, 4.
Jacquot (Gosselin), confiseur, r. St-Jean, 113.
Jacquot (Gustave), horloger, pas. Bellivet.
Jalley (Jean-Jacques), cafetier, r. St-Pierre, 43.
Jalliet, perruquier, r. des Jacobins, 5.
Jamard (dem.), r. Pailleuse, 9.
Jamard (Jean-Baptiste), r. St-Jean, 207.
Jame (v° Pierre-François), r. Bicoquet, 32.
James, piqueur de cartes, r. Notre-Dame, 38.
James (Michel-François), r. Neuve-St-Jean, 23.
James (dame), ouvrière, r. Neuve-St-Jean, 52.
James (v° Dominique), r. St-Jean, 237.
James (Jean-François-Casimir), banquier, r. de Bernières, 10 b.
James (Julien-Félix-Benjamin), grènetier, r. St-Sauveur, 45.
Jamet (Jean-Louis), chaudronnier, pl. Malherbe, 2.
Jamet, surveillant au collége, r. Guillaume-le-Conquérant.
Jamet (l'abbé) neveu, r. des Capucins, 55.
Jamet (Jean-Baptiste), horloger, pl. St-Pierre, 8.
Janmard, direct. des contrib. directes, r. Jean-Romain.
Jaoul (Eugène), revendeur, Champ-de-Foire, 3.
Jaquet (Pierre), r. Guerrière, 14.
Jardin (Pierre), forgeron, r. Graindorge, 6.

Jardin (Jean-Charles-Alexandre), r. Graindorge, 6.
Jardin (Isidore), journalier, Petite-Pl.-St-Gilles, 3.
Jardin (Pierre-Louis), teinturier, r. de Geôle, 11.
Jardin fils ainé, pl. Royale, 17.
Jardin (Auguste), propriétaire, pl. Royale, 17.
Jardin (dem. Joséphine), teinturière, r. des Quais, 52.
Jardin, menuisier, r. des Carmes, 15.
Jardin, supérieur du petit séminaire, r. Frementel, 6.
Jardin, direct. d'un bureau d'escompte, r. St-Jean, 142.
Jardin (Léon), r. des Jacobins, 26.
Jardin (Jacques), journalier, r. Ste-Paix, 53.
Jardin (Arsène) fils, r. Ste-Paix, 55.
Jardin (vᵉ Eugène-François), r. de Bretagne, 33.
Jardin (Arsène), boulanger, pl. St-Sauveur, 7.
Jardin (Guy), avoué, r. St-Sauveur, 45.
Jardin (Jean-Pierre), r. des Cordeliers, 4.
Jariel (Jacques-Marie), débitant de cidre, r. Basses, 11.
Jarry (Arsène), ébéniste, r. de Vaucelles, 94.
Jarry (vᵉ Toussaint), revendeuse, r. Montaigu, 1 bis.
Jean Delalande, r. St-Martin, 46.
Jean (Pierre-Charles) dit Dumaine, r. de Bayeux, 24.
Jean (François), coquetier, montoir de la Poissonnerie, 3.
Jean (Jacques), r. du Vaugueux, 39.
Jean (vᵉ Simon), Grande-Place-St-Gilles, 1.
Jean (Jacques), maçon, r. des Carrières-St-Gilles, 23.
Jean (Pierre), pharmacien, r. Notre-Dame, 68.
Jean, officier retraité, r. St-Jean, 92.
Jeanmaire (Paul-Amand-Louis-Dominique), mécan., r. Royale.
Jeanne (Guillaume), dit Trempin, cordonn., r. des Jacobins, 8.
Jeanne (Thomas), débitant de cidre, r. des Jacobins, 24.
Jeanne, bonnetier, r. de l'Oratoire, 23.
Jeanne (Louis), march. cordonnier, r. St-Jean, 155.
Jeanne (Jean-Baptiste), r. Basse, 41.
Jeanne (Jean-Jacques), r. du Vaugueux, 6.
Jeanne (Jean-Baptiste), tonnelier, ven. Buquet, 4.
Jeanne (Pierre-Louis), cafetier, marché au Bois, 13.
Jeanne (Pierre-Hippolyte), coquetier, r. Caponnière, 9.
Jeanne, dit Valence, charron, r. de Bayeux, 9.
Jeanne (Jean-Baptiste), dit Valence, r. St-Sauveur, 11.
Jeanne (Jean-Jacques), r. des Croisiers, 18.

Jehanne (Adolphe), fabr. de bas, ven. aux Chevaux, 4.
Jemger (dame), r. Montaigu, 10.
Jennet, trésorier de la marine, r. Haute, 6.
Jeumelle, cabaretier, r. du Pavillon, 21.
Jhonston, anglais, r. de Bretagne-Calix, 20.
Joames, dit Mausselin, empl. de la préfect., r. des Croisiers, 15.
Jobert (Edme-Louis) fils aîné, r. Guilbert, 18.
Jobert (v° Pierre), r. de la Fontaine, 4.
Jolivet de Colomby (dem.), r. des Cordeliers, 2.
Joret (Thomas), passementier, r. St-Sauveur, 32.
Joselle, greffier en chef de la cour, pl. St-Martin, 14.
Jouan (Louis-François), tonnelier, mont. de la Poissonnerie, 18.
Jouan (Frédéric), dit Lafontaine, tonnelier, r. des Capucins, 33.
Jouanne (dem.), r. Ste-Paix, 74.
Jouanne (Jean-Laurent) aîné, r. de Branville, 98.
Jouanne (v°), r. de Vaucelles, 29.
Jouanne-Duval, fabricant de bas, r. Notre-Dame, 57.
Jouanne, remonteur de métiers à bas, r. St-Jean, 205.
Jouanne (v°), marchande de modes, r. de l'Oratoire, 4.
Jouanne, directeur de l'école de musique, r. de l'Oratoire, 11.
Jouanne (v°), r. de l'Oratoire, 11.
Jouault (Rolland), mercier, r. St-Etienne, 145.
Jouay (Clément), r. des Carrières-St-Gilles, 5.
Jouenne, marchand de blondes, ven. aux Chevaux, 1.
Jouin (Auguste), marchand de dentelles, r. de l'Hôtel-de-Ville, 24.
Jouin fils et Pierre, r. de l'Eglise-de-Vaucelles, 14.
Jouin (François-Constant), marchand de blondes, r. Pailleuse, 5.
Jouis (Eugène-Henri-Louis), r. Froide, 21.
Jouquet, cabaretier, pl. Malherbe, 2.
Jourdain (Jacques-Félix), mégissier, imp. de la Boucherie, 1.
Jourdain (François-Michel), cabaretier, pl. Malherbe, 2.
Jourdain (Jacques), fabricant de bas, r. Basse, 46.
Jourdain (François), r. de Vaucelles, 27.
Joyau (François-Augustin), avocat, pl. St-Sauveur, 27.
Juel (Louis-Constant), fabricant de boutons, à la Maladrerie.
Jugan (François), marchand forain, imp. Gobier, 5.
Jules, coiffeur, r. de l'Oratoire, 20.
Julien (Lambert), r. aux Lisses, 46.
Julien (François), conducteur, r. de la Masse.
Julien (v° Louis), r. St-Malo, 9.

Julienne (dem.), débitante de cidre, r. de Caen, 26.
Julienne (v^e), r. des Capucins, 108.
Julienne (Jean-Victor), couvreur, r. des Capucins, 108.
Julienne-Ducouray, ancien avoué, r. des Cordeliers, 3.

K

Kunan (dame), marchande de dentelles, r. du Moulin, 20.
Kergosien (Pierre), fabricant de bas, r. des Capucins, 24.
Keriel, garde du génie, au Château.
Kirk (Daniel), fabricant de picot, r. St-Jean, 194.
Kirk, anglais, r. de Vaucelles, 1.
Klein (dem.), r. de l'Oratoire, 27.

L

Laballe (Jacques), boulanger, r. St-Jean, 60.
Labarre (v^e), dentellière, r. St-Jean, 216.
Labaste, revendeur, r. des Sables, 6.
Labastière (v^e), pl. Royale, 2.
Labatte (dame), lingère, r. des Petits-Murs, 4.
Labatte, cordonnier, r. St-Jean, 155.
Labatté (dame), r. St-Nicolas, 73.
Labbé-Valette (Pierre-Emm.-Ange) et dame, r. de l'Abbatiale, 2.
Labbé (François), cabaretier, r. Ste-Paix, 78.
Labbé (Pierre-Modeste), r. des Chanoines, 22.
Laberge (Jean-Baptiste), marchand de meubles, r. Froide, 12.
Laberge (Marguerite), r. Caponnière, 17.
Labignetière (dame), r. des Capucins, 55.
Labour, maître maçon, r. Guerrière.
Labrousse (Louis), cafetier, r. de Vaucelles, 27.
Lachesnée, épicier, r. Pémagnie, 6.
Lachesnée (Antoine-Jacques), carrier, à la Maladrerie.
Lachevalerie (v^e Jean-Louis), r. Pémagnie, 23.
Lachouquais (v^e), r. des Chanoines, 13.
Lacoste (dame), r. St-Jean, 216.
Lacour-Drieu (Jean-Charles), r. St-Jean, 203.
Lacour-Grainville (v^e), r. de Geôle, 60.
Lacour (Marie-Anne), débitante de cidre, r. Ste-Anne, 18.

Lacour (Jean-Baptiste), fabricant de bas, r. du Gaillon, 18.
Lacour (v° Mathieu), r. St-Jean, 227.
Lacroix, officier retraité, r. St-Laurent, 16.
Lacroix cantonnier, r. au Canu, 8.
Laffetey (v° Paul-Henri), épicière, r. Formage, 15.
Laffetey (dem. Eugénie), r. des Carmes, 56.
Lafite, commis de négociant, r. de la Comédie, 7.
Lafond (v°), imp. Gohier, 2.
Lafont, jardinier, porte au Berger, 11.
Lafontaine (Jean-Baptiste-Michel-Guillaume), pl. de la Mare, 2.
Lafontaine (Félix), cafetier, ven. St-Blaise, 1.
Lafontaine (Etienne), marchand de laine, r. Gémare, 2.
Lafontaine (Marcellin), r. St-Pierre, 39.
Lafontaine (dem.), blanchisseuse, r. St-Laurent, 16.
Laforest (v°), r. St-Jean, 141.
Lafosse, marchand d'habits, r. St-Jean, 34.
Lafosse (Prosper) jeune, médecin, r. de la Préfecture, 3.
Lafosse, r. de Bayeux, 37 bis.
Lafoyé (Auguste), à Couvrechef.
Lagniel (Charles), chapelain à l'Hôtel-Dieu, r. Haute.
Lagouelle (v° Pierre-François) et fils, pl. Royale, 1.
Lagouelle (Paul-Donat), maîtresse d'hôtel, pl. Royale, 1.
Lagrange (v° Etienne), r. Ste-Paix, 33.
Lahaye (Paul), fabricant de dentelles, pl. Royale, 6.
Lahaye, employé au collège, r. de l'Odon, 12.
Lahoussaye (dem.), r. Guilbert, 24.
Lahousse (dem.), r. St-Jean, 44.
Lahousse (Félix), boulanger, à la Maladrerie.
Laigle (Nicolas-Pierre), aubergiste, venelle Buquet, 3.
Lainé-Deshaye (v°), montoir du Château, 24.
Lainé-Deshaye, conseiller à la cour, mont. du Château, 24.
Lainé (Marie-François), femme Lepaisant, r. St-Etienne, 145.
Lainé (v°), r. Bagatelle, 12.
Lainé (Jean-François), coquetier, r. Caponnière, 17.
Lainé fils, r. des Carmes, 19.
Lair (Georges), boulanger, r. St-Jean, 288.
Lair (Charles-Léon), directeur des bains, r. des Jacobins, 46.
Lair (Pierre) aîné, conseiller de préfecture, pl. St-Jacques, 6.
Lair (Pierre-Gilles-Edouard), huissier, r. de l'Abbatiale, 2.
Lair (Jacques-François), clos Beuvrelu.

Lair (François-Achille), ponsonnier, r. Pavée, 101.
Lair fils, propriétaire, r. des Capucins, 4.
Lair (Baptiste), r. des Capucins, 70.
Lair (Amédée), boulevard Courtonne.
Lair (Jean-Louis), cabaretier, r. de Vaucelles, 9.
Lair (v^e), r. Neuve-St-Jean, 64.
Lair (Auguste), marchand de beurre, r. St-Jean, 53.
Laisne, commis négociant, r. St-Jean, 251.
Laisney (Louis-Pierre), r. Guilbert, 36.
Laisney, sellier, r. Jean-Romain, 1.
Lajoie (Pierre), coquetier, r. Ecuyère, 24.
Lajoie, graveur, passage Bellivet, 20.
Lalan, maître d'écriture, r. St-Jean, 188.
Lalan, tapissier, r. Froide, 14.
Lalance (Jean), menuisier, pl. St-Sauveur, 82.
Lallemand (Charles-Marin), cafetier, pl. St-Martin, 15.
Lallemand, menuisier, r. de Lisieux, 30.
Laloé (Michel), revendeur, Champ-de-Foire, 1.
Lalonde, propriétaire, r. de Falaise, 88.
Lamare, marchand de draps, r. Notre-Dame, 63.
Lamaur, employé aux Messageries, r. Notre-Dame, 50.
Lambert, march. de chaux et tuiles, r. Formage, 4.
Lambert (Pierre-Hippolyte), inspect. des postes, r. de la Préf., 26.
Lambert (Guillaume-Ambroise), à la Maladrerie.
Lame (Jean-Baptiste), plâtrier, r. St-Sauveur, 6.
Lame (v^e), logeuse, r. aux Juifs, 7.
Lame (Philippe-Guillaume), cons. à la préfe. r. N.-des-Cord., 2.
Lamelin (Jean-Philippe-Thomas), r. d'Auge, 4.
Lamer (François), marchand de bas, r. St-Jean, 70.
Lamer (Louis-Etienne), r. de Falaise, 68.
Lamer (Joseph), aubergiste, r. de Falaise, 70.
Lamer (Jean), r. de Falaise, 30.
Lamer (Pierre-Magloire), rôtisseur-traiteur, Marché-au-Bois, 13.
Lamer (Adolphe-Lucien), cafetier, r. de Vaucelles, 25.
Lamer (Jean-Nicolas) fils, aubergiste, r. de Falaise, 80.
Lamesseur, commis négociant, r. Calibourg, 9.
Lameuille (Louis-Philippe), cont. d'octroi, r. de la Préfecture, 6.
Lamidey (Emmanuel), grenetier, r. St-Malo, 3.
Lamidey (Joséphine), débitante de tabac, r. de Vaucelles, 1.
Lamotte (Antoine-François), rentier, pl. de l'Anc.-Bouch., 116.

Lamotte (Jean-Pierre), entrep. de bâtiments, r. des Carr.-Neuves.
Lamotte (v° Jean-Louis), r. Bosnière, 24.
Lamotte (v°), r. de la Marine, 5.
Lamonreux, avocat, r. Vilaine, 4.
Lamoureux (J.-P.-Fr.-Viel), coquetier, r. des Capucins, 56.
Lamoureux, vicaire de St-Ouen, r. Pavée, 107.
Lamy (Pierre-Louis), instituteur, r. Ste-Paix, 69.
Lamy (Marc), montoir de la Poissonnerie, 18.
Lamy, traiteur, pl. St-Sauveur, 3.
Lamy (Jean-Baptiste), tapissier, r. St-Jean, 103.
Lamy (Noël-François-Firmin), r. St-Jean, 135.
Lamy (Noël-Casimir), menuisier, r. St-Jean, 187.
Lamy (Toussaint), r. St-Jean, 187.
Lamy (Jacques), march. de sel en gros, r. des Carmes, 21.
Lamy (Archange), charron, à la Maladrerie.
Lance (Jean), maître charpentier, r. des Carmes, 66.
Lance (Pierre-Louis), carrier, à la Maladrerie.
Lance (François fils Robert), à la Maladrerie.
Lancelin, juge de paix, r. Vilaine.
Landry, clerc de notaire, r. de la Préfecture, 4.
Lange (François-Germain), bimbelotier, r. des Petits-Murs, 2.
Lange, marchand de casquettes, passage Bellivet, 8.
Langevin, commis principal des douanes, r. de la Fontaine, 1.
Langevin (Louis), coquetier, r. Vilaine, 12.
Langin, tailleur, r. Notre-Dame, 53.
Langlois (femme Louis-Antoine-Frédéric), pl. de la Comédie, 11.
Langlois, épicier, r. Guillaume-le-Conquérant, 17.
Langlois, ingénieur, r. Guillaume-le-Conquérant, 17.
Langlois, avocat, r. aux Namps, 17.
Langlois père, r. de la Chaîne, 18.
Langlois (v° Jean et dem.), pl. St-Sauveur, 24.
Langlois fils, avocat, r. St-Martin, 33.
Langlois-Mulot, blanchisseuse, r. de Lisieux, 19.
Langlois (v° Jean-Louis), r. de Tours, 9.
Langlois (Stanislas), employé à l'Hôtel-Dieu, r. de Geôle, 47.
Langlois, épicier en gros, r. de l'Engannerie, 2.
Langlois (Thomas-Victor), r. de Vaucelles, 42.
Langlois, employé à l'octroi, r. de Vaucelles, 94.
Langlois (Louis), épicier, r. de Vaucelles, 1.
Langlois, officier pensionné, r. de Vaucelles, 67.

Langrais (Jean), revendeur de dentelles, r. des Cordes-St-G., 6.
Langrais (ve Jean-Jacques-Paul), r. Basse, 89.
Langrais (Pierre-André), boisselier, r. St-Sauveur, 29.
Langrais (Charles-André), coquetier, r. des Capucins, 2.
Lanier, maître de langues, r. au Canu, 31.
Lanjalley (dem.), r. aux Lisses, 4.
Lanjalley (ve Pierre-Simon), r. de Falaise, 43.
Lantier (François), marché au Bois, 2.
Lantier (ve Pierre), r. de Vaucelles, 82.
Lantier (Jacques), boulanger, r. Fromage, 3.
Lantin (Charles-Auguste-Désiré), menuisier, r. Neuve-St-Jean, 12.
Lapallu (Auguste-Arsène), menuisier, r. Gémare, 11.
Lapallu (Casimir), emp. des contrib. ind., G.-Place-St-Gilles, 18.
Laperrelle (dem.), r. St-Jean, 35.
Laperrelle (dem.), r. St-Pierre, 19.
Lapersonne (Jacques-Guillaume), épicier, m. de la Poissonn., 2.
Lapersonne (Nicolas-Louis), pl. de la Préfecture, 13.
Lapierre (Jacques), fripier, r. des Croisiers, 11.
Laplaine (Constant), r. Ste-Paix, 62.
Laplanche (Pierre), r. des Teinturiers, 10.
Laporte (dem. Colombe), r. St-Jean, 263.
Laporte (dame), r. Bicoquet, 7.
Larchand, revendeur, r. Neuve-St-Jean, 54.
Larcher (François), déb. d'eau-de-vie, r. des Carrières-St-G., 2.
Larcher (Jean-Baptiste), boulanger, à la Maladrerie.
Larieu (ve Jean-Baptiste), r. de Lisieux, 14.
Larieu (dem.), r. Basse, 69.
Larose (ve Jacques-François), r. des Capucins, 61.
Larose (Jacques-François), tourneur, r. des Capucins, 61.
Larose, ouvrier horloger, r. des Capucins, 61.
Larougefosse, r. St-Jean, 129.
Larsène, r. des Quais, 92.
Larsonneur (Guillaume), peseur juré, r. St-Pierre, 16.
Lasferey (ve Jean-François), grenetière, r. des Teinturiers, 14.
Lasne (Auguste-Désiré), tourneur, r. Ecuyère, 32.
Lassabe (Raimond), coiffeur, r. Notre-Dame, 45.
Lasserre (Jean-Antoine), r. des Carmélites, 6.
Latarche (Joseph-Augustin), coquetier, à la Maladrerie.
Latouche (ve), r. Guilbert, 25.
Latrouette (Napoléon), homme de lettres, r. St-Etienne, 116.

Laugeois (Pierre-François), r. des Jacobins, 28.
Laugeois (Casimir), débitant de cidre, r. Ste-Paix.
Laugeois (Eustache), r. Ste-Paix, 57.
Laugeois (Louis), débitant de cidre, r. de Vaucelles, 120.
Laugeois fils aîné, r. des Carmes, 62.
Laulica (v°), r. du Marais, 21.
Laumonnier (B.-Arsène-Abel), avoué, r. des Carrières-St-Gilles, 2.
Launay (v°), ouvrière horloger, pl. St-Pierre, 1.
Launay (dem. Zélie), pl. St-Pierre, 1.
Launay (Marie-Anne), passementière, r. Notre-Dame, 84.
Launay (Aimable), boulanger, r. de Vaucelles, 48.
Launay (Marin), passementier, r. St-Jean, 181.
Laurent (Pierre), boulanger, montoir de la Poissonnerie, 9.
Laurent (v° Nicolas), r. de la Délivrande, 24.
Laurent (Jean-Pierre), marchand de beurre, r. St-Jean, 40.
Laurent (v°), pont St-Pierre, 11.
Laurent (Fr.-H.-Ferd.), march. de fils et rubans, p. St-Pierre, 13.
Laurence, vérificateur des douanes, venelle aux Chevaux, 24.
Lausoir, lieutenant retraité, r. St-Sauveur, 47.
Lautrin (v° Jacques), coquetière, r. aux Lisses, 39.
Lavarde (v° René), r. de Bayeux, 15.
Laverge (Hilaire), cultivateur, à la Folie.
Laverge (François), cultivateur, à la Folie.
Laverge, épicier, r. St-Sauveur, 5.
Lavergée, boucher, r. aux Lisses.
Lavergne (Geneviève), march. de poterie, r. St-Ouen, 20.
Lavieille (François), marchand de coton, r. des Teinturiers, 6.
Lavieille (Pierre), r. des Teinturiers, 6.
Lavieille (Augustin), serrurier, r. des Carmes, 19.
Lavigne (v° Alexandre-Théodore), logeuse, r. des Jacobins, 17.
Lavigne (Jean-Jacques), boucher, r. du Moulin, 15.
Lavigne (v° Jean), bouchère, r. des Sables, 4.
Lavigne, maître de musique, r. St-Jean, 207.
Lavigne (v° Robert), r. des Teinturiers, 2.
Lavigne fils, r. du Havre.
Lavigne, secrétaire du parquet, r. de l'Engannerie, 5.
Lavigne, ex-concierge de la prison, r. Pémagnie, 21.
Lavigne (Jean-Baptiste), guichetier, à la Maladrerie.
Lavigne (Auguste-Contest), à la Maladrerie.
Laville, *prosecteur*, r. St-Anne, 5.

Laville (v° Germain), sage-femme, r. d'Auge, 34.
Laville, r. de l'Oratoire, 2.
Laville, contrôleur ambulant, r. des Carrières St-Gilles, 5.
Lavinay (Pierre-Philippe), r. des Carmes, 55.
Lavoine (Jacques), r. de Paris, 31.
Lavoine (Pierre-François), r. Caponnière, 7.
Lavolay (Jean-Charles) aîné, march. de nouv., r. N.-Dame, 46.
Lawson, anglais, ven. Gaillarde, 1.
Lazarre, peintre, r. Guillaume-le-Conquérant, 10.
Lebailly (Hippolyte), march. de bas, r. Notre-Dame, 77.
Lebailly (Denis), débit. de cidre, r. de Bosnière, 12.
Lebailly (Jacques-Auguste), r. Ste-Paix, 73.
Lebailly (v°), r. Branville, 58.
Lebailly (Auguste-Laurent) fils, r. Branville, 17.
Lebailly, secrétaire de la marine, pl. Royale.
Lebandy (Casimir), r. de Geôle, 22.
Lebandy (Delphine), rubannière, pass. Bellivet, 3.
Lebandy (Jean-Daniel), r. des Jacobins, 1.
Lebann, profess. à l'école Normale, r. Guillaume-le-Conquér.
Lebarbier (Phil.), déb. d'eau-de-v., r. Basse, ven. Manissier, 63.
Lebarbier, cordonnier, marché au Bois, 17.
Lebarbier (Jean-Baptiste), bottier, r. Notre-Dame, 106.
Lebarillier (Louis-Constant), r. de la Délivrande, 19.
Lebaron (Hippolyte), boucher, r. de la Boucherie, 19.
Lebaron, r. de Vaucelles, 32.
Lebaron fils, boulanger, r. des Capucins, 56.
Lebaron (Adolphe), coquetier, r. du Vaugueux, 28.
Lebaron (Louis-Ange), armurier, r. St-Jean, 80.
Lebaron-Bacon (Pierre-Félix), fabr. de cheminées, imp. Chauvigny.
Lebaron (v° Jean-Louis), r. Gémare, 16.
Lebas (dem.), sage-femme, r. Notre-Dame, 117.
Lebas (Joseph), tailleur, r. Ecuyère, 23.
Lebas (Joseph-Louis), dessinateur, r. Ecuyère, 23.
Lebas (François), r. Ecuyère, 46.
Lebatard (Rosalie), couturière, r. Guillaume-le-Conquérant, 2.
Lebatard (Pierre), aubergiste, r. des Capucins, 88.
Lebatard (Edouard), coquetier, r. du Pavillon, 3.
Lebecq (Charles-Maximilien), march. de papier, r. N.-Dame, 40.
Lebel (Jean-François-Léonard), r. Coupée, 8.
Lebel (dem.), r. St-Laurent, 12.

Lebiées (femme François), grènetière, r. St-Sauveur, 19.
Lebinaux, propriétaire, r. des Chanoines, 15.
Lebienvenu-Dutourps (v°), r. St-Julien, 1.
Lebis (Pierre), serrurier, r. Caponnière, 19.
Leblais (Pierre-Charles-Michel), aubergiste, r. St-Nicolas, 106.
Leblais (Alfred), r. St-Nicolas, 108.
Leblais (Pierre-Jules), r. St-Nicolas, 18.
Leblanc, pédicure, r. St-Jean, 117.
Leblanc (Julien-Bernard), coquetier, r. St-Jean, 151.
Leblanc (Pierre), quincaillier, montoir de la Poissonnerie, 11.
Leblanc (Prudent), march. de peaux, r. du Moulin, 13.
Leblanc, march. de blanc, pont St-Jacques, 5.
Leblanc (Alfred-Désiré), mégissier, r. des Teinturiers, 2.
Leblanc (v° Jacques), r. St-Étienne, 151.
Leblanc (v° Jacques), r. de Vaucelles, 56.
Leblanc, menuisier, r. St-Laurent, 10.
Leblond, avocat, r. Crespelière, 2.
Leblond, clerc de notaire, pl. St-Sauveur, 16.
Leblond (Jean-Marin-Joseph), chirurg.-dent., r. St-Jean, 40.
Leblond (Pierre), officier, r. St-Martin, 41.
Lebœuf (Pierre-Michel), r. St-Nicolas, 81.
Lebœuf (Pierre), march. de blouses, ven. aux Chevaux, 1.
Lebois (Isidore), pharmacien, pl. St-Sauveur, 5.
Lebois (Amand-Isidore), débit. de cidre, r. Pavée, 95.
Lebois, débit. d'eau-de-vie, r. St-Nicolas, 71.
Leboiteux (Jacques-Aimé-Adolphe), coquetier, r. N.-St-Jean, 33.
Leboiteux (Philippe), r. Neuve-St-Jean, 53.
Leboiteux (Abel), pl. Royale, 2.
Lebonnois, empl. au greffe de la cour, porte au Berger, 1.
Lebonnois (Jacques-Nicolas), revendeur, porte au Berger, 9.
Leboucher (Jean), ex-menuisier, r. de Geôle, 30.
Leboucher (Charles), r. des Jacobins, 6.
Leboucher (Louis), r. des Jacobins, 12.
Leboucher de Brémoy, Grande-Pl.-St-Gilles, 1.
Leboucher (Pierre), propriétaire, r. St-Martin, 51.
Leboucher (v° Jean-Philippe), r. de l'Académie, 10.
Leboucher fils, avocat, r. de l'Académie, 10.
Leboulanger (Louis), march. de farine, r. Pavée, 85.
Leboulanger (Louis), meunier, r. du Moulin-St-Ouen, 13.
Leboulanger (v° Henri), r. Hamon, 7.

Lebourgeois (dem.), pl. St-Sauveur, 14.
Lebourgeois-Desmarais (ve Roch-Antoine), r. Singer, 1.
Lebourgeois (Jean-Baptiste), r. St-Jean, 249.
Lebourgeois (dem.), blanchisseuse, r. St-Martin, 76.
Lebourgeois (Françoise), coutur., r. Guill.-le-Conquérant, 32.
Lebourguignon-Duperré (dem. Elisab.-Ant.), r. des Croisiers, 13.
Lebourguignon-Duperré-Crestey, r. des Quais, 92.
Lebourguignon-Duperré (Louis-Lilas-Nestor), r. Basse, 53.
Lebourlier (François), boulanger, r. Caponniere, 28.
Lebourlier (ve Pierre-Jean-Baptiste), pl. St-Sauveur, 29.
Lebourlier (Pierre-Alexandre), pl. St-Sauveur, 28.
Leboussonnier (Noël), dit Lafleur, r. de Vaucelles, 26.
Leboussonnier (Louis), dit Lafleur, tripier, r. de Vaucelles, 57.
Lebouteillier (ve Jean-Jacques), r. St-Malo, 11.
Lebouteillier (Constant), r. St-Malo, 11.
Lebouvier (ve Pierre-Alexandre), mont. de la Poissonnerie, 27.
Lebran (Jacques), r. St-Jean, 154.
Lebray (Jean-Jacques-Franç.), employé à l'octroi, r. St-Jean, 33.
Lebray (Charles), marchand de grains, r. Neuve-St-Jean, 40.
Lebray (Prosper), débitant, r. du Vaugueux, 65.
Lebret, chapelain au Bon-Sauveur, r. des Capucins, 55.
Lebreton (Louis), marchand de planches, r. Guill.-le-Conq., 29.
Lebreton (Jacques), menuisier, r. Guillaume-le-Conquérant, 29.
Lebreton (dem. Anne), r. St-Sauveur, 31.
Lebreton (Frédéric), débitant de sel, r. St-Martin, 23.
Lebreton (Jean-Baptiste), cabaretier, r. de la Marine, 5.
Lebreton (Victor), épicier, r. des Quais, 4.
Lebreton (Jacques-François), r. St-Jean, 181.
Lebreton (Ph.-Aug.-Aimé), march. de faïence, r. St-Jean, 263.
Lebreton (Urbain), boucher, r. St-Jean, 92.
Lebreton (Marc-Aurèle), pâtissier, r. St-Jean, 148.
Lebreton, direct. de l'assurance mutuelle, r. des Carmélites, 5.
Lebreton aîné, menuisier, r. des Carmélites, 3.
Lebreton (François), menuisier, r. de la Comédie, 5.
Lebreton (François), r. du Tour-de-Terre, 6.
Lebreton (Marie), r. du Tour-de-Terre, 6.
Lebreton jeune, marchand de poterie, r. de Vaucelles, 35.
Lebreton (ve Charles-Michel), r. Montaigu, 2.
Lebrun (Gervais) et fils, boulanger, r. St-Sauveur, 14.
Lebrun (Alexandre-Pierre), r. St-Jean, 171.

Lebrun (v° Michel), boulangère, r. St-Jean, 171.
Lebrun (Léonard), marchand de dentelles, r. d'Auge, 61.
Lebrun, charcutier, r. St-Etienne, 139.
Lebrun (Constant), cordonnier, r. de Vaucelles, 42.
Lecamu (Marie), coquetière, r. de l'Oratoire, 2.
Le Camus (Georges), avocat et rédacteur-gérant du journal le
    Pilote du Calvados, pl. St-Sauveur, 22.
Lecanu, horloger, r. de Vaucelles, 82.
Lecanu (Julien), r. des Teinturiers, 15.
Lecanu (Marin), r. St-Jean, 127.
Lecanu (Auguste), professeur au collége, r. Guill.-le-Conquérant.
Lecarpentier, lieutenant de gendarmerie, r. Montaigu, 51.
Lecarpentier (Constant), fumiste, pl. de la Marc, 2.
Lecarpentier (Félix-Delphin), r. du Tour-de-Terre, 2.
Lecarpentier (Gilles), fleuriste, r. Basse, 26.
Lecarpentier (Jean-Dominique-Amand), fleuriste, r. Basse, 26.
Lecarpentier (Jean), r. Pémagnie, 6.
Lecarpentier, fumiste, r. de la Chaîne, 4.
Lecauchois (François), r. Basse, 83.
Lecauchois (dem. Anne-Catherine), r. des Chanoines, 7.
Lecaudey, professeur au collége, r. de Bayeux, 16.
Lecavelier-Paysant (v° Pierre), pl. Royale, 11.
Lecavelier de Malchouque, r. des Petits-Murs, 12.
Lecavelier, r. Jean-Romain, 25.
Lecavelier (Pierre-Michel), r. Neuve St-Jean, 58.
Lecavelier (dem. Aimée) et jeune, r. Neuve-St-Jean, 58.
Lecavelier (Nicolas), épurateur d'huile, r. Neuve-St-Jean, 60.
Lecavelier-Donnet, épurateur d'huile, r. Guilbert, 21.
Lecavelier (J.-F.-Fréd.) fils, march. de vins, r. N.-St-Jean, 45 *bis*.
Lecavelier (dame Auguste), r. Neuve-St-Jean, 49.
Lecavelier de Mocomble, r. de Bayeux, 39.
Lecavelier, avocat, r. Guillaume-le-Conquérant, 8.
Lecavelier (Jean-François-Frédéric), r. Singer, 9.
Lecerf (v° Thomas), marchande de légumes, r. Ste-Paix, 51.
Lecerf (André), ouvrier menuisier, r. Ste-Paix, 55.
Lecerf, garde à cheval des eaux et forêts, r. des Jacobins, 48.
Lecerf (Daniel-Henri), chemin des Trois-Fossés-du-Château, 2.
Lecerf (Pierre-Louis), avocat, r. de Geôle, 40.
Lecerf (dem.), r. de Geôle, 40.
Lecerf (Isidore), basdestamier, r. du Vaugueux, 69.

Lecerf (Thélémaque), boucher, à la Maladrerie.
Lecesne (Alex.-J.), direct. de la banq. de France, r. Guilbert, 24.
Lechangeur (Jean-Baptiste), cafetier, r. de Vaucelles, 58.
Lechangeur (Louis), débitant de tabac, pass. Bellivet, 23.
Lechangeur (Jean-Louis), horloger, r. St-Jean, 45.
Lechapelain de l'hôpital St-Louis, r. Jean-Romain.
Lechartier, dit Lange, boucher, r. St-Etienne, 131.
Lechartier, boucher, r. St-Pierre, 36.
Lechartier, ex-notaire, r. Basse, ven. Manissier, 5.
Lechartier (Jean-Baptiste), r. Bretagne-Calix, 2.
Lechartier, coutelier, r. de l'Oratoire, 41.
Lechartier (Pierre-Parfait), aubergiste, r. St-Malo, 6.
Lechartier (Pierre), cabaretier, r. Pémagnie, 23.
Lechaudey-Danisy (Amédé-Louis), r. des Chanoines, 24.
Lechesne (Pierre), serrurier, r. des Jacobins, 30.
Lechesne (Auguste), à la Folie.
Lechesne (Victor), tourneur, r. St-Martin, 19.
Lechesne (Auguste), dit Lacroix, marc. de dent., r. St-Jean, 204.
Lechevalier, journalier, r. de Vaucelles, 89.
Lechevalier (Jean-Jacq.), épic. et marc. de vins, r. Cémare, 18.
Lechevalier, instituteur, maître de pension, r. de Geôle, 29.
Lechevalier (Victor), perruquier, r. du Moulin, 2.
Lechevalier, cabaretier, r. St-Jean, 222.
Lechevalier (v° Auguste), r. St-Jean, 236.
Lechevalier, maître de musique, r. des Carmes, 3.
Lechevalier (Auguste), menuisier, r. Neuve-St-Jean, 4.
Lechevalier (Jacques-François), commis nég., r. St-Jean, 101.
Lechevalier, médecin, r. St-Manvieux, 7.
Lechevalier (Félix), menuisier, r. des Croisiers, 10.
Lechevallier (Eugène), grènelier, r. St-Sauveur, 43.
Leclaucher (dem.), direct. de la salle d'asile, r. d'Auge, 29.
Leclerc (v° Pierre), ferblantière, marché au Bois, 15.
Leclerc (v° Richard), coquetière, r. St-Malo, 43.
Leclerc (Jacques), marc. de dent., r. de l'Oratoire, 20.
Leclerc (Eugène-Alexandre), r. Ste-Anne, 5.
Leclerc-Duchesne (Louis), tisserand, r. Neuve-St-Jean, 19.
Leclerc, commis négociant, r. Guillaume-le-Conquérant, 6.
Lécluse (Félix), r. Jean-Romain, 4.
Lecocq, empl. à la direction des domaines, r. St-Martin, 49.
Lecocq de Biéville (v° Guillaume), r. de l'Académie, 10.

Lecocq (François-Louis), bouquiniste, r. Calibourg, 15.
Lecocq de Beausamy (Auguste-Casimir), r. des Chanoines, 12.
Lecocq, r. de la Délivrande, 24.
Lecocq (Charles), r. des Carmes, 17.
Lecocq de Biéville (Jean-Victor), r. de l'Académie, 10.
Lecocq de Biéville (François-Casimir), r. de l'Académie, 10.
Lecocq (François), boulanger, r. du Moulin, 16.
Lecœur (Alexandre-Nicolas), r. des Quais, 58.
Lecœur (Jules), r. des Quais, 58.
Lecoin (Félix), coquetier, r. Puits-ès-Bottes, 12.
Lecointe (ve Nicolas et dem.), r. de Vaucelles, 70.
Lecointe (Pierre-Alexandre), boulanger, r. des Capucins, 50.
Lecointe (ve Thomas-François), passem. ven. aux Chevaux, 19.
Lecointe (Charles), boucher, r. de la Boucherie, 9.
Lecointe (Edouard-Félix), r. St-Jean, 259.
Lecointe (Arsène), marchand de bois, imp. de l'Hôtel-Dieu.
Lecointe (Paul), cordonnier, r. Hamon, 2.
Lecointe (ve Guillaume), r. du Havre.
Lecointe (François-Georges-André), r. Bicoquet, 16.
Lecointe (Jean-Prosper), r. de Bayeux, 100.
Lecommandeur (Anne-Marie), coquetière, r. des Capucins, 20.
Lecompte (Séraphin), r. Coupée, 49.
Lecompte (Louis), r. de Bayeux, 117.
Lecompte de Morfontaine, r. de l'Abbatiale, 8.
Lecomte, coquetier, r. des Carmes, 43.
Lecomte (Alexandre), tapissier, r. Notre-Dame, 121.
Lecomte (Pierre-Gabriel), jardinier, r. Montaigu, 55.
Lecomte, commis négociant, r. Graindorge, 3.
Lecomte-Ravenel (Denis), r. Branville, 45.
Lecomte (Guillaume-Félix), cultivateur, r. des Capucins, 137.
Lecomte (Louis), coquetier, cour de l'Ancienne-Halle, 6.
Lecomte, conducteur de diligence, r. Gémare, 4.
Lecomte-Roulin (Pierre-François), r. Notre-Dame, 73.
Lecomte, marchand de blouses, r. Notre-Dame, 107.
Lecomte (Jean-Pierre), boulanger, ven. aux Chevaux, 14.
Lecomte (Henri-Auguste), r. Jean-Romain.
Lecomte-Coiffin (Paul-Yarin), tapissier, r. de l'Oratoire, 7.
Lecomte fils, r. d'Auge, 18.
Lecomte (ve Antoine), r. du Vaugueux, 5.
Lecomte (ve), r. St-Jean, 66.

Lecomte (Louis-Théodore), épicier, r. des Quais, 72.
Lecomte , coquetier, r. Froide, 21.
Lecomte, vicaire de St-Sauveur, r. des Croisiers, 14.
Lecomte-Ravole , avocat, r. de l'Odon, 1.
Leconiat, capitaine à la vapeur, r. Royale.
Leconte , premier commis chez M. Gilbert, r. Froide, 22.
Leconte (dem.), r. des Quais, 16.
Leconte-d'Imouville , conseiller à la cour, r. de l'Engannerie, 4.
Leconte (vᵉ Philippe-François), cultiv., pl. de la Mare, 14.
Lecoq (Pierre) , marchand de dentelles , r. St-Martin, 17.
Lecordier (Jacques-Justin), r. des Carrières-Neuves, 5.
Lecordier , clerc d'avoué, r. aux Namps, 8.
Lecordier , fripier, r. des Croisiers, 24.
Lecordier , boulanger , r. St-Etienne, 120.
Lecordier de la Malherbière (vᵉ), r. St-Jean, 177.
Lecorneur (Louis), cafetier , r. de Vaucelles, 81.
Lecorneur aîné , constructeur de navires, r. Frémentel, 15.
Lecorneur (Jeanne), constructeur de navires, r. Frémentel, 15.
Lecornu (Louis) , empl. à l'assurance *Mutuelle*, r. Branville, 28.
Lecornu (Amédée), ex-avoué, r. de Geôle, 56.
Lecornu (Louis-Paul), r. St-Jean, 118.
Lecornu (dem. Stéphanie), r. des Carmes, 37.
Lecornu (Jean-Baptiste-Pierre) , serrurier, r. Neuve-St-Jean, 9.
Lecornu (Louis), perruquier, pl. St-Sauveur, 2.
Lecorsu, quincaillier, r. St-Jean, 105.
Lecourtois (vᵉ Louis), cabaretière, r. de Falaise, 49.
Lecourtois (Eugène), r. aux Lisses, 26.
Lecourtois (vᵉ Pierre), bouchère, r. du Moulin, 7.
Lecourtois (Louis-Auguste), corroyeur, r. au Canu, 20.
Lecourtois, rentier, r. Guillaume-le-Conquérant, 2.
Lecourvoisier (Hippolyte), ferrailleur, r. de Falaise, 2.
Lecouteux (Marie-Anne), coquetière, r. du Pavillon, 15.
Lecouturier (vᵉ François-Frédéric), r. St-Pierre, 23.
Lecouvey, marchand de draps, r. St-Pierre, 24.
Lecouvreur (François-André), dit Champagne, r. St-Jean, 144.
Lecouvreur, dit Champagne, basdestamier, r. des Cordes-St-G., 6.
Lecouvreur (François), fondeur, r. St-Jean, 37.
Lecouvreur (Marin), charpentier, r. de Bayeux, 74.
Lecreps (vᵉ Abel), r. Guilbert, 17.
Lecrêne, imprimeur-libraire, r. Froide, 9.

Ledain (Auguste-Prosper), boulanger, r. St-Jean, 77.
Ledam (Pierre-Louis), vitrier, r. de Vaucelles, 85.
Ledan (Pierre-Louis), r. Neuve-St-Jean, 27.
Ledan (Alexandre), boulanger, r. Puits-ès-Bottes, 6.
Ledar, employé à la recette générale, r. St-Pierre, 26.
Ledoux (Prudent), coquetier, r. Gémare, 16.
Ledoux (Jean-Baptiste), cabaretier, porte au Berger, 5.
Ledresseur (Louis), débitant d'eau-de-vie, pont St-Pierre, 3.
Ledresseur, potier d'étain, r. St-Jean, 202.
Ledresseur (Jean-Louis), marchand de blouses, v. aux Chév., 2.
Ledresseur (And.-Emm.), mégissier, imp. de la Boucherie, 5.
Ledru (Pierre), r. de Geôle, 41.
Ledru (vᵉ), r. de Bayeux, 40.
Lée, anglais, r. des Vieilles-Carrières, 28.
Lefauconnier (vᵉ Jean-Louis) et fils, r. des Croisiers, 15.
Lefebvre (François), perruquier, r. St-Jean, 162.
Lefebvre, revendeur, r. Vilaine, 10.
Lefebvre (Pierre), boulanger, montoir de la Poissonnerie, 15.
Lefebvre-Daufresne (vᵉ), r. Guilbert, 15.
Lefebvre (Pierre-Alphonse), r. Guilbert, 20.
Lefebvre (vᵉ Louis), marchande de légumes, r. de Bayeux, 105.
Lefebvre, r. Caponnière, 27.
Leferon de Longchamps (Fr.-Améd.), cons. à la c., r. de Geôle, 45.
Lefèvre (vᵉ), r. de Geôle, 51.
Lefèvre (Pierre), épicier, r. St-Jean, 161.
Lefèvre (Marie-Françoise, vᵉ Jacques Elie), pl. St-Pierre, 2.
Lefèvre (Jean), marchand de rubans, r. St-Pierre, 80.
Lefèvre (Jacques-Alfred), horloger, r. St-Malo, 2.
Lefèvre (Victor), fripier, maison Jouanne, r. Graindorge.
Lefèvre (Pierre-François-Charles) et fils, r. St-Nicolas, 84.
Lefèvre (Jean-François) fils, r. du Marais, 25.
Lefèvre, jardinier, r. du Marais, 19.
Lefèvre (dem.), au Bon-Sauveur, r. des Capucins, 55.
Lefèvre (Joseph), agent-voyer, r. de Bretagne-Bourg-l'Abbé, 7.
Lefèvre (Louis-Constant), r. Notre-Dame, 95.
Lefèvre (Jean-Baptiste), épicier, venelle aux Chevaux, 18.
Lefèvre (vᵉ Nicolas), *hôtel Ste-Barbe*, r. Ecuyère, 13.
Lefèvre, conducteur des ponts-et-chaussées, r. du Vaugueux, 5.
Lefèvre (Jacques), r. du Vaugueux, 14.
Lefèvre (Louis-Charles), r. St-Jean, 43.

Lefèvre (Pierre-Noël), boulanger, r. St-Jean, 257.
Lefèvre (Joseph), gantier, pont St-Pierre, 4.
Lefèvre (Nicolas), capitaine retraité, r. des Carmes, 39.
Lefèvre (Jean-Jacques), emp. au bur. des hyp., r. des Carmes, 24.
Lefèvre (Louis-Joachim), r. des Carmes, 68.
Lefèvre (Amand), gantier, pont St-Pierre, 11.
Lefèvre (Jacques), r. du Vaugueux, 14.
Lefèvre (Charles-Louis), cabaretier, r. des Quais, 2.
Lefèvre (François), débitant de sel, r. des Capucins, 35.
Lefèvre (Jean-Louis), boulanger, r. Guill.-le-Conquérant, 28.
Lefèvre (Pierre-François), à la Maladrerie.
Lefèvre (Hippolyte), charpentier, à la Maladrerie.
Leflaguais (Jacques-Marie), r. des Jacobins, 10.
Leflaguais (Alphonse), homme de lettres, r. des Jacobins, 10.
Leflaguais (Auguste) fils, r. des Jacobins, 10.
Leflaguais-Lebourgeois (François-Paul), r. St-Jean, 185.
Leforestier (Louis), cordonnier, Gr.-Place-St-Gilles, 1.
Lefort (Jacques), menuisier, r. du Havre.
Lefortier (Jean-Baptiste), cabaretier, r. de l'Eglise-de-Vauc., 2.
Lefoulon (dem.), passementière, r. St-Etienne, 125.
Lefoulon (Jacques-Victor), tourneur, r. Basse, venelle Manissier.
Lefoulon, greffier de la cour d'assises, r. Ecuyère, 42.
Lefoulon fils, tourneur, r. Froide, 33.
Lefournier, vicaire de St-Pierre, marché au Bois.
Lefoye (Jean-François), épicier, r. du Moulin, 3.
Lefrais, empl. à la marine, r. du Vaugueux, 6.
Lefranc, sous-officier, r. Puits-ès-Bottes, 24.
Lefranc (Monique), r. St-Nicolas, 67.
Lefranc (Jean-Baptiste), r. Bretagne-Bourg-l'Abbé, 3.
Lefranc fils, empl. à l'enregistrement, r. des Capucins, 27.
Lefranc (Jean-Baptiste), menuisier, r. des Capucins, 27.
Lefranc, jardinier, r. de Bayeux, 49.
Lefrançois (ve Louis), coquetière, r. Caponnière, 21.
Lefrançois-Bardou, march. de cristaux, ven. aux Chevaux, 22.
Lefrançois, fabric. de bas, r. des Jacobins, 8.
Lefrançois (ve Guillaume-François), imp. Gohier, 4.
Lefrançois (ve), r. St-Laurent, 12.
Lefrançois (Jean), coquetier, r. du Vaugueux, 48.
Lefrançois (Jean-Louis), r. St-Jean, 94.
Lefrançois (Victor), négociant, r. Neuve-St-Jean, 48.

Lefrançois (Jean-Louis), chapelier, r. Singer, 16.
Lefrère (André), retordeur, r. St-Ouen, 20.
Legallier (Auguste-Parfait), r. Graindorge, 2.
Legallois (Frédéric), bourrelier, r. Hamon, 8.
Legallois (Thomas), coquetier, r. aux Lisses, 5.
Legallois (Robert), rentier, r. des Vieilles-Carrières, 21.
Legendre (Pierre-André), revendeur, r. des Carmélites, 4.
Legentil (v° Louis-Joseph), r. St-Martin, 17.
Léger, contrôleur de l'octroi, r. du Gaillon, 8.
Léger, cardeur de coton, r. de Vaucelles, 84.
Léger (femme), r. des Capucins, 10.
Legetesi (femme), débitante d'eau-de-vie, r. Singer.
Legonidec (dem.), r. des Croisiers, 13.
Legost (v° Jean), bouchère, pl. de l'Ancienne-Boucherie, 39.
Legost, débitant d'eau-de-vie, r. Graindorge, 2.
Legouix (Jean-Baptiste), r. St-Martin, 28.
Legouix (Louis-Thimotée), cabaretier, r. St-Laurent, 1.
Logouix (Jean-Louis), coquetier, r. de Geôle, 62.
Legouix (v° Pierre), cabaretière, r. St-Etienne, 151.
Legoupil (Charles), r. St-Jean, 63.
Legoupil, neveu, r. des Quais, 6.
Legourdier (Jean-Baptiste-Paul), malt. d'hôtel, r. St-Pierre, 23.
Legoux, rentier, r. St-Jean, 88.
Legrand (François), coquetier, r. Bosnière, 16.
Legrand (Théodore), ferrailleur, montoir de la Poissonnerie, 34.
Legrand (Xavier), boulanger, r. St-Pierre, 34.
Legrand (Jacques), curé de St-Jean, r. des Carmes, 30.
Legrand, vicaire de St-Jean, r. des Carmes, 30.
Legrand (v°), r. Haute, 2.
Legras (Alexis), menuisier, r. Froide, 46.
Legras, commis libr. de M. Poisson, r. Froide, 6.
Legris, cafetier, r. St-Martin, 13.
Legris (François-Auguste), huissier, r. Pémagnie, 2.
Legris (Etienne) fils, menuisier, r. Neuve-St-Jean, 10.
Legris (Alexandre-Jacques-Victor), cafetier, r. des Jacobins, 9.
Legris (Pierre), march. de filasse, r. des Capucins, 90.
Legris, r. de Branville, 75.
Legris (Pierre), march. de bois, r. St-Pierre, 30.
Legrix (Gilles), revendeur, Champ-de-Foire, 9.
Leguay (Joachim), march. de filasse, r. Pémagnie, 2.

Leguay-Deslande (maison Ameline), r. du Havre.
Leguay fils, poissonnier, r. de la Prairie-St-Gilles, 4.
Leguay (Thomas), revendeur, Champ-de-Foire, 1.
Leguay (dem. Adèle et Esther), r. de Geôle, 17.
Leguay (Jean-Baptiste-Monin), r. Basse, 32.
Leguay (vᵉ Thomas-Marin), tourneuse, r. de Falaise, 15.
Leguelinel (Pierre-François), r. St-Jean, 247.
Leguelinel de Lignerolles, r. de l'Oratoire, 23.
Leguillard (Paul-François), coquetier, r. St-Jean, 110.
Leharivel de Mézières (Ern.), surn. de l'enreg., r. Guilbert, 25.
Leharivel de Mézières (dame), r. Guilbert, 25.
Leharivel fils, r. St-Pierre, 22.
Leharivel (vᵉ Jean-François), r. Notre-Dame, 90.
Lehérihel (Paul), négociant, r. des Quais, 90.
Lehéricy (Paul), tonnelier, r. de la Boucherie, 33.
Leherpeur, dit Dupré, père et fils, anc. mercier, r. Froide, 24.
Leherpeur (dem. Dupré), couturière, r. St-Jean, 91.
Leherpeur (vᵉ François et dem.), r. du Moulin-St-Ouen, 11.
Leherpeur (Ludovic), clerc d'avoué, r. du Moulin-St-Ouen, 11.
Leherpeur-Dupré (Jacques-Gabriel), r. St-Martin, 57.
Lehot (Pierre-Charles), cabaretier, r. St-Jean, 183.
Lehot-Duperray (Charles), r. de la Fontaine, 7.
Lehoux (dem. Madeleine), débitante d'eau-de-vie, r. de Caen, 2.
Lejametel (Auguste-Pierre), r. Guillaume-le-Conquérant, 9.
Lejametel (Henri), avocat, r. Guillaume-le-Conquérant, 9.
Lejeune (Jean-Baptiste), march. de vin, r. de Vaucelles, 13.
Lejeune (Georges), sellier, r. St-Jean, 261.
Lejoly de Villiers (Victor), cons. à la cour, r. Jean-Romain, 7.
Lelaidier, secrét. de la fac. de droit, r. des Cordeliers, 11.
Lelarge, rubannier, r. Ecuyère, 7.
Lelarge (François), princip. clerc de notaire, r. aux Lisses, 23.
Lelarge (Pierre-Thomas), chirurgien, r. aux Lisses, 23.
Lelarge, ancien courtier, r. St-Pierre, 5.
Lelegard père, chaudronnier, r. St-Sauveur, 9.
Lelégard fils, chaudronnier, r. aux Namps, 4.
Lelegard (Victor), r. Pémagnie, 4.
Leleger (Baptiste), boulanger, r. St-Jean, 216.
Leleger (Auguste), boucher, r. du Moulin, 10.
Lelièvre, loueur de voitures, r. de l'Oratoire, 4.
Lelièvre, propriétaire, r. Basse, 21.

Lelièvre, march. de petits bonnets, r. St-Malo, 1.
Lelièvre (Gilles), charpentier, r. de Bayeux, 125.
Lelièvre (Paul), à la Maladrerie.
Lelièvre (Thomas), à la Maladrerie.
Lelièvre (Thomas-Archange), à la Maladrerie.
Lelièvre (Jean-Baptiste), à la Maladrerie.
Lelièvre (v⁶ Jean-Baptiste), dit Lacadette, à la Maladrerie.
Lelièvre (Jean-François), à la Maladrerie.
Lelièvre (Jacques-Marguerie), à la Maladrerie.
Lelièvre (Simon), à la Maladrerie.
Lelorier (Arsène), jardinier, r. Basse, 161.
Lelouey (Etienne), ex-menuisier, r. des Carmes, 19.
Lemaine, march. de vins, r. St-Etienne, 120.
Lemaine (v⁶ Jean), r. du Vaugueux, 35.
Lemaine (v⁶ Jacques), à la Maladrerie.
Lemainier (dame), r. Jean-Romain, 25.
Lemaire (v⁶ Louis-Alexandre), r. Neuve-St-Jean, 28.
Lemaire de Montifault (François-Marie-Victor), r. aux Lisses, 24.
Lemaire (v⁶ Etienne-Arsène), charcutière, r. St-Jean, 128.
Lemaître, tailleur, r. de Vaucelles, 102.
Lemaître (Alexandre), march. de vins, r. Basse, 53.
Lemaître (v⁶), r. Pémagnie, 18.
Lemaître (François), cabaretier, r. des Jacobins, 4.
Lemancel (Pierre), r. des Quais, 30.
Lemanicier (Romain), coutelier, r. St-Jean, 117.
Lemanissier (v⁶ Jean-François-Paul), r. des Carmélites, 5.
Lemanissier (Pierre-François), r. St-Julien, 9.
Lemanissier (François), cultivateur, à Couvrechef.
Lemanissier (v⁶ Jacques), aîné, à Couvrechef.
Lemanissier, coutelier, r. St-Sauveur, 23.
Lemanissier (Joseph), r. de Bayeux, 40.
Lemanuel (Jacques), mégissier, r. des Capucins, 41.
Lemarchand, marchand de vins, r. de Vaucelles, 94.
Lemarchand (Jean-Nicolas), r. St-Nicolas, 90.
Lemarchand (v⁶ Jacques-Guillaume), pharm., r. St-Pierre, 29.
Lemarchand, cabaretier, r. Notre-Dame, 87.
Lemarchand (François), boulanger, à Couvrechef.
Lemarchand (Alfred), r. Hôtel-de-Ville, 24.
Lemarchand (Faure), graveur, venelle aux Chevaux, 27.
Lemarchand-Hesnard, r. Notre-Dame, 98.

Lemarchand (Guillaume), mégissier, r. du Moulin, 10.
Lemarchand , ex-pharmacien, r. Jean-Romain , 7.
Lemarchand (Pierre-Emmanuel), r. de l'Oratoire , 17.
Lemarchand (Jean-François), blanchiss., r. de la Préfecture, 31.
Lemarchand , archiviste de la préfecture, r. de la Préfecture, 4.
Lemarchand (Pierre), r. du Vaugueux , 69.
Lemarchand (Jules) , débitant de cidre, r. de la Pr.-St-Gilles , 1.
Lemarchand fils, graveur , r. St-Jean , 98.
Lemarchand, dit Papillon, marc. de volailles, r. de Bayeux , 84.
Lemarchand (Jean-Jacques-René), fripier, r. des Carmélites , 6.
Lemare , cordier , r. de la Délivrande , 30.
Lemariée (Jean-Louis), cabaretier, r. de la Boucherie , 5.
Lemarinier (dem. Céleste), r. St-Sauveur , 47.
Lemarinier (vᵉ Jean-François), r. St-Sauveur, 47.
Lemarois (Adolphe), Grande-Place-St-Gilles , 6.
Lemasle (Gilles), fabricant de bas , r. St-Nicolas , 83.
Lemasle (Jean-Baptiste), r. de Geôle , 25.
Lemasson (Mathieu), r. du Gaillon , 5.
Lemasson (vᵉ), r. des Carrières-Neuves , 24.
Lemasson (Jean-Charles) , r. du Ham , 3.
Lemasson (Jean), à la Maladrerie.
Lemasson (Louis-Michel), à la Maladrerie.
Lemazurier, clerc d'avoué, r. aux Namps, 8.
Lemenuet (Ferdinand), conseiller à la cour , r. de Geôle , 54.
Lemenuet (vᵉ Pierre-Israël) , r. St-Martin , 57.
Lemenuet fils jeune , r. St-Martin , 57.
Leméray (vᵉ Jacques), r. St-Sauveur , 41.
Lemercier (Auguste), cabaretier , r. de Falaise , 28.
Lemesle , débitant d'eau-de-vie , r. des Capucins , 16.
Lemesle , receveur d'octroi , r. Guillaume-le-Conquérant , 16.
Lemière , agent de placement militaire, r. Notre-Dame , 70.
Lemière (Victor), fabricant de bas , r. Basse , ven. Manissier , 5.
Lemière (Louis), r. des Carmes , 62.
Lemière , loueur de voitures , r. Singer , 41.
Lemoine , jardinier , r. du Marais , 1.
Lemoine (Louis-Jacques), coiffeur , pont St-Jacques , 7.
Lemoine (vᵉ), revendeuse de soie, r. Ecuyère , 17.
Lemoine (Thomas), épicier, r. Neuve-St-Jean , 56.
Lemoine (dame), r. St-Jean , 35.
Lemoine (vᵉ Charles), r. Pémagnie , 19.

— 159 —

Lemoine (dem.), lingère , r. Pémagnie, 19.
Lemoine (Aimable-Marie), r. Pémagnie, 22.
Lemonnier (Pierre), pharmacien, r. de Vaucelles , 40.
Lemonnier, r. St-Malo , 1.
Lemonnier (dem.), couturière , mont. de la Poissonnerie, 6.
Lemonnier (François) , montoir de la Poissonnerie, 8.
Lemonnier (Jean-Pierre), montoir de la Poissonnerie , 18.
Lemonnier (v° Pierre), aubergiste, mont. de la Poissonnerie , 18.
Lemonnier , officier retraité , r. St-Malo , 16.
Lemonnier (Pierre-François) , fabric. de bas , r. Branville , 35.
Lemonnier (Pierre), débitant de boissons, r. Basse, 85.
Lemonnier (Jean-Jacques), jardinier, r. Basse, 89.
Lemonnier (Marguerite), r. St-Pierre, 15.
Lemonnier (Louis-Ger.), inspect. des écoles, r. Notre-Dame, 47.
Lemonnier (Prosper), r. St-Etienne, 116.
Lemonnier (Edouard-Henri), cabaretier, r. Hamon, 3.
Lemonnier (dem.), passementière, ven. aux Chevaux, 4.
Lemonnier (Auguste-Charles-Pierre), banquier, r. des Jacobins, 6.
Lemonnier (Pierre-Louis), r. du Vaugueux, 36.
Lemonnier (François et Théophile), r. des Carmes, 58.
Lemonnier (Zélie), rubannière, r. St-Jean, 49.
Lemonnier (Joach.), march. de pap. peints, r. Guil.-le-Conq., 14.
Lemonteux fils, marchand de couleurs, r. St-Jean, 67.
Lemore (André), commissionnaire de roulage, r. de Vaucelles, 15.
Lemore (v° Jacques-Michel), r. des Carrières-St-Gilles, 29.
Lemore (dem.), r. Basse, 24.
Lemore (Charles), tourneur, r. aux Lisses, 12.
Lemore (Henri), pl. Royale, 11.
Lemore (Paul-Donat), r. de Geôle, 28.
Lemore (Henri), r. Royale, 11.
Lemore, fabricant de dentelles, r. de Bernière, 13.
Lemore (v° Jean-Laurent), r. de la Chaîne, 18.
Lemore-Desmares (Jean-Baptiste), r. St-Sauveur, 21.
Lemore-Lamotte (Jean-Louis), r. St-Sauveur, 21.
Lemotheux (Victor-Guillaume), r. de Geôle, 7.
Lemotheux-Lecerf, lingère, r. St-Laurent, 16.
Lenault (Pierre-François-Antoine), boulanger, r. St-Etienne, 133.
Lenault (Philippe), r. des Carrières-St-Gilles, 29.
Leneuf, sellier, r. de Bernière, 1.
Leneveu, r. de l'Oratoire, 16.

Leneveu (Jean-Baptiste), marchand de vins, r. d'Auge, 20.
Leneveu, fabricant de bas, r. d'Auge, 21.
Leneveu (v⁰ Pierre), r. du Vaugueux, 45.
Leneveu (Félix), boulanger, r. St-Martin, 40.
Lenfant (Pierre), coiffeur, r. St-Jean, 78.
Lenglinay (Jean-Charles), marchand de lin, r. Ecuyère, 22.
Lenjalley (Alexandre), sellier, imp. Cauvigny.
Lenoble (Marie), r. Froide, 37.
Lenoble (François), boulanger, r. Neuve-St-Jean, 36.
Lenoble (Jacques), cordonnier, r. des Capucins, 20.
Lenoble, marchand de nouveautés, r. Notre-Dame, 70.
Lenoir (Louis-François-Félix), r. d'Auge, 115.
Lenoir-Lolot, r. St-Jean, 120.
Lenoir (dame), revendeuse de dentelles, r. St-Etienne, 141.
Lenoir, employé à la préfecture, r. St-Sauveur, 43.
Lenormand et (dem.), arpenteur, r. de l'Odon, 13.
Lenormand (dem), r. des Vieilles-Carrières, 8.
Lenormand (François), cabaretier, r. Notre-Dame, 105.
Lenormand, vicaire, au presbytère, r. St-Laurent, 16.
Lenormand (Célestin), r. Haute, 3.
Lenourichel (Marie-Madeleine), r. de Bosnière, 1.
Lenourichel (Edouard-Marin-Constant), r. St-Jean, 85.
Lentaigne-Logivière (v⁰ Jacques-Guy), r. Jean-Romain, 7.
Lentrain de Logivière (v⁰ Cyrille), r. des Quatre-Vents, 5.
Lentaigne (François), r. St-Jean, 74.
Lepage, propriétaire, r. aux Namps, 8.
Lepage fils, r. Royale.
Lepage (v⁰ Charles), ven. aux Chevaux, 11.
Lepailleur (Jacques), r. de Bayeux, 54.
Lepailleur (v⁰ Jean), r. du Pavillon, 26.
Lepailleur (Pierre-Jean-Baptiste), cabaretier, r. St-Pierre, 78.
Lepaisant (François), revendeur, r. Guillaume-le-Conquérant, 2.
Lepaiteur, fripier, r. des Croisiers, 8.
Leparmentier (Célestin), cafetier, r. St-Jean, 263.
Lepas, officier retraité, r. St-Nicolas, 81.
Lepas (dame), r. St-Sauveur, 45.
Lepaulmier (v⁰ Guillaume), r. des Quais, 36.
Lepaulmier (Jean-Marie), ven. aux Chevaux, 25.
Lepaulmier (Jérôme), épicier, ven. aux Chevaux, 25.
Lépée (Zacharie), piqueur de cartes, r. St-Jean, 78.

Lépée, médecin, r. de Geôle, 18.
Lépée (dame), née Décot, r. Écuyère, 53.
Lepelletier (Jean-François), march. de bas, r. Guill.-le-Conq., 16.
Lepelletier-Dumoncel (Jean-René), r. Guillaume-le-Conq., 21.
Lepelletier (Victor), r. de Bayeux, 100.
Lepelletier (ve Guillaume), cordonnier, r. Coupée, 5.
Lepelletier (dame François), r. des Carmes, 17.
Lepelletier (ve Louis), r. du Puits-ès-Bottes, 2.
Lepelletier (ve Auguste), r. St-Jean, 158.
Lepelletier (Charles), pl. Royale, 2.
Lepelletier, boulanger, r. Notre-Dame, 99.
Lepelletier (ve Thomas), r. du Gaillon, 1.
Lepelletier (Vigor), pl. de la Mare, 6.
Lepelletier (dem.), r. St-Julien, 7.
Lepelletier (Charles-Magloire), boulanger, r. des Capucins, 120.
Lepelletier (Gabriel), boulanger, r. Branville, 43.
Lepetit (Madeleine), dentellière, r. St-Jean, 191.
Lepetit (Auguste), r. Guilbert, 36.
Lepetit (ve Michel), r. des Carmes, 6.
Lepetit (Pierre-Jacques), r. St-Jean, 44.
Lepetit (Jean), ferblantier, r. St-Jean, 144.
Lepetit (Victor-Paul-François), porte au Berger, 5.
Lepetit de Courville (ve), r. de la Prairie-St-Gilles, 1.
Lepetit, vicaire de St-Gilles, r. Ste-Anne, 15.
Lepetit, clerc d'avoué, r. Écuyère, 42.
Lepetit (Georges-Nicolas), r. de l'Oratoire, 27.
Lepetit (dem. Sirène), lingère, r. des Jacobins, 16.
Lepetit (Henri), débitant de cidre, r. des Jacobins, 15.
Lepetit de Montfleury (Dominiq.-Ed.-Marie), r. de la Fontaine, 8.
Lepetit (Jean), fabricant de toile, r. Basse, 22.
Lepetit (Noël-Philippe), faiseur de bas, r. des V.-Carrières, 18.
Lepetit, curé de St-Julien, r. St-Julien, 5.
Lepetit (François), cordonnier, r. des Capucins, 26.
Lepetit (Jean-Baptiste), débitant de cidre, r. des Capucins, 104.
Lepetit (Jacques), boulanger, à la Maladrerie.
Lépicier (Fr.-Nic.-Fréd.), entrep. de pavage, r. de Bayeux, 74.
Lépicier (Jean-François), coquetier, r. de l'Abbatiale, 37.
Lepley (Pierre), coquetier, r. de Geôle, 9.
Lepley (Jean-François), r. St-Jean, 119.
Lepoivre (Jean-Baptiste), r. du Gaillon, 6.

Lepontois (Jacques), fondeur, r. Frementel, 2.
Lefort-Renard (J.-L.-J.), march. de fils et rubans, r. St-Sauv., 21.
Lepresté (Ferdinand), docteur-médecin, r. des Carmélites, 16.
Lepreste (Jacques-Charles-François-Laurent), pl. St-Sauveur, 22.
Lepreste, avocat, r. Gémare, 20.
Leprestre fils, perruquier, r. St-Nicolas, 98.
Leprévost (Charles), médecin, r. Guillaume-le-Conquérant, 15.
Leprévost (v Jean-Baptiste), r. aux Namps, 7.
Leprévost (Jean-Pierre), tapissier, r. de Geôle, 8.
Lepricur, perruquier, r. Ecuyère, 26.
Leprince (Isidore-Joseph), cordonnier, r. des Carmes, 4.
Leprince (v Louis-Jacques), r. Ste-Paix, 42.
Leprince (Louis), journalier, r. Ste-Paix, 44.
Leprince (Michel), coquetier, r. de Vaucelles, 48.
Leprovost, ex-horloger, r. St-Jean, 59.
Leprovost (dame), r. des Carmes, 4.
Leprovost (Etienne-Napoléon), march. de vins, r. St-Jean, 243.
Leprovost (Constant-Pierre), médecin, r. d'Auge, 14.
Leprovost (Pierre-Noël-François), ex-tailleur, r. du Marais, 1.
Leprovost fils aîné, avoué, r. St-Martin, 43.
Leprovost, avoué à la cour, r. St-Martin, 80.
Leprovost (Gilles), débitant d'eau-de-vie, r. aux Juifs, 12.
Leprovost (Louis-Charles), r. de Vaucelles, 74.
Lépy (Henri), boulanger, r. St-Jean, 216.
Lequêne (v Gabriel-Dominique), r. St-Jean, 67.
Lequesne (Guillaume) aîné, marchand de lin, r. St-Jean, 160.
Lequesne (dem.), sage-femme, r. St-Pierre, 16.
Leramey (Jules-Auguste), quai de l'Abattoir.
Lerebours (Joseph), r. Ste-Paix, 48.
Lerebours (Louis), débitant de cidre, r. de la Préfecture, 11.
Lereddo, receveur de l'enregistrement, r. St-Sauveur, 3.
Lerenard (Pierre), plâtrier, r. de l'Odon, 6.
Lerenard (Louis-François), coquetier, r. St-Nicolas, 104.
Lerendu (v Jean), r. d'Auge, 14.
Leretour-Diony (Pierre-Constant), r. du Moulin, 12.
Leretour (Georges), cirier, r. St-Etienne, 10.
Lerévérand (Pierre), entrepreneur, r. St-Manvieux.
Lerévérand (v François), pl. Malherbe, 2.
Lerévérand aîné et jeune, pl. Malherbe, 2.
Leroussel d'Arnouville, r. de Geôle, 35.

Le Rouvillois, tailleur, r. St-Jean, 61.
Le Rouvillois (v⁰ François-Désiré) et fils et dem., r. de Geôle, 60.
Leroux (mad.), r. Caponnière, 25.
Leroux-Deslandes (v⁰ François-Edouard), r. de Bayeux, 38.
Leroux, tailleur d'habits, r. Guillaume-le-Conquérant, 29.
Leroux (Félix), débitant d'eau-de-vie, r. Guillaume-le-Conq., 2.
Leroux (dem.), r. Guillaume-le-Conquérant, 24.
Leroux (Louis), r. au Canu, 18.
Leroux, coquetier, r. Froide, 10.
Leroux (Charles), r. des Jacobins, 13.
Leroux (Alexis), marchand de papiers, r. Notre-Dame, 93.
Leroux (Adrien), aumônier à l'Hôtel-Dieu, r. Haute.
Leroux (Thomas), r. Pavée, 130.
Leroux (Louis), r. du Milieu, 10.
Leroux (v⁰ Jean-Etienne-Noël), cabaretière, r. St-Malo, 15.
Leroux (Charles-Gabriel-Amand), r. St-Etienne, 125.
Leroux, boisselier, r. St-Etienne, 147.
Leroux (Pierre-Victor), revendeur, Champ-de-Foire, 15.
Leroux, ouvrier menuisier, r. de Vaucelles, 72.
Leroux (Jean-Baptiste), à la Maladrerie.
Leroy (Pierre-Edouard), avoué à la cour, r. Crepelière, 2.
Leroy (Paul-Louis), cafetier, r. St-Jean, 163.
Leroy (v⁰ Jacques), r. des Quais, 12.
Leroy (Jean-Charles), marchand de blanc, r. St-Jean, 68.
Leroy (Pierre), cordonnier, r. du Vaugueux, 13.
Leroy (Thomas), cabaretier, r. du Vaugueux, 15.
Leroy (Louis-François), march. de vinaigre, r. du-Vaugueux, 2.
Leroy (François), charpentier, r. Ste-Paix, 28.
Leroy (Pierre-Emmanuel-Amand), r. Formage, 7.
Leroy (Jean-Jacques), coquetier, r. St-Jean, 184.
Leroy (Michel-Olivier), cordonnier, r. Notre-Dame, 102.
Leroy (Gustave), cordonnier, venelle aux Chevaux, 1.
Leroy (Jean-Louis), r. Haute, 6.
Leroy (Charles-François), faiseur de bas, r. du Marais, 3.
Leroy (Désiré), r. Ste-Paix, 35.
Leroy (Georges-Anthénor-Michel), jardinier, r. du Marais, 25.
Leroy (dem. Marguerite-Henriette), imp.-lib., r. Notre-Dame, 70.
Leroy (Jean-Louis), r. de Vaucelles, 20.
Leroy (Robert), à la Maladrerie.
Leroyer (Michel), revendeur, r. Caponnière, 18.

Leroyer, receveur de l'enregistrement, r. de la Chaîne, 12.
Leroyer (v⁰ Robert-Henri-Charles), pl. St-Sauveur, 35.
Leroyer (dem. Henriette), pl. St-Sauveur, 35.
Leroyer-Dubisson (dem.), r. des Quais, 26.
Leroyer, cafetier, r. Notre-Dame, 67.
Leroyer (Alphonse-Jean-Claude), r. St-Martin, 55.
Leroyer, rubannier, r. de Vaucelles, 52.
Leroyer (v⁰ Louis-Jacques-François), r. d'Auge, 45.
Lesaché (v⁰), marchande de lins, r. St-Sauveur, 19.
Lesaché fils aîné, r. St-Sauveur, 19.
Lesage, ancien notaire, r. des Carmes, 42.
Lesage, tailleur, r. d'Auge, 29.
Lesage, tailleur, r. Notre-Dame, 106.
Lesage (Arsène), employé à l'hospice, r. aux Lisses, 25.
Lesage (dame), r. Basse, 16.
Lesage fils, r. de Vaucelles, 82.
Lesaulnier (Jean-Baptiste), coutelier, ven. aux Chevaux, 9.
Lesaulnier (v⁰), r. Caponnière, 6.
Lesaulnier (Victor et v⁰), r. de Vaucelles, 61.
Lesauvage (Edme), médecin, r. de Bernière, 10.
Lesauvage (Yve-Victor-Alexandre), r. Calibourg, 2.
Les dames religieuses de la Charité, r. des Quais, 70.
Leseigneur, potier d'étain, r. St-Pierre, 28.
Lesseline (dem.), dentellières, cour de l'Ancienne-Halle, 5.
Lesseline, ouvrier serrurier, imp. Cauvigny.
Lesimple (dem.), r. St-Jean, 63.
Lesnis (Jean-François-Guillaume), r. du Vaugueux, 23.
Lesueur (Jean-Baptiste), r. St-Jean, 216.
Lesueur (François), épicier, r. des Sablés, 8.
Lesueur (Frédéric), r. de Geôle, 31.
Lesueur, débitant de cidre, r. de Falaise, 31.
Letanneur fils, menuisier, r. St-Martin, 43.
Letellier (Pierre-Louis), coquetier, r. de Bayeux, 32.
Letellier (dame), dentellière, r. au Canu, 3.
Letellier (v⁰ Hilaire-François), cafetière, r. St-Jean, 69.
Letellier (Pierre), cordonnier, r. St-Jean, 121.
Letellier (Pierre-Michel), fripier, r. St-Jean, 175.
Letellier (Pierre), employé chez M. Vautier, r. Guilbert, 13.
Letellier (Jean-Baptiste), revendeur, r. des Carmes 36.
Letellier-Scellos, tailleur, r. St-Jean, 34.

Letellier (Alcide), rubannière, r. St-Jean, 124.
Letellier (Pierre), r. St-Jean, 106.
Leteiller (Constant), cabaretier, montoir de la Poissonnerie, 7.
Letellier (Adèle), passementière, r. Ecuyère, 46.
Letellier, marchand de grains en gros, r. de Geôle, 23.
Letellier (vᵉ Pierre), r. Basse, 38.
Letellier (Joseph), cordonnier, r. St-Etienne, 127.
Letellier (Jean), boulanger, r. St-Etienne, 153.
Letellier (Jacques), teinturier, r. de Vaucelles, 79.
Leterrier (dame), sage-femme, r. Leroy, 16.
Letestu-Chibourg, marchand de bas, r. St-Pierre, 11.
Letimonnier, peintre-décorateur, r. de Geôle, 16.
Letimonnier (Sophie), couturière, r. de Geôle, 31.
Letot, huissier, pl. St-Sauveur, 9.
Letot (dame), r. des Jacobins, 2.
Letot (Isidore), r. de la Fontaine, 5.
Letourmy (vᵉ Germain-Hilaire et dem.), r. Formage, 6.
Letourmy (Charles-Georges), r. Pémagnie, 14.
Letourmy fils, maçon, r. du Gaillon, 20.
Letourneur (vᵉ Julien), r. Notre-Dame, 69.
Letourneur (Jacques), marchand de bas, r. Guill.-le-Conq., 19.
Letourneur (dame), r. des Quais, 68.
Letourneur, receveur de l'enregistrement, r. Ecuyère, 19.
Letourneur (vᵉ Pierre), r. Ste-Paix, 9.
Letourneur (Noël-Thomas), huissier, r. St-Martin, 49.
Letourneur (femme Jean-Jacques), à la Maladrerie.
Letourneur (Hippolyte), cultivateur, à la Maladrerie.
Letourneur (Hippolyte), fabricant de bas, à la Maladrerie.
Letouzé (Arsène), boulanger, r. des Quais, 10.
Letrochu de Morigny (Julien-Michel), r. des Carmes, 54.
Letulle (Richard), clerc d'avoué, pl. St-Sauveur, 32.
Letulle (Narcisse), huissier, pl. St-Sauveur, 32.
Letulle, horloger, r. St-Jean, 157.
Letulle (dem.), r. de Geôle, 25.
Letulle (vᵉ), débitante de tabac, r. Notre-Dame, 121.
Leval (vᵉ et dem.), r. des Carrières-St-Gilles, 1.
Levallois, ex-percepteur, r. Guillaume-le-Conquérant, 19.
Levallois (Jean-Baptiste), menuisier, r. de la Préfecture, 20.
Levallois, caissier, r. de Bernière, 12.
Levalois (femme), r. Ecuyère, 14.

Levalois (Victor), menuisier, imp. des Jacobins, 2.
Levalois (Félix) jeune, menuisier, r. de la Comédie, 7.
Levalois (Joseph-Auguste), avoué, r. St-Martin, 33.
Levard (ve), r. de la Chaîne, 1.
Levard, aubergiste, impasse Gohier, 2.
Levardois (Casimir), avocat, pl. St-Sauveur, 22.
Levardois (Casimir), avocat, r. du Milieu, 10.
Levasnier (Athanase), empl. à la recette génér., r. des V.-Carr., 1.
Levavasseur (ve), r. St-Jean, 137.
Levavasseur (Paul), revendeur, r. du Vaugueux, 40.
Levavasseur (Auguste), maçon, r. d'Auge, 94.
Levavasseur (François-Denis), coquetier, r. du Milieu, 6.
Levavasseur (Jacques-Joseph), r. St-Martin, 62.
Levéel (Pierre), mercier, venelle aux Chevaux, 7.
Leveneur (Gilles-Achille), prêtre, r. de la Pigacière, 7.
Leveneur (Robert-Amable), marc. de coton, r. Tour-de-Terre, 14.
Leverdelet (Emile), dit Lamare, marc. de toile, r. St-Jean, 33.
Levernieux (ve Jean-Baptiste), r. Bosnière, 20.
Levert (Jean-Baptiste), coquetier, à la Maladrerie.
Levesque (ve Jacques-Claude-François), r. du Moulin, 4.
Levesque (dem. Alexandre et Elisabeth), r. du Moulin, 4.
Levesque (Félix), tailleur, r. Notre-Dame, 69.
Levicomte (Pierre-Julien), marchand de dentelles, r. St-Jean, 171.
Levieul (dame Nicolas), r. St-Pierre, 22.
Levilain (Louis), débitant d'eau-de-vie, r. St-Jean, 244.
Levilain (Pierre-Louis), à la Folie.
Levillain, r. St-Jean, 133.
Levillain (ve Auguste), r. Neuve-St-Jean, 22.
Levillain (Jean-Baptiste), épicier, r. St-Jean, 44.
Levillain (Hippolyte), débitant d'eau-de-vie, r. d'Auge, 80.
Levillain (Ferdinand-Victor), r. Ecuyère, 14.
Lèvre (Guillaume-Pierre), tailleur, r. St-Pierre, 28.
Lhermite (Victor), vice-président du tribun. civil, r. Vilaine, 4.
Lhermite (Victor-Jules) fils, avocat, r. Vilaine, 4.
L'Homme, empl. à l'intendance militaire, r. du Ham, 2.
L'Homme, vicaire de Vaucelles, r. de l'Eglise-de-Vaucelles, 2.
L'Honneur (Amand), boulanger, r. Caponnière, 23.
L'Honoré (Ange), aubergiste, r. de Vaucelles, 35.
L'Honoré-Dubuisson (ve), r. Ecuyère, 18.
L'Honorey (dem.) aînée, r. des Quais, 40.

L'Honòrey (dem.) jeune, r. des Quais , 40.
L'Honnorey (Achille) , grènetier, r. de Vaucelles., 53.
Lidehard, r. d'Auge , 44.
Lidhard (Jean-Pierre), r. St-Martin, 53.
Liégard (François), cordonnier., r. de Falaise, 23.
Liégard (Philippe-Auguste), quincaillier, r. St-Jean, 63.
Liégard (Auguste-Alfred), médecin, r. des Carmes., 37.
Liégard (Désiré), receveur de l'octroi , r. des Quais , 22.
Liégard (Toussaint), cordonnier ; r. St-Jean , 241.
Liégard (Louis-Edouard), lieutenant en retraite , r. St-Jean , 76.
Liégard , ex-avoué , r. Jean-Romain.
Liégard , sellier, r. de la Comédie, 7.
Limare (vᵉ), entrepôt de tabac, r. des Carmélites , 3.
Liot (Charles) , chaudronnier , r. Calibourg , 11.
Liot-Stimbert (Isidore) , marc. de chaussures, pl. St-Pierre, 6.
Liot (Charles-Robert) , cordonnier , r. du Ham , 1.
Lisot (vᵉ), rentière , r. des Croisiers , 11.
Lizot , empl. des contributions indirectes , r. Ecuyère , 32.
Lizot (Louis), employé à la préfecture., cour de la Monnaie, 1.
Loizel , lithographe, r. Hamon, 8.
Loisel (Pierre) , r. Basse, 57.
Loisel jeune, cabaretier , r. St-Jean , 208.
Loisel , conseiller à la cour, pl. St-Sauveur , 27.
Loisel (Auguste), cafetier , pl. St-Sauveur , 6.
Loison (François), débitant de cidre, r. du Milieu, 25.
Loison , r. du Moulin-St-Ouen , 15.
Loison (Charles-Pierre-Michel) , blanchisseur , r. Pavée , 135.
Loison (Pierre-Aug.), dit Marie, fàbr. de calicots, imp. Cauvigny.
Lolivier , contrôleur én. chef de l'octroi , r. du Moulin , 9.
Lollier (Auguste), conducteur de travaux, mont. de la Poiss., 27.
Lomer , aubergiste, r. St-Martin , 30.
Londe (Pierre), r. St-Martin , 42.
Londe (Auguste), coquetier , r. Ste-Anne, 3.
Londe (Pierre), débitant, r. de Vaucelles, 18.
Londe , gendre de M. Cahier , r. Gémare, 17.
Longpré (Paul-Clément), couturier, passage Bellivet , 20.
Longpré-Quesnot , mercier , r. St-Jean , 74.
Longuet (dem.), venelle aux Chevaux, 9.
Longuet (Jean-Nicolas-François), r. de Vaucelles, 31.
Longuet (Emile), marchand de vins , r. des Quais , 84.

Longuet (René), marchand de dentelles , r. de la Préfecture, 27.
Longuet (vᵉ Jean-Charles-Louis), r. des Cordes-St-Gilles.
Longuet (vᵉ Charles), chaisier, r. des Carrières-St-Gilles , 27.
Longuet (Laurent), r. de Geôle.
Longuet (vᵉ Laurent), r. Calibourg, 9.
Longuet (Elisa), r. Bosnière, 30.
Longuet (Marguerite), débitante d'eau-de-vie , r. Montaigu , 7.
Longuet , médecin , r. St-Etienne , 153.
Loquet (Louis-Augustin) , r. Guillaume-le-Conquérant , 10.
Loret , employé des contribut. indirectes, r. Notre-Dame , 50.
Lorieux (Prosper) , r. des Sables.
Loriot (dem.), r. Hôtel-de-Ville , 30.
Loriot (Jacques-Désiré), r. de Branville , 28.
Lottier (Louis-Anthénor), maître paveur, r. des Carrières-St-G., 6.
Louis (Paul-Louis), r. des Vieilles-Carrières, 16.
Louis (vᵉ Paul), débitante, r. des Carmes, 64.
Louise, professeur au collége, r. Guillaume-le-Conquérant.
Losvier (François), marchand de faïence, r. St-Jean, 65.
Louvel, vicaire, r. St-Julien, 5.
Louvet, vitrier, r. de Vaucelles, 65.
Louvet (Pierre), marché au Bois, 14.
Loy (Pierre), marchand de sabots, r. aux Lisses, 5.
Loyauté, instituteur, r. St-Jean, 154.
Loyer (Jacques-Michel), marchand rouennier, r. Froide, 5.
Luard (vᵉ Pierre-Jacques-François), r. Branville, 17.
Luard (Jean-Jacques), r. du Gaillon, 27.
Luard (Pierre-Hippolyte-Edouard), linger, r. des Teinturiers, 24.
Luard (Jean), tonnelier, r. d'Auge, 3.
Luard (Pierre-Exupère), cordonnier, r. de Vaucelles, 116.
Luard, médecin, r. de Vaucelles, 1.
Luard (Eugénie), femme Lemonnier, r. St-Laurent, 10.
Luard (Edme-Victor), épicier, r. St-Jean, 132.
Lucas (Léon), concierge au tribunal civil, pl. St-Sauveur.
Lucas (Marie), coquetier, pl. St-Sauveur, 23.
Lucas (Pierre-Félix), r. des Capucins, 56.
Lucas, gendre de M. Riquier-Larivière, r. Bosnière, 24.
Lucas (Charles-François), maréchal, r. aux Lisses, 36.
Lucas (Pierre-Jean), grènetier, cour de l'Ancienne-Halle, 7.
Lucas (Jean), r. St-Jean, 52.
Lucas (Jean), tonnelier, r. Neuve-St-Jean, 39.

Lucas, ministre protestant, impasse Cauvigny.
Lucas, directeur de Beaulieu, à Maladrerie.
Lucet, cultivateur, r. de Bayeux, 56.
Lucet (Auguste-Prosper), menuisier, r. Singer, 11.
Lumière (Marin-Félix) jeune, r. Caponnière, 30.
Lunel (Jean-Louis), ébéniste, r. des Quais, 18.
Lunel (dem.), lingère, r. St-Laurent, 11.
Lunel (Pierre-Marcel), r. St-Martin, 56.
Luquenaz (Bernard), coquetier, r. de Bayeux, 35.

M

Mabire (Pierre), commis à la dir. des douanes, r. de Geôle, 25.
Mabire (Louis-Hippolyte, avocat, r. Ecuyère, 42.
Macaire (ve Louis-Léonard) et fils, pl. St-Sauveur, 28.
Macé (Thomas-Léonard), r. Vilaine, 17.
Macé (dem.-Luce), r. des Teinturiers, 11.
Macé (Pierre), cabaretier, r. de Tours, 11.
Macé (dem.), r. St-Malo, 15.
Macé (Louis), papetier en gros, r. Gémare, 3.
Machefer (ve Prosper) r. Bosnière, 28.
Madelaine, constructeur de ponts-et-chaussées, p. St-Pierre, 14.
Madelaine (André), pâtissier, r. St-Jean, 82.
Madelaine (Gabriel), conducteur de travaux, r. Notre-Dame, 67.
Madelaine (Constant), cabaretier, r. St-Jean, 189.
Madelaine, coquetier, r. St-Malo, 13.
Madelaine (ve Jacques), r. Calibourg, 7.
Madeline (Jean-Baptiste), r. aux Lisses, 18.
Madeline (François-Charles), boulanger, r. aux Lisses, 48.
Madeline, ex-huissier, r. du Pont-Créon.
Madeline (dame), r. St-Laurent, 4.
Madeline (Jean-Baptiste), huissier, r. de la Préfecture, 23.
Madeline (Jean-Etienne), aubergiste, r. de l'Odon, 16.
Magdelaine (Jacques) fils, ex-serrurier, r. Notre-Dame, 123.
Magron (André), marchand de nouveautés, r. de Bernière, 15.
Magron-Flize fils aîné, r. de Bernière, 15.
Maheu, r. Froide, 10.
Maheu (Louis-François), r. Frementel.
Maheust, avocat, r. St-Sauveur, 43.
Maheut (Jean-Baptiste-Philippe), rec. de l'oct., r. de la Déliv., 18.

Mahier-Duboulay, commissaire-voyer, r. de Bayeux, 51.
Mahieu (Jean-François), cordonnier, r. Basse, 15.
Mahieu (v^e), r. de la Masse, 9.
Mahieu (Louis-Michel-Philippe), r. de la Masse, 11.
Mahieu (v^e Lambert) et fils, cabaretiers, r. de la Boucherie, 11.
Maillard, contrôleur des contributions indirectes, r. Ste-Anne, 16.
Mainfroy, contrôleur des contributions ind., r. des Carmes, 10.
Maignac (Julien), r. de Bagatelle, 12.
Maingot (v^e), r. St-Jean, 74.
Mainier (Etienne-Jean-Constantin), rentier, r. de Bayeux, 12.
Maintrieu, coquetier, r. St-Martin, 41.
Maizeret (femme Prosper), revendeuse, mont. de la Poiss., 17.
Malabry, r. St-Jean, 230.
Malas, poissonnier, r. de la Prairie-St-Gilles, 5.
Malaurey (Joseph), r. du Moulin, 2.
Malbranche, marchand de grains, r. Notre-Dame, 51.
Malecot (dame), r. des Croisiers, 6.
Malenfant (Louis), garçon de magasin, r. de l'Oratoire, 8.
Malfilatre (Jean-Nicolas-Michel), r. St-Jean, 40.
Malfilatre, tapissier, r. St-Malo, 11.
Malherbe, maître de dessin, r. Pailleuse, 5.
Malherbe fils, peintre, r. Pailleuse, 5.
Malherbe (Amédée), marchand de passementerie, r. St-Jean, 28.
Malherbe (Jean-Théodore), linger, passage Bellivet, 30.
Malherbe, conducteur des ponts-et-chaussées, ven. Gauthier.
Malheux (Jacques-Amand), boucher, r. Vilaine, 23.
Maligne fils aîné, passementier, r. St-Jean, 124.
Maligne (v^e), pl. de la Mare, 6.
Mallet (Auguste), coquetier, r. de Bayeux, 21.
Mallet, avoué, r. Guillaume-le-Conquérant, 6.
Mallet (Louis), épicier, r. St-Pierre, 18.
Mallet (v^e François), mercière, r. Froide, 31.
Mallet (Auguste), menuisier, à la Maladrerie.
Mallot (Pierre-Jacques-Sébastien), r. du Boulevart, 17.
Mally (Pierre), coquetier, montoir de la Poissonnerie, 23.
Malombe (femme Jean-François), cabaretière, quai de Juillet.
Malon (François-Félix), coquetier, porte au Berger, 8.
Malou-Gueroult, vitrier, r. St-Jean, 195.
Malouin-Dubreuil (v^e), r. des Carmélites, 5.
Man (Gracia-François), r. Basse, ven. Manissier.

Mancel (v° Thomas), r. St-Sauveur, 7.
Mancel (Paul-Amand), coquetier, r. St-Sauveur, 7.
Mancel (dame), r. St-Jean, 223.
Mancel (Pierre-Bernard), libraire, r. St-Jean, 66.
Mancel (dem.), r. St-Jean, 66.
Mancel (Pierre), ex-boulanger, r. St-Jean, 66.
Mancel (Alexandre-Adrien), r. Basse, 93.
Mancel (Louise), r. Basse, 93.
Mancel, jardinier, r. Traversière, 8.
Mancel de Boisdenos (J.-L.-César), r. des Carrières-St-Gilles, 23.
Mancel (Jean-Baptiste), r. du Moulin, 2.
Mancel (Georges), r. du Moulin, 2.
Mancel (Antoine), offic. de la Légion-d'Honneur, r. de Falaise, 84.
Mancel (Théodore), fabricant de bas, à la Maladrerie.
Mancel (Louis), cabaretier, à la Maladrerie.
Manchin (dem.), maît de pension, r. G.-le-Conq., c. du collége.
Manchon, dit Lechevalier, marchand de vins, r. St-Jean, 263.
Manchon (Jacques), marchand rouennier, pl. Royale, 23.
Mancini (Edouard), marchand de casquettes, passage Bellivet.
Manière (Eustache), cafetier, r. de Vaucelles, 54.
Manicier (femme), débitante, r. St-Martin, 48.
Mannoury (Constant), r. Ecuyère, 24.
Mannoury (Alexandre), libraire, r. Froide, 6.
Mannoury aîné, r. Guillaume-le-Conquérant, 19.
Mannoury (Jean-Charles), mégissier, r. des Capucins, 49.
Manoury (Marie), r. des Capucins, 28.
Manoury-Lacour aîné, r. St-Nicolas, 98.
Manoury-Lacour (Louis-Anatole), r. S.-Nicolas, 94.
Manoury, conservateur du jardin des plantes, r. Desmoueux.
Manoury (François), r. Bretagne-Calix, 22.
Manoury (Arsène), fabricant de bas, r. aux Lisses, 2.
Manoury (Jacques-Robert), serrurier, r. Neuve-St-Jean, 21.
Manoury (Besnard-Alexis), chapelier, pont St-Pierre, 15.
Manoury (v° Jean), pont St-Pierre, 15.
Manoury (Nicolas), fabricant d'amadou, à la Maladrerie.
Manson (Alexandre), marchand de couleurs, r. des Quais, 12.
Marais (Arsène), employé à la rafinerie, r. de Falaise, 88.
Marais, huissier, r. aux Namps, 5.
Marc (Georges-Auguste), imp. Ecuyère, 39.
Marc (Nicolas-Pierre), r. Ecuyère, 16.

Marc (v⁺ Hippolyte-Pierre-François), r. de la Préfecture, 5.
Marc (Auguste), r. Notre-Dame, 83.
Marc (dem.), r. d'Auge, 10.
Marc (Michel-Auguste), r. St-Anne, 17.
Marc (dame), sage-femme, r. de Bayeux, 5.
Marc (v⁺ François-Joseph), r. des Cordeliers, 8.
Marc (Jean-Pierre), boucher, montoir de la Poissonnerie, 23.
Marcant, perruquier-coiffeur, pl. St-Sauveur, 12.
Marchet, marchand de couvertures, pont St-Pierre, 1.
Marechal, vicaire de St-Etienne, r. de Bayeux, 34.
Maréchal (Louis-François), blanchisseur, r. du Boulevart, 13.
Maréchaux (Louis-Augustin), prêtre, r. du Vaugueux, 36.
Marescal, ex-boulanger, r. St-Jean, 205.
Marescal (v⁺ Jacques), r. Pailleuse, 1.
Marescal (Urbain), r. Pailleuse, 11.
Marescal (Frédéric), mercier, r. St-Jean, 58.
Marescot (Victor), coquetier, r. de Vaucelles, 38.
Maresqué, gendarme, r. des Carmes, 50.
Margautier, avoué, r. de l'Odon, 13.
Marguerie, juge au tribunel civil, pl. St-Sauveur, 4.
Marguerie fils et dem., pl. St-Sauveur, 4.
Marguerie (Alexandre), débitant d'eau-de-vie, marché au Bois.
Margueritte (Edouard), boulanger, r. St-Jean, 102.
Margueritte (P.), dit Bompain, charpentier, r. des Capucins, 98.
Maricot (Jean), ex-tonnelier, r. du Vaugueux, 24.
Maricot fils, tonnelier, r. du Vaugueux, 26.
Marie (Jean), pâtissier, pont St-Pierre, 18.
Marie (Pierre), restaurateur, r. St-Jean, 108.
Marie (Henri-Martial), r. St-Jean, 232.
Marie, fabricant de peignes, r. St-Jean, 234.
Marie (Louis), coquetier, passage Bellivet.
Marie (Emélie), dit Dupont, r. des Quais, 24.
Marie (Alexandre), menuisier, r. Neuve-St-Jean, 2.
Marie (Frédéric-Germain), r. St-Jean, 165.
Marie, fabricant de chandelles, r. des Jacobins, 8.
Marie (Antoine), revendeuse, Champ-de-Foire, 8.
Marie, surnuméraire des postes, r. du Vaugueux.
Marie (Nicolas), jardinier, r. de la Délivrande, 23.
Marie (Pierre-Charles), dit Larose, r. Basse, 11.
Marie (Gilles), r. Basse, venelle Manissier, 67.

Marie fils, dit Paul, serrurier, r. Haute, 8.
Marie (Paul-Pierre), débitant, venelle Campion, 1.
Marie (Clément), maçon, r. Vilaine, 12.
Marie (Pierre-Louis), charpentier, r. Bosnière, 21.
Marie, coquetier, r. des Teinturiers, 21.
Marie (Alexis-Adolphe), loueur de voitures, r. des Teinturiers, 4.
Marie (Jacques), lessivier, r. des Teinturiers, 8.
Marie (Eugène) fils et dem., faïencier, r. Notre-Dame, 75.
Marie (Jean-Louis), parfumeur, r. Notre-Dame, 87.
Marie (Nicolas-Etienne), r. Notre-Dame, 115.
Marie (Auguste), dit Barel, r. Notre-Dame, 38.
Marie (François), serrurier, r. du Moulin, 7.
Marie (Louis), marchand de soierie, r. du Moulin, 20.
Marie (Auguste), avocat, pl. Royale, 15.
Marie (Louis-François), banquier, pl. Royale, 15.
Marie, dit Francy, coiffeur, venelle aux Chevaux, 29.
Marie (Joseph), boulanger, r. Ecuyère, 7.
Marie (dem. Jeanne), épicière, r. Ecuyère, 44.
Marie (Jean-Pierre), empl. à la direction des dom., r. au Canu, 8.
Marie, débitant de cidre, r. Bicoquet, 56.
Marie (Pierre-Charles), mercier, r. Guillaume-le-Conquér., 29.
Marie (Eugène-Fénélon), r. Guillaume-le-Conquérant, 29.
Marie, perruquier, r. Caponnière, 15.
Marie (Charles-Constant), boulanger, r. des Capucins, 22.
Marie (P.-Jean-Bapt.), marc. de filasse et de lin, r. St-Sauv., 12.
Marie (v^e), r. St-Martin, 55.
Marie, propriétaire, pl. St-Martin, 16.
Marie (Adjutor-François), r. St-Martin, 26.
Marie (Urbain-Prosper), vitrier, pl. de l'Anc.-Boucherie, 112.
Marie (Antoine-Louis), entrepren. de bâtim., r. des Croisiers, 7.
Marie (Paul-Jean-Jacques), menuisier, r. Ste-Paix, 1.
Marie (François), menuisier, r. Branville, 86.
Marie (Alexandre-Louis), porte au Berger, 9.
Marie (Modeste), serrurier, à la Maladrerie.
Marie-Douville, vitrier, r. Notre-Dame, 116.
Marie-Viel, libraire et commissionnaire, r. Notre-Dame, 121.
Mariette-Norville (v^e) et fils, r. Bretagne-Calix, 2.
Mariette (Jacques), maréchal, r. d'Auge, 23.
Mariette (v^e et dem.), r. de l'Académie, 8.
Marion père et fils, march. de chevaux, r. de l'Académie, 10.

Marois (Pierre), débitant d'eau-de-vie, Gr.-Place-St-Gilles, 2.
Marquet (dem. Florence), rentière, r. Ste-Anne, 1.
Martel (vᵉ Antoine), r. Traversière, 20.
Martignon (Louis-André), r. St-Jean, 62.
Martignon, propriétaire, montoir de la Poissonnerie, 18.
Martin (Pierre-Antoine), r. de Bernière, 8.
Martin (Alfred), ouvrier tapissier, r. Guilbert, 3.
Martin (Pierre), aubergiste, r. St-Jean, 57.
Martin (Guillaume et Louis), r. St-Jean, 57.
Martin, capitaine retraité, r. du Havre.
Martin (vᵉ Pierre), fabricante de chandelles, r. des Jacobins, 8.
Martin (Marianne), femme Duval, r. de Bretagne-Calix, 6.
Martin (Victoire), à la Folie.
Martin (Eugène), débitant, r. de Geôle, 17.
Martin (Achille), cafetier, r. Notre-Dame, 87.
Martin (Jean), cafetier, r. St-Etienne, 143.
Martin (Jacques-Paul), confiseur, r. St-Pierre, 14.
Martin (Jean-Louis-Alphonse), doct.-méd., r. de la Préfecture, 14.
Martin (Edouard), débitant de cidre, r. de Bayeux, 49.
Martin (Jean-Frédéric), fripier, r. des Croisiers, 24.
Martin (vᵉ Alph.), marc. de monuments funèb., r. St-Martin, 19.
Martin (Michel), cordier, au-dessus du Calvaire, r. de Falaise.
Martin (Norbert), à la Maladrerie.
Martin de Courteuil (dame), r. St-Jean, 91.
Martin-Fontaine, gantier, r. St-Jean, 51.
Martine, cafetier, r. St-Pierre, 30.
Massienne (Michel-Philippe-Théodore), r. Branville, 15.
Massienne (François-Bernard-Félix), r. Branville, 52.
Massienne (Alexandre-Joseph), marc. de papier, r. St-Jean, 85.
Massieu (Jean-Baptiste), teinturier, r. Gémare, 11.
Massieu, avocat, pl. St-Martin, 10.
Massieu de Clerval (Michel-Auguste), r. de Bernière, 15.
Massieu (Adolphe-Alexandre), à la Maladrerie.
Massinot (dame vᵉ), r. St-Jean, 160.
Massinot-Paysant (vᵉ), r. Leroy, 12.
Masson, arpenteur, r. des Carmélites, 2.
Masson (Edouard), r. Ste-Anne, 7.
Mathan, cabaretier, r. Neuve-du-Port.
Mathurin (vᵉ Pierre-Charles-René), r. St-Malo, 2.
Mathurin (Victor), ferblantier, r. St-Malo, 4.

Mathurin-Bosquet (Isidore), rubannier, m. de la Poissonnerie, 5.
Maubant (Pierre), conseiller à la cour, pl. de la Comédie, 1.
Maubant (dame), modiste, pl. de la Comédie, 2.
Maubant (Pierre-Roland), pl. de la Comédie, 2.
Maubant (Auguste), ouvrier jouallier, r. St-Jean, 26.
Maubant (dem.) aînée et jeune, r. St-Laurent, 16.
Mauduit, employé des postes, r. St-Pierre, 23.
Mauduit, chef de bureau à la mairie, r. St-Jean, 115.
Maufras (Pierre), pl. Royale, 16.
Maufras (Thomas-François), r. Jean-Romain, 17.
Maufras (Frédéric), percepteur, r. des Jacobins, 11.
Mauger (Pierre), cordonnier, r. Notre-Dame, 86.
Mauger (v° Noël), r. de Geôle, 34.
Mauger aîné, coutelier, pl. St-Pierre, 8.
Mauger (Louis), boulanger, r. de Bayeux, 34.
Mauroir (dem.), r. St-Jean, 129.
Maury (Georges), menuisier, r. Royale.
Mayer fils, médecin, r. des Carmes, 57.
Mayet (Guillaume-François), r. de l'Oratoire, 18.
Mazier (Louis-Antoine), r. des Capucins, 30.
Meaulle (Jean-Baptiste-Philippe), r. de Geôle, 6.
Mehedin, agent voyer en chef, impasse Cauvigny.
Meleux (Victor), cabaretier, r. Gémare, 6.
Melion (dame Jean-Charles-Auguste), r. St-Jean, 51.
Melion (Louis), cabaretier, r. St-Jean, 213.
Ménager (Amable), perruquier, r. de Geôle, 3.
Menager frères, fabricants de franges, r. Froide, 7.
Ménard (Bon-Prudent), cordonnier, r. St-Jean, 235.
Ménard, peintre en voiture, r. de la Marine, 5.
Ménard (Nicolas), coquetier, r. St-Jean, 47.
Ménard (dame), r. St-Jean, 51.
Medard fils, r. Bosnière, 42.
Ménard (Jean-François), ferrailleur, cour de l'Ancienne-Halle, 13.
Ménard (dem. Célina), r. St-Etienne, 133.
Ménard jeune, march. de chauss. et cordonn., v. aux Chevx, 16.
Ménard (v° Lucien), r. du Vaugueux, 8.
Menuet (v° François), r. St-Jean, 224.
Mercier (Pierre-Auguste), passementier, r. des Jacobins, 10.
Méreau, relieur, r. Froide, 12.
Meryet, professeur au collége, r. St-Julien, 5.

Mériel (Jean), luthier, r. St-Jean, 56.
Mériel (Jean-Baptiste) fils aîné, luthier, imp., Gaulnier.
Mériel, luthier, venelle aux Chevaux.
Mériel (vᵉ) et fils, r. Froide, 4.
Mériel (Clément), commissaire-priseur, pl. St-Sauveur, 17.
Mériel (Paul), marchand linger, venelle aux Chevaux, 5.
Mériel (Vincent), menuisier, à la Maladrerie.
Mérienne (Joseph-Louis-Marie), retord. de fils, r. au Canu, 10.
Mérille (Alexandre), r. de Geôle, 41.
Méritte-Lonchamp, r. des Carmélites, 16.
Méritte (Charles-Jacques-Désiré), r. Basse, 73.
Méritte (Michel-Charles), boucher, mont. de la Poissonnerie, 8.
Mérouze (vᵉ), r. du Havre, 3.
Mérouze (Ulysse), fabricant de dentelles, r. du Havre.
Mérouze, employé à l'octroi, r. du Vaugueux, 68.
Méry (vᵉ), propriétaire, r. d'Auge, 44.
Mesniel (vᵉ), r. d'Auge, 34.
Mesnil (vᵉ), débitante d'eau-de-vie, r. de la Comédie, 3.
Mesnil (Victor), r. de Vaucelles, 52.
Mesnil (Pierre-Arsène), marchand de vins, r. Neuve-St-Jean, 17.
Mesnil jeune, marchand de vins, r. Neuve-St-Jean, 17.
Mesnil, menuisier, r. de la Marine, 3.
Mesnil (Thomas), r. Ste-Anne, 1.
Mesnil (dem. Angélique), r. aux Lisses, 37.
Mesnil Pierre), r. Guillaume-le-Conquérant, 2.
Mesnil, avoué, pl. St-Martin, 12.
Mesnildot (Louis-Hippolyte), r. des Capucins, 51.
Messin (Louis), ébéniste, r. des Croisiers, 17.
Messire (Pierre-Adolphe), peintre, r. des Quais, 26.
Mettay, propriétaire, r. Branville, 89.
Meunier, officier retraité, r. des Carrières-St-Gilles, 5.
Mézaize-Lejeune, propriétaire, r. St-Jean, 105.
Mézaire (Alexandre), r. Guillaume-le-Conquérant, 7.
Mézaize (Pierre-Joseph-Amand) jeune, r. Guillaume-le-Conq., 25.
Mézaize (Jean-Pierre), r. de Falaise, 34.
Mézeray, tapissier, r. Notre-Dame, 69.
Mezières (Jean-Baptiste), r. des Carmes, 25.
Miats, employé dans une fabrique de tulle, r. Ste-Paix, 13.
Micalomier (Antoine), lieutenant retraité, impasse Gohier.
Michaux, capitaine retraité, r. des Vieilles-Carrières, 12.

Michel (dem.), institutrice, r. St-Jean, 52.
Michel, cabaretier, r. St-Jean, 112.
Michel (Paul), ferblantier, r. de l'Oratoire, 13.
Michel (ve), ex-tonnelière, r. des Carmes, 68.
Michel (Pierre-Jean-Marin), fabric. de bas, r. de la Délivrande, 8.
Michel (Robert), aubergiste, r. Gémare, 11.
Michel (v° Georges), marchande de vins, r. Notre-Dame, 88.
Michel (Pierre), forgeron, r. Guillaume-le-Conquérant, 2.
Michel (Pierre), maréchal, r. de Bayeux, 78.
Michel (Vigor), r. aux Juifs, 1.
Michel (Jean-Baptiste), revendeur, r. aux Juifs, 21.
Michel (J.-J.-Hipp.), marchand de dentelles, porte au Berger, 11.
Michel (Narcisse), marchand de dentelles, r. du Vaugueux, 69.
Michel, employé à l'enregistrement, r. de Bretagne-B.-l'Abbé, 13.
Michel-Descouture, r. des Jacobins, 8.
Mignot (Louis-Adolphe), march. de mousseline, r. N.-Dame, 78.
Mignot (ve), r. Notre-Dame, 78.
Mignot jeune, r. Notre-Dame, 78.
Mignot, rentier, r. Puits-ès-Bottes, 9.
Millefaux (César), au collége, r. Guill.-le-Conq., cour du Collége.
Millet (Victor-Théodore), r. de Lisieux, 12.
Millet, débitant d'eau-de-vie, quai de Juillet.
Millet (mad. Louis), r. St-Jean, 40.
Milvin (Jean), dit Mézy, faïencier, r. St-Sauveur, 51.
Miocque (ve), pl. de la Marre, 11.
Miocque (ve Louis-Charles-Victor), r. Desmoueux, 4.
Miquelard (Félix), colonel en retraite, r. St-Julien, 5.
Miray (ve Michel-Auguste-Nicolas), r. St-Jean, 207.
Miray (ve), débitante de tabac, r. St-Jean, 144.
Miray (Félix), chapelier, r. Guillaume-le-Conquérant, 2.
Mobss-Jaenne, anglais, r. des Carrières-Neuves, 13.
Mofras, receveur de l'*Assurance Mutuelle*, r. des Capucins, 45.
Mofras (Modeste), r. St-Pierre, 32.
Moisant (ve Richard-Nicolas), r. aux Namps, 11.
Moisant, notaire, pl. St-Sauveur, 16.
Moissel (Charles), sellier, r. St-Jean, 188.
Moisson (Jean-Louis), épicier, r. St-Etienne, 148.
Moisson (Madelaine], r. Neuve-St-Jean, 47.
Moisson (Jean-Pierre), épicier, r. Notre-Dame, 44.
Moisson, sellier, pont St-Jacques, 5.

Moisson (Louis), ex-parfumeur, venelle aux Chevaux, 2.
Moisson (Charles), r. St-Laurent, 5.
Moisson (Louis-Victor), menuisier, impasse des Jacobins, 2.
Moisson (dem.), r. de Falaise, 17.
Moisson (Adolphe), marchand de beurre, r. du Vauqueux, 25.
Mondé-Dumontier (Em.-Jacq.-Ol.), r. des Carrières-St-Gilles, 17.
Mondehard (Maximilien), r. de Geôle, 32.
Mondehard (Pierre), épicier, r. Guillaume-le-Conquérant, 33.
Mondehard (Amable), serrurier, r. St-Laurent, 8.
Mondo (Jean-Florent), r. Neuve-St-Jean, 21.
Monin (Exupère), peintre, r. St-Jean, 85.
Monot (Joseph), aubergiste, quai de l'Abattoir.
Montais (dem.), institutrice, r. des Croisiers, 7.
Montier (v. Jean-Louis), r. Caponnière, 14.
Montigny (v° Alexandre), m. de dentelles, r. Notre-Dame, 106.
Montpellier, pl. de l'Ancienne-Boucherie, 124.
Montreuil, cordonnier, r. des Capucins, 41.
Morand, vicaire de St-Pierre, marché au Bois.
Morand (femme), débitante, r. Branville, 20.
Morand (Marie-Henri), facteur de dentelles, r. St-Jean, 80.
Mordand (v° Guillaume), r. des Carmes, 39.
Morel (dem. Joséphine), pont St-Pierre, 14.
Morel (François), coquetier, r. Bosnière, 16.
Morel (Emelie-Jeanne), r. St-Pierre, 18.
Morel (François), conduct. des ponts-et-chaussées, r. Pailleuse, 7.
Morel de Than (François-Frédéric-Henri), r. de Geôle, 33.
Morice (Charles-Hippolyte), menuisier, r. Gémare, 10.
Morice, juge de paix, r. Ecuyère, 18.
Morice (Auguste), teinturier, r. Neuve-St-Jean, 22.
Morice (Thomas), constructeur de barques, quai de Juillet.
Morice (Etienne), r. de Vaucelles, 40.
Morice (Robert-Alexandre), r. de Bretagne-Bourg-l'Abbé, 12.
Morier (dame), r. de Bretagne-Bourg-l'Abbé, 7.
Morier, professeur au collége, r. de Bretagne-Bourg-l'Abbé, 7.
Morin (Pierre), propriétaire de bateaux, r. Neuve-du-Port.
Morin (Joseph), fabricant de dentelles, r. Neuve-du-Port.
Morin (Françoise), r. St-Jean, 24.
Morin, cafetier, r. St-Jean, 90.
Morin, marchand de chevaux, maison Poully, impasse Gohier.
Morin (Pierre), batelier, r. Montaigu, 21.

Morin (Guillaume-Adolphe), clerc de notaire, r. Puits-ès-Bottes, 2
Morin (Désirée), factrice de dentelles, r. Puits-ès-Bottes, 2.
Morin (Constant), r. Puits-ès-Bottes, 26.
Morin (Adolphe), épicier, r. Notre-Dame, 58.
Morin (Charles-Gilles), menuisier, r. Basse, 15.
Morin (dame), r. des Vieilles-Carrières, 10.
Morin (v° Jean-Louis-Pierre), rubannier, r. Caponnière, 16.
Morin-Angot (J.-G.-V.), banq., pl. de l'Ancienne-Boucherie, 122.
Morisée (Michel), propriétaire, r. Neuve-St-Jean, 147.
Motel (Louis-Amand-Frédéric), doct.-méd., r. des Capucins, 7.
Motel (v° Jean-Baptiste), r. des Quais, 54.
Mottelay (Jean-Charles), cafetier, r. du Moulin, 12.
Mottelay (Théodore), r. Formage, 1.
Mottelay (Pierre) le jeune, cafetier, r. St-Jean, 29.
Mottelay (Pierre-Philippe), r. St-Pierre, 31.
Mottelay (Louis), aubergiste, Champ-de-Foire, 10.
Mottet (Jean), r. des Capucins, 42.
Mottet (v° Charles-François), r. St-Jean, 40.
Mouchel (Théodore), coquetier, r. Puits-ès-Bottes, 12.
Mouillard (Marianne), venelle Haldot, 5.
Moulin (Bernardin-Louis-Charles), menuisier, r. de Lisieux, 1.
Moulin (Jacques-Nicolas), r. Payée, 112.
Moulin (Victor), marchand de cuirs, r. Froide, 9.
Moulin (Franç.-Guill.), loueur de voitures, impasse Cauvigny.
Moulinet (Pierre), menuisier, r. Guilbert, 5.
Mounier, ingén. en chef et direc. des p.-et-c., r. des Carmes, 20.
Moure, entrep. de la fonderie Ste-Bathilde, boulevart Courtonne.
Moussaint, tourneur en bois, r. au Canu, 2.
Mousset (Jean-Louis), ex-cafetier, r. de Bernière, 15.
Mudis, anglais, r. de Bretagne-Calix, 12.
Mullet (Eugène), marchand bottier, r. St-Jean, 88.
Mullet (Grégoire), r. St-Jean, 88.
Mulois (André), revendeur, r. Notre-Dame, 110.
Mulot, potier d'étain, r. St-Jean, 194.
Mulot (v° Jean-Baptiste), r. St-Jean, 142.
Mûtel (Jean-Esther), tapissier, r. St-Jean, 118.
Mûtel (v°) et fils, r. des Jacobins, 10.
Mûtel (Joseph-Auguste), r. de la Préfecture, 34.
Mûtel (v° Laurent-Guillaume), r. Ecuyère, 36.
Mûtel (dem.), marchande de cidre, r. des Capucins, 14.

N

Nativel, coquetier, cour de l'Ancienne-Halle, 2.
Naudé (Charles-Julien), coquetier, r. St-Sauveur, 11.
Néel (Louis-Alexandre), r. de Geôle, 37.
Néel (Michel), vitrier, r. de l'Oratoire, 16.
Néel-Hulin, r. des Quatre-Vents, 1.
Nérat (Joseph-Charles), march. de chocolat, pass. Bellivet, 9.
Néru (vᵉ Pierre-François), cour de l'Ancienne-Halle, 13.
Néru (vᵉ), r. de Falaise, 57.
Nessy fils, opticien, r. des Petits-Murs, 14.
Neuville fils, r. de l'Oratoire, 3 *bis*.
Neuville (Henri-François), r. de l'Oratoire, 13.
Niard, débitant de cidre, r. du Gaillon, 15.
Niard (Léon), march. plâtrier, r. Écuyère, 22.
Niard (Victor), cabaretier, r. Écuyère, 26.
Nicolas (vᶜ Jean-Baptiste), dit Bancey, r. du Marais, 7.
Nicolas, profess. de musique, r. de la Prairie-St-Gilles, 3.
Nicolas, empl. à l'octroi, r. du Gaillon, 22.
Nicolas, (Jean-Bapt.-Marin), dit Bancey, pomp., r. St-Jean, 230.
Nicolas (vᵉ), dit Bancey, débit. d'eau-de-vie, r. d'Auge, 30.
Nicolas (vᵉ Pierre-François), débit. de boisson, r. Ste-Paix, 30.
Nicol (vᵉ Louis), ex-mercière, r. des Cordes-St-Gilles, 4.
Nicol (Pierre-Noel), faïencier, r. de Geôle, 18.
Nicol-Ouistre (Pierre-François), r. de Branville, 70.
Nicolle (Pierre), boulanger, ven. Campion, 3.
Nicolle (Guillaume), propriétaire, r. St-Anne, 10.
Nicolle (Charles-Pierre), r. de Geôle, 13.
Nicolle fils, ven. aux Chevaux, 16.
Nicolle (Pierre-Etienne), cabaretier, ven. aux Chevaux, 16.
Nicolle, r. des Quais, 84.
Nigault de Prélaunay (vᵉ) et fils, r. St-Sauveur, 8.
Niron (vᵉ Guillaume), r. de Lisieux, 10.
Niron fils, peintre, r. des Capucins, 4.
Noblet (Pierre), pensionné, r. de l'Église-de-Vaucelles, 14.
Noë (Narcisse), brasseur, r. de la Boucherie, 31.
Noel (vᵉ), r. de la Falaise, 19.
Noel (Jean-Jacques), cabaretier, r. St-Pierre, 3.
Noel (Philippe) fils, march. de beurre, r. Notre-Dame, 79.

Noel (vᵉ Pierre), r. Notre-Dame, 91.
Noel (Pierre-Augustin), r. Notre-Dame, 58.
Noel (Louis-Auguste), r. Notre-Dame, 64.
Noel (vᵉ Jean-Jacques-Victor), r. Écuyère, 37.
Noel fils, march. de blanc, r. de l'Odon, 1.
Noël, curé de St-Sauveur, r. des Croisiers, 14.
Noël (dem.), r. des Croisiers, 14.
Noel (Pierre-Maximilien), boulanger, r. Pémagnie, 11.
Noel (vᵉ Jean), anc. boulanger, pl. de l'Ancienne-Bouch, 120.
Noel (dem.), pl. de l'Ancienne-Boucherie, 120.
Noel, dit Dubisson, vitrier, r. des Carmes, 5.
Noel (Layetier), Champ-de-Foire, 2.
Noel (Louis-Noël-Alexis), huiss. de M. le préfet, r. des Fiefs, 49.
Noel, vérific. des poids et mesures, r. Bretagne-B.-l'Abbé, 26.
Noel (François-Alexandre), à la Maladrerie.
Noger (Victorine, femme Guérin), r. Notre-Dame, 65.
Nonant (Charles), postillon, r. Basse, 85.
Nonant, vicaire de St-Sauveur, r. Notre-Dame, 90.
Nonant (vᵉ Michel), r. Notre-Dame, 90.
Normand, charcutier, r. St-Jean, 130.
Nostré (Paul-Alexandre), march. de dentelles, p. St-Jacques, 5.
Nourry (Jacques), peintre, r. St-Sauveur, 11.
Nourry (Pierre) fils, cultivateur, r. de Bayeux, 119.
Nourry (Barnabé), maçon, r. de Bayeux, 100.
Nourry (Jacques), cultivateur, r. de Bayeux.
Nourry (vᵉ Pierre) maréchale, r. de Vaucelles, 49.
Nourry (Thomas-Constant-Léon), r. Caponnière, 22.
Nourry (vᵉ Jean-Hyacinthe), r. Caponnière, 22.
Nourry (vᵉ Thomas), r. Caponnière, 32.
Nourry (Louis) fils, r. Pavée, 109.
Nourry (dem. Rosalie), r. des Capucins, 18.

O

Obrembsky (Casimir), surveill. à la direct. du gaz, r. du Marais.
Obzen (vᵉ Henri), débit. d'eau-de-vie, r. des Carmes, 50.
Offarel (dame), maîtr. de musique, cour de la Monnaie, 1.
Oger, jardinier fleuriste, r. aux Lisses.
Olive (vᵉ Denis), r. Jean-Romain, 5.
Olive, ministre protestant, r. de Geôle, 35.

Olivier (l'abbé), r. des Carmes, 9.
Onfroy (Michel-Antoine), pharmacien, r. St-Sauveur, 43.
Onfroy (Jean-Baptiste), ex-avoué, r. Caponnière, 17.
Onfroy, menuisier, r. des Capucins, 19.
Orange (dem.), r. de l'Odon, 12.
Oresme, r. de Vaucelles, 42.
Orillac, propriétaire, r. Guilbert, 8.
Oriot (dem. Marie-Anne), r. Froide, 2.
Osmond (Adolphe-François), passementier, r. St-Etienne, 112.
Osmond (v°), r. Guillaume-le-Conquérant, 21.
Osmont (Robert-Emmanuel), ferrailleur, r. des Carmes, 3.
Osmont (Charles-Auguste), imp. Gohier, 3.
Osmont (Auguste), r. de l'Oratoire, 12.
Othon (v° Pierre), aubergiste, r. Ste-Paix, 79.
Ouostre-Duprey (Jean-François), r. St-Jean, 92.
Oursen de Montchevrel (Adrien) fils, r. Basse, 105.
Outardel, brossier, r. Ste-Paix, 4.
Ozanne (François-Nicolas), cabaretier, porte au Berger, 15.
Ozanne (v° Pierre), pâtissière, r. St-Pierre, 20.
Ozanne (Nicolas), march. de farine, r. St-Laurent, 4.
Ozanne (Auguste), march. de faïence, r. Jean-Romain, 29.
Ozanne (Edouard), ébéniste, r. de la Comédie, 2.

P

Pacotte-Defontaine, chef d'escadron d'état-major, r. St-Louis, 3.
Pagis (Lejeune), march. de parapluies, r. Notre-Dame, 49.
Pagny fils, r. de la Préfecture, 34.
Pagny (Louis-Antoine), boulanger, r. Ecuyère, 16.
Pagny, imprimeur, r. Froide, 29.
Pagny, huissier, r. St-Sauveur, 8.
Pagny (Jean-Baptiste), fabric. de dentelles, mont. de la Poiss., 18.
Pagny, tailleur, r. de Vaucelles, 94.
Paillargue (Antoine), march., de parapluies, p. St-Pierre, 9.
Pain fils, épicier, pl. St-Sauveur, 13.
Pain (v°), r. St-Nicolas, 106.
Pain (Charles-Joseph), r. Bretagne-Bourg-l'Abbé, 24.
Painblanc (dem.), revendeuse, r. Branville, 30.
Pain-Vintras, épicier, r. Ecuyère, 34.
Paisant (François), ex-huissier, r. Vilaine, 8.

Paisant-St-Jort, r. de l'Engannerie, 4.
Paisant (Charles), march. de draps, r. Notre-Dame, 48.
Paisant (Auguste), r. de la Fontaine, 6.
Paisant (François), pont St-Jacques, 5.
Palet (Charles), boulanger, r. des Carmes, 62.
Pallix (Jean-Jacques), cabaretier, ven. Mesnil-Thouret.
Pannier (Charles), cabaretier, r. de Geôle, 5.
Panquette (François), tonnelier, r. St-Sauveur, 37.
Paquet (Claude), chef d'esc. de gendarm., r. des Carmes, 58.
Paquin, march. tailleur, r. St-Jean, 19.
Paquin aîné, march. tailleur, pont St-Pierre, 20.
Paradis (Joseph), débit. d'eau-de-vie, r. des Capucins, 3.
Paret (Edouard-Victor-Louis), cafetier, r. St-Laurent, 8.
Paris, capitaine retraité, r. du Gaillon, 32.
Paris, avocat, r. de la Chaîne, 5.
Paris (Louis-Jacques), pl. St-Sauveur, 34.
Paris (Charles-Adolphe), r. St-Martin, 61.
Paris (vᵉ Aze), r. des Jacobins, 2.
Paris (dem.), sage-femme, déb. de tabac, r. de Vaucelles, 77.
Paris (vᵉ), r. St-Jean, 54.
Parisse, anglais, r. Branville, 100.
Parker, profess. anglais, r. de la Marine, 5.
Partin (Jean), maréchal, r. St-Nicolas, 77.
Pascal (vᵉ Jacques), r. Guillaume-le-Conquérant, 29.
Pasquet (Alphonse) fils, bijoutier, r. Notre-Dame, 51.
Passet (vᵉ), pont St-Pierre, 5.
Patard (Jean-Baptiste), cafetier, r. de l'Oratoire, 1.
Patry (Thomas), r. St-Jean, 182.
Patry (Guillaume-Jean), r. Branville, 67.
Patry (Luce), dentellière, r. d'Auge, 59.
Pattier, direct. des messageries, r. Notre-Dame, 50.
Pauger (Alexandre-Nicolas), cordonnier, r. Vilaine, 20.
Pauger (Jean-Baptiste), march. de vins, r. St-Jean, 234.
Paulmier, peintre en bâtiment, r. Bernière, 6.
Paulmier (Jacques-François), r. des Carmes, 70.
Paulmier fils jeune, r. des Carmes, 70.
Paulmier (Charles-Henri), r. St-Jean, 112.
Paulmier (Charles), négociant, r. St-Jean, 135.
Paulmier (vᵉ Jacques), r. Notre-Dame, 44.
Paulmier (Jules), r. Notre-Dame, 66.

Pautonnier (Michel), r. St-Julien, 4.
Pavie (Paul), coquetier, pl. St-Martin, 58.
Payen-Pumier, clerc d'avoué, r. de Bayeux, 26.
Pays père et fils, avocats, r. de la Préfecture, 25.
Paysant (Charles) fils, r. des Carmélites, 11.
Paysant (v° Jean-François), r. du Moulin, 4.
Paysant (Antoine), r. de l'Oratoire.
Paysant (v° Pierre), r. Basse, 49.
• Peché (Pierre-Richard), cordonnier, r. de Vaucelles, 28.
Pelcerf (Pierre), jardinier, r. des Capucins, 16.
Pelcerf (v° Jean-Pierre-Isaac) et fils, m. de fil, p. St-Pierre, 6.
Pelfresne (Charles), cordonnier, pas. Bellivet.
Pellecat (dame Joseph), r. St-Jean, 138.
Pelletier (Edouard), coquetier, r. des Teinturiers, 14.
Pelletier (Adolphe), contrôleur de navire, r. Guilbert, 29.
Pelpel (Victor), r. St-Martin, 37.
Pelpel (Jean-Pierre), clos Bevrelu, 3.
Pelvey (César-Alexandre), r. St-Jean, 69.
Pépin, chapelain à la Charité, r. des Quais, 72.
Pépin (Jacques), r. des Quais, 72.
Pépin-Dufeugray (Nicolas-Louis), r. Ste-Paix, 73.
Pérard (François), hôtel de la Paix, r. au Canu, 22.
Perdrieu (Paul-Philippe-Ad.), m. de poterie, r. des Capucins, 36.
Perdrieux (Marc-Michel), r. Pailleuse, 9.
Perenelle (Jean-Pierre-Laurent), r. Ste-Paix, 5.
Perilleux (Charles-Louis), coquetier, r. des Jacobins, 16.
Perin (dem.), r. des Carrières-St-Gilles, 15.
Pernelle (Charles-Gabriel), commis marchand, r. St-Jean, 192.
Pernelle-Duval, confiseur, r. St-Jean, 192.
Pernez (Guill.-Joseph), fact. de dent., r. des Cordes-St-Gilles, 6.
Pernez (Guillaume-Joseph), r. des Cordes-St-Gilles.
Péreau, imprimeur lythographe, passage Bellivet, 31.
Perré (Charles et Athanase), relieurs, passage Bellivet, 26.
Perreaux, empl. des contribut. indirectes, r. Notre-Dame, 48.
Perrette (Jacques-Edouard), menuisier, r. des Carmélites, 5.
Perrette (Pierre-Laurent), r. de la Marine, 7.
Perrette (Pierre-Michel), r. des Capucins, 34.
Perrier, marchand de parapluies, pl. St-Sauveur, 14.
Perrier, médecin, r. de Bayeux, 17.
Perrier (François), aubergiste, r. Ste-Paix, 78.

Perrier (Jean-Baptiste), r. St-Jean, 182.
Perrinet, garde du génie, au Château.
Perronne (Louis), r. Frementel, 15.
Perrotte (Jacques-Michel), pl. St-Sauveur, 27.
Perrotte (Pierre), pl. Royale, 10.
Person (ve), r. de l'Académie, 10.
Perrise, marchand de poterie, r. des Capucins, 98.
Peschard, r. Pailleuse, 7.
Peschard (Charles), coquetier, r. St-Laurent, 8.
Pescher (dem.), r. de Bayeux, 4.
Pesnel (Eugène-Donat), peintre, r. St-Jean, 242.
Pesquet (ve) et fils, r. Ste-Anne, 4.
Pestel (Louis-Auguste), dévideur de soie, r. St-Jean, 227.
Petremenne (Romain), boulanger, r. Froide, 37.
Peulier (Jean-Pierre), boulanger, à la Folie.
Peullier (Gilles-François), coquetier, r. du Vaugueux, 24.
Philémont (François), tourneur, r. de Lisieux, 5.
Philippe (dem.), couturière, r. St-Pierre, 18.
Philippe (Pierre-Louis), marc. de laine, r. des Teinturiers, 20.
Philippe (Jean-Baptiste), r. de la Boucherie, 14.
Philippe (Guillaume-Louis), huissier, r. Ecuyère.
Philippe (Pierre-Louis), ancien mercier, r. Froide, 43.
Philippe (dem. Sophie et Célanie), r. Guillaume-le-Gonquér., 27.
Philippe (François-Louis), maître de danse, r. St-Jean, 91.
Philippe (Jean-Jacques), r. St-Jean, 48.
Philippe (Louis-François), r. Ste-Paix, 73.
Philippe, rentier, venelle Barbeux, 14.
Philippe (ve Pierre), dit Lachesnée, r. du Milieu, 3.
Philippe-Delleville (dem. Pauline), r. de Bayeux, 32.
Philmont (François-Joseph), boulanger, r. aux Lisses, 24.
Piatier (Charles), debitant d'eau-de-vie, r. des Sables, 2.
Picard, agent d'affaires, r. de Geôle, 25.
Picard (Charles), aubergiste, r. Tour-de-Terre, 12.
Picard (ve Jean-François), r. des Teinturiers, 6.
Picard (Baptiste), pl. St-Sauveur, 35.
Picard (dem.), r. St-Martin, 59.
Picard, avoué, r. St-Nicolas, 65.
Picard, jardinier, r. Ste-Paix, 64.
Picard (Paul-Grégoire), r. de l'Oratoire, 6.
Pichard (dem. Marie), r. des Vieilles-Carrières, 8.

Pichard (dem.), couturière, r. St-Jean, 75.
Pichard (Pierre), débitant d'eau-de-vie, r. aux Juifs, 8.
Pichonnier (v^e), r. Basse, 22.
Pichonnier fils, maison Autié, impasse Cauvigny.
Picot, commissaire de police, pl. St-Martin, 14.
Picot, greffier au tribunal civil, pl. St-Martin, 14.
Picot (dem.), r. St-Jean, 167.
Piédavant, conduct. des ponts-et-chaussées, r. aux Lisses, 18.
Piédavant (v^e), r. Guillaume-le-Conquérant, 31.
Piédoux (v^e Jean-Noël), r. de Vaucelles, 43.
Piel (Hippolyte), coquetier, r. Notre-Dame, 97.
Piel (Adélaïde), r. Ecuyère, 20.
Piel (Pierre-André), r. Vaubenard, 4.
Piel-Desruisseaux, défenseur au trib. de comm., r. de l'Odon, 19.
Piel-Desruisseaux (Frédéric), mercier, r. Froide, 45.
Piel-Guilbert (Augustin-Victor), cafetier, marché au Bois, 10.
Piéplu (Charles), officier de santé, r. de Geôle, 32.
Piéplu (Charles), charron, r. d'Auge, 15.
Pierre, chef de bureau à la mairie, pl. Royale.
Pierre (Etienne), coquetier, r. du Ham, 14.
Pierre (Charles-Gabriel), r. de Vaucelles, 32.
Pierrepont (Jean), serrurier, r. Gémare, 44.
Pigace (Agathe), r. Guillaume-le-Conquérant, 11.
Pigache (v^e Jean-Théodore), r. des Jacobins, 44.
Pigache (Pierre-Etienne), pharmacien, r. St-Jean, 120.
Pigault (Victor-Louis), marché au Bois, 23.
Pigeon (Louis), linger, r. des Petits-Murs, 14.
Pigeon de Saint-Pair, président de chambre, r. de Geôle, 51.
Pigeon (François), coquetier, r. de la Délivrande.
Pigue (François), épicier, r. de Vaucelles, 26.
Pihan (Auguste), r. St-Louis, 8.
Pihan (Frédéric-Edouard), courtier de marine, r. St-Louis, 8.
Pihan (v^e Pierre-Noël), r. de Bayeux, 8.
Pihan, gardien en chef, à Beaulieu.
Pilet (Eugène), r. St-Jean, 35.
Pilet (v^e Pierre-Louis), r. St-Jean, 35.
Pilet (Marie), débitant de cidre, r. des Jacobins, 26.
Pileur (dem.), ouvrière, r. Notre-Dame, 90.
Pinchard, cordonnier, pont St-Pierre, 4.
Pinçon (Louis-François, Ferdinand et Eugénie), pl. Royale, 17.

Pinel fils, r. Basse, 31.
Pinel (Michel), poissonnier, r. St-Malo, 14.
Pinel (Pierre) jeune, poissonnier, r. St-Malo, 12.
Pinel (Marguerite), r. Caponnière, 24.
Pinguet (Etienne-Marie), revendeur, r. Ecuyère, 14.
Piolin (vᵉ Jacques), r. aux Lisses, 23.
Piolin (Michel), r. Basse, 45.
Pipard, ouvrier tailleur, r. des Quais, 26.
Piquenot (François), lessivier, r. Neuve-St-Jean, 64.
Piquot (Félix), coquetier, r. St-Jean, 35.
Piquot (Pierre-Michel), fabricant de dentelles, r. Notre-Dame, 70.
Pistel (vᵉ Guillaume), pl. St-Sauveur, 22.
Pitard (dame), r. d'Auge, 29.
Pitel (vᵉ Henri), passementière, r. d'Auge, 11.
Pitel, gendre de Pitel Henri, r. d'Auge, 13.
Pitel (Philippe), forgeron et charron, r. St-Laurent, 5.
Pitel, dit Beauvel, monteur de parapluies.
Pitois (Alexis), épicier, r. St-Jean, 119.
Pitron (François), menuisier, imp. de l'Hôtel-Dieu.
Planchon (Edouard), perruquier, r. St-Jean, 196.
Planquette (Nicolas-André), march. de laine, r. des Teinturiers, 7.
Planquette (Pierre), coquetier, r. des Teinturiers, 10.
Planquette (Jean-Jacques), marchand de bas, r. Notre-Dame, 55.
Planquette (Louis), tonnelier, r. Neuve-St-Jean, 7.
Planquette (Edouard-François), imp. Gohier.
Planquette (Jean-P.-Ph.), aubergiste, r. de l'Egl.-de-Vaucelles, 4.
Plaquet, pharmacien, r. Notre-Dame, 57.
Pochon, employé des contrib. ind., r. de la Prairie-St-Gilles, 3.
Pogny (dame Raphaël), couturière, r. St-Jean, 149.
Poignant (vᵉ Ferdinand), r. Ecuyère, 44.
Poignant (Charles), avocat, r. de la Chaîne, 12.
Poisson (Jean-François), tailleur, r. Notre-Dame, 47.
Poisson (Félix), imprimeur-libraire, r. Froide, 16.
Poisson de Graudpray (Narcisse-Alph.), pl. de l'Anc.-Bouch., 39.
Poissonnier (vᵉ), cour de la Monnaie, 1.
Poitevin (Pierre), r. de Bayeux, 11.
Poitevin, appariteur à l'Académie, r. de la Chaîne, 4.
Poitrineau, capitaine en retraite, r. Bicoquet, 14.
Poitron (Jean-Louis), r. de la Préfecture, 30.
Poitron (Pierre-François-Bienaimé), menuisier, r. Pémagnie, 13.

Poittevin (Charles), pl. de la Comédie.
Poivre, débitant de cidre, porte au Berger, 3.
Polin (v° Jean), r. de Bretagne-Calix.
Polin (v°), gargotière, r. St-Louis, 3.
Polin (Alexandre), marchand de fils et rubans, r. Notre-Dame, 72.
Pommereuil, peintre, r. St-Pierre, 22.
Pommery, marchand de laine, r. des Petits-Murs, 10.
Ponson (Rosalie), r. St-Jean, 188.
Pont (Barthélemy), rédacteur du *Haro*, ven. aux Chevaux, 1.
Porcet (François-Philippe), march. plâtrier, r. de Vaucelles, 85.
Porcher-Lejeune, coquetier, r. Notre-Dame, 65.
Porcher (François), dégraisseur, pont St-Pierre, 14.
Porée (Jean-Baptiste), menuisier, r. Ecuyère, 46.
Porée (Sophie), r. des Quais, 52.
Porée-Boulée (v° Pierre), pl. St-Pierre, 6.
Porée de Valhebert (v°), r. des Jacobins, 3.
Poret (Pierre-Paul), coquetier, r. aux Lisses, 32.
Poret (Thomas), r. Basse, 56.
Poret, contre-maître, à la Maladrerie.
Porin (Pierre-Désiré), épicier, r. St-Jean, 42.
Porquet de la Ferronnière (Amable-Auguste), r. Caponnière, 18.
Porquet de la Ferronnière, princ. cl. de notaire, r. Caponnière, 18.
Postel, propriétaire, r. du Gaillon, 16.
Postel (François), cordonnier, pl. de la Mare, 7.
Postel (Auguste), débitant d'eau-de-vie, r. des Teinturiers, 23.
Postel (Edouard), marchand de dentelles, r. Gémare, 5.
Postel (v° Claude), r. Notre-Dame, 101.
Postel (Pierre-Auguste), marchand de bas, ven. aux Chevaux, 3.
Postel (Franç.-Jean-Jacques), blanchiss., r. de la Préfecture, 33.
Postel (Edouard), huissier, r. de l'Odon, 15.
Postel (Pierre), débitant d'eau-de-vie, r. St-Sauveur, 14.
Postel (Jean) aîné, marchand de vins, r. Pémagnie, 14.
Postel (v° Marin), propriétaire, r. Pémagnie, 14.
Postel (Eugène), avoué, r. Guillaume-le-Conquérant, 25.
Postel, jardinier-fleuriste, r. Bretagne-Bourg-l'Abbé, 3.
Postel (Charles), dit Duclos, menuisier, r. St-Jean, 14.
Postel (Hippolyte), débitant de cidre, boulevard Courtonne.
Postel (Constant), marchand de vin, r. St-Jean, 124.
Postel (v°), r. St-Jean, 244.
Postel-Jardin (Fr.-Marie), r. St-Jean, 59.

Pottier (dem.), r. St-Jean, 85.
Pottier (Justine), couturière, r. Gémare, 11.
Poubelle (Amédée), chef de bureau à la mairie, r. St-Julien, 6.
Poubelle (Victor), professeur, r. Galibourg, 3.
Poubelle (Jean-Louis), épicier, venelle aux Chevaux, 2.
Pouettre (Théophile-Joseph), huissier, r. St-Sauveur, 10.
Pouillot (Louis-François), maître charpentier, r. des Carmes, 64.
Pouilly (Jean-Charles-François), banquier, r. de Bayeux, 85.
Pouilly fils et dem., r. de Bayeux, 35.
Poujheol (Jean), r. St-Jean, 76.
Poulain (dem.) aînée et jeune, r. Notre-Dame, 81.
Poulain, perruquier, venelle aux Chevaux, 21.
Poulain (vᵉ Pierre), r. Froide, 16.
Poulain (vᵉ), r. Neuve-St-Jean, 36.
Poulain (Jean-Jacques), débit. de cidre, r. de la Délivrande, 19.
Poulain (Robert), r. de la Délivrande, 20.
Poulain (vᵉ), lessivière, boulevard Courtonne.
Poulain, ébéniste, r. Hamon, 9.
Poulain (vᵉ Gilles), à la Maladrerie.
Poulard (François), menuisier, r. d'Auge, 28.
Poupinel (Jacques-Victor), boulanger, r. St-Jean, 55.
Poussin, commis greffier au tribunal civil, r. de Bayeux, 45.
Poussin (vᵉ François-Frédéric), r. de Bayeux, 47.
Pouteau (Pierre-Jean), cabaretier, r. du Havre, 3.
Poutrel (Hippolyte), r. l'émagnie, 2.
Poutrel, employé à la poste aux lettres, r. de Vaucelles, 59.
Poutrel, menuisier, r. Caponnière, 23.
Prel (Jacques-Louis), r. des Capucins, 12.
Prempain (Alexandre), pl. de l'Ancienne-Boucherie, 124.
Prempain (Jacq.-Auguste), marc. de fil, pl. de l'Anc.-Bouc., 124.
Prempain (Michel-Isidore), r. Basse, 9.
Prestavoine, épicier, r. St-Pierre, 26.
Prestavoine (René), débitant de cidre, r. du Vaugueux, 36.
Prestavoine, ex-aubergiste, r. des Carrières-St-Gilles, 23.
Prével (Paul), rentier, r. Hamon, 10.
Prévost (Joseph), major retraité, r. de l'Oratoire, 14.
Pringot (Charles), forgeron, r. de la Préfecture, 21.
Profichel (femme), née Chrétien, revendeuse, r. St-Malo, 5.
Prou (Jacques), r. de Lisieux, 7.
Prouteau (vᵉ), r. St-Jean, 149.

Provost (Jean-Louis-Lucien), tailleur, r. de la Préfecture, 7.
Provost (Arsène), coquetier, r. Caponnière, 27.
Puissieux, professeur au collége, r. des Croisiers, 18.
Putot (vᵉ Pierre), cabaretière, r. Basse, 9.

Q

Quatravaux, marchand de vins, r. des Jacobins, 42.
Quentin (Louis), boucher, r. St-Sauveur, 18.
Quentin (Jean-Julien-Alexandre), boucher, r. Caponnière, 13.
Quentin de Cauvigny, r. Basse, 49.
Quesnault-Desrivières, professeur, r. de la Préfecture, 1.
Quesnay (vᵉ Denis), r. St-Jean, 175.
Quesnée (Catherine-Françoise, vᵉ Jean Quesnel), r. Montaigu, 27.
Quesnel, rentier, r. Basse, 64.
Quesnel (Philippe), jardinier, r. Basse, 70.
Quesnel (Pierre), jardinier, r. Tortue, 9.
Quesnel (Jean-Louis-Alexandre), r. des Carrières-St-Gilles, 29.
Quesnel (vᵉ), rentière, r. Ste-Anne, 2.
Quesnel (Jacques-Louis-Alfred), avocat, r. St-Sauveur, 10.
Quesnel (Jean-Baptiste), coquetier, r. des Capucins, 68.
Quesnel, forgeron, r. de la Comédie, 7.
Quesnel (Amand-Félix), coquetier, r. de Vaucelles, 84.
Quesney (Désiré), marchand de toiles, r. des Jacobins, 18.
Quesnot (Victoire), femme Robert, r. Ste-Paix, 54.
Quesnot (vᵉ Jean-François), r. de Falaise, 60.
Quesnot (Michel), au-dessus du Calvaire, r. de Falaise.
Quesnot (Pierre-Louis), huissier, r. Écuyère, 36.
Quesnot (Jacques-Marin), huissier, pl. St-Martin, 6.
Quesnot (Charles-Ernest), pl. St-Martin, 8.
Quesnot (dem. Marie-Anne), r. St-Pierre, 38.
Quesnot (Louis), passementier, r. St-Jean, 208.
Querrier (Jacques-Edouard), pharmacien, pl. Malherbe, 1.
Quétel (vᵉ), jardinière, r. Carrières-Neuves, 10.
Quetil de la Poterie (vᵉ), r. des Capucins, 24.
Quetron, marchand de casquettes, r. de Vaucelles, 36.
Quetron, r. de Vaucelles, 6.
Quetron, épicier, r. de Vaucelles, 31.
Queudeville (Jean-Pierre), architecte, pl. S-Martin, 58.
Queudruc, lessivier, r. de l'Epicerie, 11.

Queudrue (Isaïe), tapissier, r. de l'Oratoire, 13.
Queudrue (Pierre), impasse Cauvigny.
Quevienne (Guillaume), à l'octroi, r. du Gaillon.
Quibel (Pierre-Nicolas), r. St-Pierre, 14.
Quidot (Charles), commis, r. de Vaucelles, 96.
Quillou, maître de pension, r. Bagatelle, 8.
Quillou (Amable), r. Bagatelle, 8.

R

Rachinel (Pierre-Louis), r. St-Nicolas, 100.
Radiguet (Pierre-François-Marin), boulanger, r. du Vaugueux, 13.
Radiguet (Stanislas), jardinier, r. Tortue, 8.
Radiguet (Jean-Richard), boulanger, r. Guerrière, 1.
Radiguet (vᵉ Robert Paulmier), r. St-Etienne, 149.
Radiguet (Joseph), cafetier, r. Notre-Dame, 42.
Radiguet, jardinier à la préfecture, r. de la Préfecture, 29.
Radiguet (Isidore), passementier, r. de Vaucelles, 108.
Raimbault (vᵉ), r. des Cordeliers, 1.
Rainable (André et Nicolas), maréchaux, r. Ste-Paix, 48.
Raisin fils jeune, r. Guillaume-le-Conquérant, 16.
Raisin (François), médecin, r. Froide, 41.
Raisin (Jean-Adrien), médecin, r. Froide, 41.
Rame (Marguerite-Charlotte), r. aux Juifs, 12.
Ramette (Julien), r. Singer, 7.
Ramousse (Antoine), aubergiste, r. Basse, 7.
Râtel (Etienne) jeune, fermier de la Poissonnerie, pl. St-Pierre.
Raterfurd, médecin, r. St-Jean, 84.
Ravaud (Louis), marchand de sabots, r. St-Jean, 125.
Ravenel (Jacques-Urbain) et fils, march. de vins, imp. Gohier, 9.
Rebillé (Dominique), professeur, r. Ecuyère, 1.
Rebut (Jean), armurier, r. St-Jean, 178.
Régnault, conseiller à la cour, et dem., r. de la Chaîne, 10.
Régnault (Jean-Baptiste), docteur-médecin, r. Montaigu, 33.
Régnault (François-Louis), r. aux Lisses, 19.
Régnault (vᵉ Louis-François), r. Formage, 17.
Régnault, facteur à la halle, r. de l'Odon.
Régnault de Bouttemont (vᵉ), r. Guillaume-le-Conquérant, 15.
Régnault-Desperrault (vᵉ P.-J.-B.), r. des Cordeliers, 5.
Regnault, employé à Beaulieu.

Régnée (ve), r. Bicoquet, 32.
Régnée fils, conseiller à la cour, r. Bicoquet, 32.
Régner (Georges-Etienne-François), r. au Canu, 18.
Régnouf (Pierre-Désiré), avoué, r. aux Namps, 10.
Regnouf, agent d'affaires, r. Bicoquet, 32.
Reinvillers, coutelier, r. Formage, 7.
Renard, clerc de notaire, r. St-Sauveur, 28.
Renard père, r. Guillaume-le-Conquérant, 25.
Renard, professeur au collége, r. Guillaume-le-Conquérant.
Renard (Claude), r. Ecuyère, 22.
Renard (Pierre-Louis), marchand de poterie, r. Damozane.
Renault (Jean-Charles-André), r. St-Martin, 60.
Renault (Félix), fabricant de plomb de chasse, r. Bicoquet, 16.
Renault (femme Victor), coquetière, r. de l'Ancienne-Halle, 13.
Renault (Jacques), marchand de blouses, venelle aux Chevaux, 2.
Renault (Hippolyte), cabaretier, r. d'Auge, 8.
Renault (Etienne-François-Thomas), propriétaire, r. d'Auge, 46.
Rénée (Jean-Baptiste), r. du Moulin, 12.
Rénée (François), débitant de cidre, r. de Bayeux, 106.
Renou, substitut du procureur du roi, r. St-Jean, 34.
Renou, vérificateur des douanes, passage Bellivet.
Renou-Lamare, marchand de fils et rubans, r. St-Pierre, 39.
Renouf (Jean-Louis), r. de Bretagne-Boug-l'Abbé, 26.
Renouf (Victor), basdestamier, r. de Falaise, 2.
Renouf (ve Jacques), r. du Vaugueux, 4.
Renouf (Jean-Baptiste-Michel), r. de Geôle, 52.
Renouf (Pierre), teinturier, r. du Tour-de-Terre, 1.
Renouf (François et Frédéric), r. St-Etienne, 100.
Renouf (Félix-Edouard), tailleur, venelle aux Chevaux, 14.
Renouf (Guillaume-Félix), avocat, r. St-Jean, 237.
Renouf (Hippolyte), r. St-Jean, 232.
Renouf (Baptiste), marchand de vins, impasse Gohier, 22.
Renouf (Charles), boulanger, r. de Bayeux, 54.
Renouf (Alfred), coquetier, r. des Capucins, 23.
Renouf (Pierre), marchand de bas, r. de Vaucelles, 53.
Retout (Pierre-Jaques), fabricant de dentelles, porte au Berger, 1.
Retout (Jean), journalier, venelle aux Chevaux, 20.
Retout (Louis), marchand de fils et rubans, r. St-Jean, 106.
Reverdy (Jean), chapelier, venelle aux Chevaux, 19.
Révérend (Jacques), impasse Cauvigny.

Révérony (Joseph-Félix), r. Guilbert, 32.
Revers (André), r. des Capucins, 46.
Rheins, tailleur, maison du Bon-Pasteur, r. Notre-Dame, 121.
Riboult (Pierre-Louis), revendeur, r. de Bayeux, 6.
Ricard (vᵉ), r. Caponnière, 10.
Ricard (Louis), marchand de nouveautés, pont St-Pierre, 16.
Ricard (Edouard), marchand de bas, r. St-Pierre, 25.
Ricard (Frédéric), cabaretier, r. Notre-Dame, 60.
Ricard (vᵉ Robert), pont St-Jacques, 1.
Ricard (Paul-Urbain), marchand de bas, pl. Royale, 21.
Ricard (Charles), venelle aux Chevaux, 19.
Ricard (Louis-Michel-Arsène), r. du Vaugueux, 5.
Richard (dem. Thérèse), r. aux Namps, 2.
Richard (François), cafetier, passage Belliyet, 37.
Richard (vᵉ Jules-Auguste), r. de Falaise, 83.
Richard (Alexandre), coquetier, r. Basse, 17.
Richard (Jean-Baptiste), coquetier, r. Basse, 55.
Richard, commis greffier à la cour, r. Caponnière, 18.
Richard (Germain), r. Pavée, 112.
Richard-Jouane (Charles), r. d'Auge, 109.
Richelet, prof. au collége, r. Guillaume-le-Conquérant, 15.
Richer aîné, perruquier, r. Guillaume-le-Conquérant, 30.
Richer (vᵉ), r. Caponnière, 20.
Richer, dentellière, r. de Falaise, 46.
Richer (Jean-Baptiste), fabricant de bas, r. Branville, 55.
Richer (vᵉ Jean-Baptiste), r. du Vaugueux, 44.
Richer (Louis-Julien), employé à la douane, r. Basse, 17.
Richer (Louis), boulanger, r. St-Jean, 193.
Richer (Edouard), coiffeur, impasse Gohier, 1.
Richer (François), r. Jean-Romain.
Richer (Thomas), r. de Vaucelles, 67.
Richer (Charles-Alexandre et dem.), r. Froide, 3.
Richer (Pierre-Joseph), coiffeur, r. Écuyère, 32.
Richer (Jean-Victor), marc. de plomb de chasse, r. de la Préf., 15.
Richier (Jean-Frédéric), marc. de dentelles, r. des Carmes, 12.
Richoney (Nicolas), r. du Gaillon, 8.
Ricquer, officier retraité, à la Maladrerie.
Rihonet, coquetier, r. St-Etienne, 151.
Rivet (Alphonse), ferblantier, r. St-Jean, 38.
Rivière (Michel), r. des Capucins, 43.

Rivière (Adolphe et Félix), mégissiers, r. des Capucins, 43.
Rivière (Louis-Philippe), cabaretier, r. de Falaise, 63.
Rivière, maître de langues, r. du Gaillon, 47.
Rivière (dem. Marianne), marc. de vins, r. St-Julien, 2.
Rivière (François), menuisier, r. du Moulin, 12.
Rivière (vᵉ Pierre), r. du Moulin, 10.
Rivière (vᵉ Paul), cafetière, pl. Royale, 2.
Rivière (vᵉ Lucien), r. Froide, 16.
Rivière (Jean-François), débitant, r. Pémagnie, 9.
Rivière (Jean-Baptiste), aubergiste, r. St-Martin, 22.
Rivière (Louis-Alphonse), pharmac. r. Guillaume-le-Conq., 35.
Robe (Jean-Jacques-Marie), revendeur, Champ-de-Foire, 11.
Robelin, porte au Berger, 26.
Roberge (François), propriét. de bateaux, r. de la Pr.-St-Gilles, 5.
Roberge (Michel), homme de lettres, r. des Carmes, 29.
Robert (Louis-Pierre), tailleur, r. Guilbert, 7.
Robert (dem.), maîtresse de pension, r. Guilbert, 39.
Robert (Charles), aubergiste, r. du Vaugueux, 12.
Robert, fabricant d'allumettes, r. du Vaugueux, 16.
Robert, professeur de navigation, r. Ste-Anne, 7.
Robert (dame), r. de Bayeux, 87.
Robert (dame), née Lepetit, mercière, venelle Buquet, 1.
Robillard, ancien capitaine d'artillerie, r. Bicoquet.
Robillard (dem.), r. des Jacobins, 40.
Robillard (Auguste), fabricant de chapeaux, r. Ste-Paix, 38.
Robine (Auguste Martial), huissier, r. Ecuyère, 21.
Rocancourt, cabaretier, pl. de l'Ancienne-Poissonnerie, 5.
Rocoquier (Pierre), ex-chapelier, r. Guill.-le-Conquérant, 14.
Roger, clerc de notaire, r. des Cordeliers, 8.
Roger (Adrien), aumônier du collége royal, r. des Cordeliers, 8.
Roger (dem.), r. St-Sauveur, 19.
Roger (Charles-François), r. St-Sauveur, 31.
Roger (vᵉ), r. St-Sauveur, 24.
Roger, avoué à la cour, r. St-Sauveur, 28.
Roger, avoué, r. Pémagnie, 2.
Roger (vᵉ Gilles-Paul), r. St-Martin, 54.
Roger (vᵉ), r. Guillaume-le-Conquérant, 20.
Roger (Thomas-Ambroise), r. des Champs.
Roger (vᵉ Esnault), r. de Geôle, 42.
Roger (Auguste-Adjutor), r. aux Lisses, 33.

Roger (François-Victor), r. de la Préfecture, 28.
Roger, ouvrier sellier, r. St-Jean, 141.
Roger (Jacques-Prosper), boulanger, r. de Vaucelles, 28.
Roger (Paul), ex-menuisier, r. de Bayeux, 42.
Roger (ve Jean-Jacques), r. de Bayeux, 42.
Roger-Duval (Jacques-François-Xavier), r. Basse, 117.
Roger-Lachouquais (Charles), présid. à la cour, r. des Carmes, 45.
Rohée (Jacques-Guill.-Alexandré), menuis., r. Puits-ès-Bottes, 7.
Rohée (Michel), ferrailleur, cour de l'Ancienne-Halle, 11.
Rolland (Pierre-Sébastien-Léonard), r. de l'Académie, 6.
Rolland (Jean-François), r. Basse, 103.
Rolland (Jean-Marie-Hippolyte), r. Vilaine, 15.
Rolland aîné, r. de la Préfecture, 10.
Rollin (Martin), président du consistoire, r. de Geôle, 42.
Roquencourt, lessivier, r. du Moulin-St-Ouen, 7.
Roques (Désiré), boulanger, r. du Vaugueux, 32.
Roquier, ouvrier tailleur, r. Froide, 47.
Rosel (Louis) et fils, tonnelier, r. des Teinturiers, 19.
Rosete, débitant de tabac, r. St-Pierre, 32.
Rossignol (Jules), débitant de tabac, r. St-Martin, 36.
Rossignol (François), coquetier, r. Montaigu, 57.
Rossignol (Félix), passementier, r. de l'Anc.-Poissonnerie,
Rossignol (Gabriel-Rose), femme Soyer, r. St-Jean, 39.
Rossignol (ve Jacques), coquetière. r. des Jacobins, 16.
Rossignol (François-Prosper), marc. de farine, r. de Vaucelles, 39.
Rossy (François-Léopold), profes. de mus., r. St-Jean, 21.
Rothe, anglais, r. de Geôle, 53.
Roucamps (Jean-Baptiste), passementier, r. St-Nicolas, 85.
Roucamps (Gilles-François), fab. de chand., r. du Vaugueux, 11.
Roucamps (ve Jean-François), r. St-Jean, 127.
Rougelot, inspecteur des douanes, r. des Quais, 88.
Rouget (Prosper), coquetier, r. Caponnière, 8.
Rouland (Jacques) père, r. Coupée, 21.
Rouland (ve François), revendeuse, r. du Havre.
Rouleau (Jean-Louis), r. Branville, 72.
Roulin (Joseph), basdestamier, r. Ste-Paix, 28.
Roulland (Pierre), r. St-Etienne, 145.
Roulland (ve), coquetière, r. St-Jean, 209.
Rousseau, bimbelotier, r. St-Jean, 25.
Roussel (Eugène), tapissier, r. St-Sauveur, 15.

Roussel (Louis-Pierre), huissier, r. Guillaume-le-Conquérant, 2.
Roussel, cabaretier, r. St-Etienne, 120.
Roussel (François-Alfred), rouennier, r. des Quatre-Vents, 2.
Roussel (Charles), boulanger, r. Neuve-St-Jean, 3.
Roussel, empl. chez le payeur, r. St-Jean, 113.
Roussel (Jean-Baptiste), coquetier, r. St-Jean, 92.
Roussel, vicaire de St-Etienne, r. de Bayeux, 43.
Roussel (Nicolas), bourrelier, r. des Capucins, 27.
Rousselin (Adrien), pl. Royale, 18.
Rousselin, premier président à la cour, r. de l'Engannerie, 5.
Roussette (Jean-Jules), pâtissier, pont St-Pierre, 14.
Rouvre (v^e), r. des Carrières-St-Gilles, 11.
Rouyet, contrôleur de ville, r. des Cordes-St-Gilles, 3.
Royer, curé de St-Etienne, r. de Bayeux, 43.
Royer (Frédéric), march. de papier, r. St-Jean, 41.
Royer (Victor-Toussaint), plâtrier, r. St-Jean, 44.
Rozan (Auguste), r. des Jacobins, 9.
Rozée, ex-marchand de bonneterie, pl. Royale, 15.
Rozenthal (dame), r. de Bayeux, 35.
Rozier (Jacques), boulanger, ven. aux Chevaux, 5.
Rozier, empl. des contributions indirectes, r N.-St-Jean, 50.
Ruault, empl. des contributions indirectes, quai de Juillet.
Ruault (Charles-Frédéric), concierge des Abattoirs, quai des Abat.
Ruault (v^e Pierre-Louis et Eug. fils), négoc., r. de Vaucelles, 75.
Rubin, ex-avoué, r. St-Martin, 26.
Rublon, débitant d'eau-de-vie, r. St-Sauveur, 28.
Ruelle, jardinier, r. St-Martin, 16.
Ruelle, sculpteur, r. de la Boucherie, 7.
Rupalley, clerc de notaire, r. Ecuyère, 40.
Rupalley (Antoine-Edouard), libraire, r. St-Jean, 23.
Rupalley (Gabriel-Célestin), r. St-Jean, 94.

S

Sabine (Louis-Joseph), cabaretier, r. Ste-Paix, 70.
Sabine (Joseph), coquetier, r. de Falaise, 9.
Sabine (Jean), débitant, r. du Pavillon, 8.
Sabine (Joseph-Jacques), r. du Vaugueux, 18.
Sabre (Louise), débitante, r. Basse, 11.
Sabre (Adolphe), débitant de cidre, r. de Bayeux, 111.

Sadon, professeur au collége, r. Guillaume-le-Conquérant, 35.
Saillenfest (Pierre-Louis), menuisier, r. Neuve-St-Jean, 16.
Saillenfest, couturière, r. de Geôle, 24.
Saillenfest (Pierre), boulanger, r. Froide, 6.
Saillenfest, empl. au bur. milit. de la préfec., r. aux Namps, 5.
Saillenfest, directeur d'un cabinet littéraire, pl. St-Sauveur, 14.
Saillenfest, marchand de vins, à la Maladrerie.
Saint-Ange(Plot), direct. de l'école prim. au collége, r. des Fiefs, 59.
Saint-Denis (dame), r. de l'Oratoire, 11.
Sainte-Croix (Jean-Baptiste), boucher, r. de la Boucherie, 6.
Sainte-Croix fils, r. de la Boucherie, 8.
Saint-Germain (Pierre), rentier, r. du Moulin, 8.
Saint-Gilles, r. de la Préfecture, 9.
Saint-James, sacristain, r. des Carmes, 7.
Saint-Léger (P.-Jules-Const.), march. de blancs, r St-Pierre, 71.
Saint-Martin, perruquier, r. St-Pierre, 93.
Saint-Martin (vᵉ), r. St-Jean, 141.
Saint-Martin (Jacques-Charles), rentier, pl. St-Sauveur, 3.
Saintré (dame), r. des Capucins, 94.
Saint-Seine (vᵉ), r. St-Julien, 3.
Salau (Jean-Louis), ferrailleur, r. Puits-ès-Bottes, 1.
Salas (dame), née Jeanne-Françoise, r. Branville, 60.
Salem (dame), r. St-Anne, 9.
Salles (vᵉ), basdestamier, r. de Vaucelles, 85.
Salles (dem. Joséphine), r. du Vaugueux, 20.
Salles (Michel), revendeur, r. du Vaugueux, 2.
Salles (Louis-Laurent), r. de la Masse, 9.
Salles (dem. Adélaïde), r. de Geôle, 47.
Salles (Jean-Louis), r. des Quatres-Vents, 3.
Salles, horloger, venelle aux Chevaux, 16.
Salles (Charles-Auguste), cafetier, r. de l'Odon, 23.
Salles (Jean-Louis-Napoléon), cafet., pl. de l'Anc.-Boucherie, 110.
Salmon (dame), r. Branville, 83.
Salmon (Jean-Doria), serrurier, r. Frementel, 13.
Salomon (Pierre), mercier, porte au Berger, 6.
Samson, rentier, r. Leroi, 3.
Samson (Jean-Baptiste), r. du Gaillon, 2.
Samson (vᵉ Cyprien), escoriateur, r. Bosnière, 14.
Samson, marchand de chandelles, r. St-Pierre, 31.
Samson (Ferdinand), marchand tailleur, r. St-Pierre, 85.

Samson, professeur, r. de la Préfecture, 34.
Samson (Pierre), r. au Canu, 3.
Samson, jardinier, r. Bicoquet, 12.
Samson (dame Antoine-Joseph), r. de Bayeux, 85.
Samson (ve), r. de Bayeux, 58.
Samson (Jacques-Jean-Baptiste), r. des Capucins, 17.
Samson, commis de négociant, r. des Carmes, 39.
Samson fils, ébéniste, r. St-Etienne, 110.
Sanrefus (Victor-Auguste) et fils, march. de meub., r. Froide, 30.
Sarrasin (ve), r. Basse, 33.
Saulnier (Jean-Baptiste-Thomas), boucher, r. de Geôle, 8.
Sauvage (dame), couturière, r. St-Jean, 86.
Sauvage, épicier, r. de Vaucelles, 87.
Sauvage, peintre, r. Notre-Dame, 123.
Sauvage neveu, peintre, r. Ecuyère, 46.
Sauvage (Thomas), r. de Bayeux, 85.
Sauvage (demoiselles), maîtresses de pension, r. St-Jean, 183.
Savary (Charles), r. aux Lisses, 44.
Savary (ve), r. Notre-Dame, 52.
Savary, ex-tailleur, r. St-Jean, 194.
Sbire (ve Auguste), revendeuse, r. St-Martin, 23.
Scarpembourg (Louis-Désiré), jardinier, r. Ste-Paix, 29.
Scelles (Laurent), épicier, r. St-Pierre, 3.
Scelles (Marc-Antoine), docteur en médecine, r. Haute, 11.
Scelles (Laurent) fils, r. St-Pierre, 39.
Scelles (Philippe), menuisier, r. St-Martin, 76.
Schellito, anglais, r. St-Jean, 188.
Scheppers, avocat, pl. St-Sauveur, 33.
Schlessinger, professeur d'allemand, r. Ecuyère, 46.
Sebire (Jean), mécanicien, r. de la Marine, 7.
Sebire (Pierre), épicier, r. St-Jean, 87.
Sebire (François), horloger, pl. St-Pierre, 12.
Sebire (femme), débitante d'eau-de-vie, r. Ecuyère, 30.
Seigneurie (Jean-François), coquetier, r. de Vaucelles, 64.
Seigneurie (ve Jean-Louis), r. Jean-Romain.
Seigneurie (Auguste), notaire, r. de la Préfecture, 1.
Seigneurie (Jean-René-Thomas), cons. à la cour, r. Ecuyère, 90.
Seigneurie-Becquet (Louis-Hippolyte), bimbelotier, r. St-Jean, 97.
Séguin, maréchal, à la Maladrerie.
Séguin (ve Gabriel), r. aux Lisses, 13.

Séjourné (Prudent), marchand de vins, r. du Havre.
Selincourt (Théophile), aubergiste, r. Notre-Dame, 42.
Selis (v° Claude), à la Maladrerie.
Selles (Jeanne-Françoise) et sœur, r. au Canu, 7.
Séminel (Aug.), direct. de l'ass. *du Phénix*, imp. de l'Hôtel-Dieu.
Sénécal (Napoléon-Hippolyte), r. St-Jean, 163.
Sénécal (v° Jacques-Germain), r. d'Auge, 39.
Sénécal (Pierre), r. d'Auge, 83.
Sénécal (Charles), r. de Geôle, 26.
Sénécal (Frédéric), marchand de bas, r. St-Pierre, 1.
Sénécal (v° Jean), r. Quincampoix, 1.
Sénécal (Jacques-François-Noël), coquetière, à la Maladrerie.
Sénécal (Jean-Gilles), à la Maladrerie.
Sénécal (Pierre), charpentier, à la Maladrerie.
Sénécal (Charles-Louis), à la Maladrerie.
Sénée (v° Charles), r. des Cordeliers, 13.
Sénot (Théodore), cafetier, r. Notre-Dame, 50.
Sénot (Marin-Auguste-Pierre), r. St-Nicolas, 88.
Sérard fils, commis, passage Bellivet.
Sergent, pharmacien, à Beaulieu.
Silvin (Louis), commis de M. David, r. Guilbert, 31.
Sevestre (Joachim-Laurent), marchand de faïence, r. St-Jean, 249.
Sevestre, propriétaire, r. St-Jean, 172.
Sevestre (Jacques), r. Ste-Paix, 73.
Sevestre de Tracy-Bocage, r. Guillaume-le-Conquérant, 35.
Sicot (v° Michel) et fils aîné, fripiers, r. de Vaucelles, 27.
Sifray, anglais, r. Ste-Paix, 32.
Signard (Antoine-Frédéric), r. Guilbert, 6.
Signard-d'Ouffières (Adolphe), r. Guilbert, 6.
Silvain (Alexis), jardinier, marché au Bois, 21.
Simon (Etienne), concierge de la maison d'arrêt.
Simon (Jean-Edouard), r. de Bayeux, 53.
Simon (v° Thomas), r. du Moulin, 16.
Simon (François), coquetier, r. de la Préfecture, 27.
Simon (Georges-Henri), r. Ecuyère, 50.
Simon (François), huissier, r. aux Namps, 11.
Simon (Jean-Louis), avocat, r. des Cordeliers, 17.
Simon, surnuméraire de l'enregistrement, r. des Cordeliers, 17.
Simon (Jean) et demoiselle, r. Desmoueux, 2.
Simon (v° André), r. de Geôle, 48.

Simon (Pierre-François), menuisier, r. Gémare, 11.
Simon (v⁴ Sévère) et fils, r. St-Jean, 24.
Simon (Jean-Jacques), r. d'Auge, 84.
Simon (Jacques) fils aîné, coquetier, r. d'Auge, 55.
Simon (Céline), dentellière, à la Maladrerie.
Siroux, tailleur, r. St-Jean, 82.
Siverwrht, anglais, r. des Quais, 80.
Smith (Jean-Spincer), r. de Bretagne-Calix, 6.
Sobocinski, dentiste, r. St-Jean, 58.
Solfier, ministre protestant, r. Bosnière, 14.
Soie-Suriray (P.-J.-A.), march. de dentelles, r. de Bernière, 10.
Soinard (Germain), menuisier, r. de l'Oratoire.
Soisnard, ouvrier ébéniste, r. du Vaugueux, 18.
Solenge (Eugène), marchand de vins, r. Frementel, 1.
Solenge (Jean-Fr.-Raphaël), march. de vins, r. de l'Oratoire, 17.
Solenge (dem.), pl. Malherbe, 4.
Sorbier, avocat-général, r. des Cordeliers, 13.
Sorel (Prosper), fabricant de bas, r. du Vaugueux, 28.
Soret, professeur au collége, r. Guillaume-le-Conquérant.
Sosson (Victor), marchand de grains, r. St-Julien, 10.
Soster (Augustine), r. Notre-Dame, 92.
Soster (Charles), maître de musique, r. Notre-Dame, 98.
Sosthène (Clément), r. des Capucins, 11.
Soucard (v⁴), r. d'Auge, 7.
Soutivier (Jacques-Christophe), rubannier, pl. St-Pierre, 1.
Soye (Charles-Adrien), r. St-Sauveur, 33.
Soyez (v⁴ P.-F.), prép. à la bascule, pl. de la Caserne-de-Vaucelles.
Soymier, ferblantier, r. St-Jean, 156.
Suard, coquetier, pl. Malherbe, 4.
Sueur-Merlin, recev. prép. des douanes, r. des Quais, 88.
Suriray (Charles), r. Notre-Dame, 66.
Suriray (Joseph), maréchal, cour de l'Ancienne-Halle, 5.
Sylvain, r. St-Jean, 67.

T

Tabouret (François-Pierre) aîné, r. l'Hôtel-de-Ville, 26.
Tabourier (dame Amand), r. Vilaine, 3.
Tabourier (v⁴ Bernardin), r. des Capucins, 18.
Taffin (Marin), r. de Vaucelles, 13.

Taffu (Narcisse), r. de l'Oratoire, 3.
Taguarelly (ve), née Pareur, montoir de la Poissonnerie, 6.
Taillefer, rentière, r. des Vieilles-Carrières, 19.
Talbot-Descourty (Henri-Félix-Louis), dentiste, r. Singer, 3.
Tallant, facteur de dentelles, r. des Petits-Murs, 8.
Talland, cap. de gendarmerie, r. Neuve-du-Port.
Tanquin (ve), r. St-Jean, 207.
Tapin (Joseph-Marie-Auguste), tapissier, r. de Geôle, 7.
Tapper fils, anglais, r. des Vieilles-Carrières, 32.
Tapper Loweyers, pl. St-Sauveur, 20.
Tardif (François), ferrailleur, r. de Paris, 19.
Tarin (Philippe-Gilles), menuisier, r. Ecuyère, 25.
Tassilly (François) père et fils, r. des Vieilles-Carrières, 8.
Tassin (François-Nicolas), fabricant de balances, r. Hamon, 9.
Tassin (François), tapissier, r. des Croisiers, 9.
Tassotte, chapelier, r. de Vaucelles, 106.
Tavernier (Joseph), boulanger, r. Gémare, 18.
Téranchard (dame), r. de l'Hôtel-de-Ville, 28.
Tesnière (Pierre-Victor), r. de Vaucelles, 1.
Tesson (Pierre-François), r. aux Lisses, 22.
Testot, perruquier, r. des Croisiers, 5.
Tête (Edouard), march. de dentelles, pl. de la Comédie, 2.
Tharin (Joseph), cafetier, r. de l'Hôtel-de-Ville, 8.
Thébaud (dem.), ven. St-Martin, 6.
Thébault, r. Pavée, 126.
Thélémaque (ve Charles), r. Neuve-St-Jean, 52.
Thiberge, appariteur, pl. St-Sauveur, 35.
Thiboult, médecin, r. des Chanoines, 10.
Thiboult (Justin) aîné, luthier, r. St-Jean, 91.
Thiboult (ve), rue St-Jean, 175.
Thibout (Louis-François-Amédée), r. St-Jean, 93.
Thibout (Julie), r. St-Jean, 117.
Thibout (Benjamin-François), march. de parapluies, r. St-Jean, 54.
Thibout (Agathe), r. Ecuyère, 46.
Thierry (Pierre-Boniface), r. de Geôle, 50.
Thierry (Gustave), r. St-Julien, 5.
Thierry (Joseph), charron, r. des Teinturiers, 17.
Thierry (Pierre-Boniface), r. Froide, 16.
Thierry (Philibert), charron, r. Royale.
Thierry (ve), coutelière, r. St-Jean, 92.

Thierry aîné, march. de fer, r. des Carmélites, 12.
Thierry, pharmacien, r. de Vaucelles, 53.
Thinard (Frédéric), jardinier, r. du Marais, 5.
Thirard (Jean-Baptiste), fleuriste, r. Basse, 48.
Thison (Gratien), cafetier, r. St-Jean, 83.
Thomas (Marin), tailleur, r. St-Martin, 22.
Thomasse (Casimir), march. de casquettes, r. Notre-Dame, 84.
Thomine fils aîné, avocat, r. de Geôle, 46.
Thomine-Desmasures (Auguste), avocat, r. des Cordeliers, 9.
Thomine-Desmasures père, r. des Cordeliers, 9.
Thomine (vᵉ), dite Chesnel, bouchère, r. St-Jean, 164.
Thorigny (Simon-Félix), march. de gravures, p. St-Pierre, 5.
Thorigny (vᵉ Jacques), r. St-Malo, 18.
Thouroude, sacristain, r. de l'Eglise-de-Vaucelles, 22.
Thouroude (Nicolas), r. Montaigu, 25.
Thouroude (François), menuisier, r. de Geôle, 22.
Thouroude, marchand plâtrier, r. St-Martin, 31.
Thubœuf, r. Notre-Dame, 13.
Thurin (Louis), boulanger, r. Notre-Dame, 50.
Tillard, poissonnier, r. Basse, 15.
Tillard (François), aubergiste, r. Notre-Dame, 75.
Tinel (vᵉ Charles-Pierre-Claude), r. Gémare, 7.
Tiranne (vᵉ), r. St-Jean, 52.
Tirard, propriétaire, r. des Carmes, 47.
Tirard (Stéphanie), lingère, r. St-Etienne, 120.
Tirel (Pierre), cabaretier, imp. de la Boucherie, 5.
Tirel (Théodore), agent d'affaires, r. St-Martin, 70.
Tirel (vᵉ), r. St-Martin, 70.
Tirel (dem.), pl. de l'Ancienne-Boucherie, 39.
Tison, r. St-Jean, 120.
Tolmer, rentier, r. des Chanoines, 20.
Toquet (Charles-Hippolyte), r. des Quais, 46.
Toquet (vᵉ Nicolas), boulangère, r. du Vaugueux, 36.
Torcapel (François), coquetier, r. St-Malo, 9.
Torcapel (Const.-Bap.-Fulg.), fab. de dent., r. St-Sauveur, 14.
Tortu (dem.), r. de Bayeux, 1.
Tostain, coquetier, r. Gémare, 2.
Tostain (Jean-Louis-François), quincaillier, r. Notre-Dame, 76.
Tostain (Mancel-Ch.), march. de fils et rubans, r. Notre-Dame, 88.
Tostain (vᵉ), r. Caponnière, 20.

Tostain (Jean-Baptiste), boucher, r. Caponnière, 20.
Tostain (Jacques) fils, marchand de sabots, r. des Capucins, 5.
Tostain (v° Jacq.-Franç.), march. de sabots, r. des Capucins, 6.
Tostain (Jean-Baptiste-Gustave), perruquier, r. des Quais, 94.
Tostain (dem.), r. Guilbert, 4.
Tostain (Charles-Victor-Edmon), r. des Carmes, 48.
Tostain, ing. en chef des ponts-et-chaussées, r. des Chanoines, 4.
Tostain (Louis-Amand), marchand de lin, r. St-Sauveur, 17.
Toubon (Pierre-Toussaint), perruquier, pl. St-Pierre, 9.
Toubon fils, dit Lafosse, pl. St-Pierre, 9.
Touchard (Isidore), coquetier, r. de Vaucelles, 110.
Touchet (v° François), coquetière, r. Neuve-St-Jean, 32.
Touchet (Exupère), maçon, r. de Vaucelles, 67.
Touchet (Louis-Hippolyte), menuisier, imp. de la Boucherie, 4.
Touraille, propriétaire, r. St-Laurent, 16.
Touraille, professeur au collège, r. Guillaume-le-Conquérant.
Touraille (Jean-Pierre), r. de Tours, 4.
Toutain (ve), rentière, r. des Quais 4.
Toutain, ancien maître de poste, r. des Carmes, 48.
Toutain (Adélaïde), aubergiste, r. aux Lisses, 6.
Toutain (Charles-Alex.), menuisier r. Neuve-St-Jean, 40.
Touvenel, cordonnier, r. Notre-Dame, 107.
Tragin (Eugène et dem. Stéphanie), r. Pémagnie, 19.
Tragin (v° Amand), r. Pémagnie, 19.
Trapper (Rose), r. Pémagnie, 22.
Travers, r. Jean-Romain.
Trébutien jeune, clerc d'avoué, r. St-Jean, 87.
Trébutien (v° Etienne-Edouard), r. St-Jean, 87.
Trébutien (Auguste), r. St-Jean, 205.
Trébutien (Louis), bibliothécaire, r. Jean-Romain, 9.
Trébutien (dem.) jeune, r. Branville, 66.
Trébutien aîné, avocat, pl. St-Sauveur, 10.
Tréhardy (Jean-Pierre), r. Pailleuse, 9.
Tréhet (Baptiste), revendeur, Champ-de-Foire, 18.
Trevet (Jean-Pierre-Michel), épicier, r. St-Jean, 135.
Trevet (Ch.-Olivier), ouvrier tailleur, r. des Carr.-St-Gilles, 31.
Tribouillard (Jean-Baptiste), huissier, r. St-Jean, 151.
Tribouillard (v° Guillaume), r. St-Jean, 151.
Tribouillard (Jacques), cabaretier, pl. St-Sauveur, 1.
Trochon (v°), rentière, r. des Cordeliers, 3.

Trois-Bourgeoiserie (v°), r. Notre-Dame, 98.
Troley, avocat, r. Ecuyère, 51.
Trolley, r. Bretagne-Bourg-l'Abbé, 13.
Trolley (Jacques-Augustin), r. Bretagne-Bourg-l'Abbé, 31.
Trolley-Guillouet (v°), lingère, r. St-Jean, 159.
Tronquois, garde du génie, r. Guillaume-le-Conquérant, 29.
Troppé (Marin), menuisier, r. des Teinturiers, 15.
Troppé (dem.), mais. d'éduc. pour les demoiselles, r. au Canu, 1.
Trouay (v°), r. d'Auge, 101.
Troussel (v°), r. des Carrières-St-Gilles, 1.
Trubert (dame), maison Guillot, r. Graindorge.
Truffaux, coquetier, r. St-Pierre, 32.
Truffé (Louis-Eugène), facteur de dentelles, r. Pémagnie, 18.
Tullou (Jacques-Philippe), plâtrier, venelle des Protestants.
Turbert, contrôleur des douanes, r. de Vaucelles, 46.
Turquetil (v°), boulangère, r. du Vaugueux, 36.
Turquetil-Beauchef-Vallegeois, r. St-Jean, 204.

V

Vaquerel (Charles), venelle aux Chevaux, 10.
Vailley, propriétaire, r. de Geôle, 52.
Valée (Charles), marchand plâtrier, r. Royale.
Valette (Amand), marchand de dentelles, r. St-Laurent, 16.
Valette, boucher, r. Ecuyère, 11.
Valette (François), menuisier, pl. de l'Ancienne-Boucherie, 120.
Valette (Jean-Jacques), marchand de dentelles, r. des Carmes, 34.
Vallée (Joseph), aubergiste, r. d'Auge, 12.
Valleron (dem. Françoise), r. Frementel.
Val'on (Jean-René), huissier, r. du Tour-de-Terre, 4.
Vallot (Charles-Germain), avocat, imp. Ecuyère, 41.
Valras (Antoine-Auguste), prof., r. Bretagne-Bourg-l'Abbé, 41.
Vardon (v° Louis-Germain), r. des Capucins, 98.
Vardon (Jacques-François), r. des Capucins, 96.
Vardon (Jean-Louis), r. Notre-Dame, 67.
Varignon (Adolphe), boulanger, r. Caponnière, 5.
Varillon, r. des Capucins, 6.
Varin aîné, marchand de mousseline, pl. Royale, 23.
Varin (Guillaume), marchand de dentelles, r. au Canu, 4.
Varin (v° Jean-Baptiste), r. Neuve-des-Cordeliers, 6.

Varin, avocat, r. St-Sauveur, 10.
Varin (dem.), r. St-Sauveur, 19.
Varin (Urbain), coquetier, r. St-Sauveur, 13.
Varin (Gabriel), journalier, r. Ste-Paix, 15.
Varin (Jean-Baptiste), à Couvrechef.
Varin (Jean-Paul-Isidore), r. des Cordes-St-Gilles, 8.
Varin (Jean-François), relieur, cour de la Monnaie, 2.
Varin, marchand de chocolat, r. Neuve-du-Port.
Vasnier, directeur des messageries, pl. Royale, 3.
Vasnier, professeur de musique, r. Froide, 39.
Vasnier (Antoine), basdestamier, r. de Falaise, 10.
Vasnier (Olivier-Henri), chapelier, r. St-Jean, 179.
Vasnier (Pierre-Guill.), préposé aux abattoirs, q. des Abattoirs.
Vasnier (Adolphe), r. de Vaucelles, 71.
Vasnier (Pierre-Paul), cordonnier, r. d'Auge, 26.
Vasnier (Félix), coquetier, à la Maladrerie.
Vasnier (Jean-François-Victor), r. d'Auge, 26.
Vasnier (Jean-Modeste), r. d'Auge, 50.
Vassal (François), fripier, r. des Croisiers, 12.
Vassal (Etienne-Frédéric), r. de Falaise, 55.
Vassal (v⁰ Pierre), r. de l'Eglise-de-Vaucelles, 20.
Vassal fils aîné, conducteur, r. de l'Eglise-de-Vaucelles, 22.
Vassal (Marie-Rose-Victoire), revendeuse, r. des Teinturiers, 9.
Vassal (Aimée-Rose), revendeuse, Champ-de-Foire, 4.
Vassal (v⁰ Jean-Jacques), revendeuse, Champ-de-Foire, 6.
Vassel (Jean-Louis), coquetier, r. des Jacobins, 1.
Vassel (Frédéric), boucher, r. St-Nicolas, 91.
Vassel (Pierre-Amand), r. des Capucins, 20.
Vastel (Jean-Charles-Edouard), r. St-Louis, 6.
Vaubaillon (v⁰ François-Baptiste), coquetière, r. Guilbert, 3.
Vaudion (J.-A.), prof. à l'éc. norm., r. G.-le-Conq., c. du Collége.
Vaudrus fils aîné, r. Caponnière, 18.
Vaudrus (Nicolas), propriétaire, r. Caponnière, 18.
Vaugrenau (Joseph), conducteur de travaux, r. des Jacobins, 9.
Vauquelin (v⁰), r. St-Laurent, 14.
Vauquelin (Jacques), r. Branville, 34.
Vauquelin (Toussaint), charron, r. aux Juifs, 8.
Vauquelin (l'abbé), maître de pension, pl. de la Mare, 15.
Vauquelin (Joseph-Martin), pl. de la Mare, 4.
Vauquelin (v⁰) née Yvonnet, pl. de la Mare, 4.

Vauquelin (Alexis), marchand horloger, r. Notre-Dame, 115.
Vauquelin (Louis), marchand de paille, r. Bicoquet, 30.
Vauquelin (Jean-Ch.), march. de grains en gros, r. G.-le-Conq., 2.
Vauquelin (Jean-Louis), r. de Bayeux, 124.
Vauquelin (François), menuisier, r. Caponnière, 8.
Vauquelin (Cyre-Noël), r. de l'Abbatiale, 5.
Vauquelin (Jean-Louis-Pierre) fils, r. du Moulin-St-Ouen, 4.
Vauquelin de Sacy et Charles, r. Guilbert, 30.
Vauquelin (v^e), à la Maladrerie.
Vautier (dem.), lingère, ven. aux Chevaux, 10.
Vautier (Léon), marchand de bas, pl. Malherbe, 8.
Vautier (Aimée-Candide), r. de l'Odon, 1.
Vautier, coquetier et cordonnier, r. St-Nicolas, 93.
Vautier (Pierre-Alexandre), épicier, porte au Berger, 6.
Vautier, menuisier, r. Neuve-du-Port.
Vautier (Adrien), marchand de bonneterie, r. St-Jean, 39.
Vautier (Pierre-Félix et Abel-Félix), négociants, r. St-Jean, 238.
Vautier (Victor), r. St-Jean, 70.
Vautier (Urbain) fils, r. St-Jean, 238.
Vautier (v^e Gabriel-Urbain), r. St-Jean, 238.
Vautier, médecin, r. de Bernière, 11.
Vautier (Arsène), fabricant de dentelles, r. Jean-Romain.
Vautier (Emilie), r. St-Etienne, 118.
Vautier (dame), r. de Bayeux, 40.
Vautier (Etienne-Louis), à la Maladrerie.
Vengeon (Jean), cabaretier, r. aux Juifs, 13.
Vengeon, ex-orfèvre, r. St-Pierre, 30.
Verdant (Jacques-Marin), serrurier, r. Ste-Paix, 12.
Verdant, cordonnier, r. Guillaume-le-Conquérant, 4.
Verdelet-Lamare (v^e), corroyeuse, r. de Geôle, 16.
Verel (Ambr.-François), épicier, montoir de la Poissonnerie, 27.
Verel (Philippe), forgeron, r. de la Marine, 1.
Verel (v^e Jacques), marchande de bois, r. Frementel, 4.
Verel (Charles), r. Frementel, 4.
Verel (Louis), r. Frementel, 4.
Verelle, montoir de la Poissonnerie, 22.
Verillon (dem.) aînée et jeune, mercières, r. St-Jean, 93.
Vérolle (Athanase), charpentier, r. Basse, 29.
Verrier (v^e Bénard-François), r. Hamon, 14.
Verrier (Charles), r. St-Jean, 22.

Verrier (Eugène), march. de dentelles , rue des Jacobins, 21.
Verrier (Auguste) fils aîné, épicier, r. Hamon, 16.
Verrolle, empl. chez M. Jobert, r. du Ham, 5.
Verrolle (Paul), architecte, r. Neuve-du-Port.
Vévert, empl. des contrib. indirectes, r. Neuve-St-Jean. 50.
Viard, coquetier, r. Froide, 15.
Vibert, juge au tribun. civil, r. des Chanoines, 26.
Vicq (dem.), r. de Geôle, 55.
Vidal de Lausun, r. des Carmélites, 15.
Vidieu, sous-chef de bureau à la Préfect., r. Notre-Dame, 47.
Vidu-Dubignon, maîtr. de pension, r. de la Fontaine, 3.
Vigoureux, clerc de M⁰ Daufresne, notaire, r. St-Sauveur, 10.
Viel (dem.), r. aux Namps, 10.
Viel (Auguste-Plot), boulanger, r. St-Sauveur, 35.
Viel, apparit. à la faculté des lettres, r. Bicoquet, 24.
Viel (vᵉ Guillaume), r. des Quais, 80.
Viel (Henri), débit. d'eau-de-vie, r. des Quais, 82.
Viel (Antoine), revend. de café, r. St-Jean, 217.
Viel (Charles), r. des Vieilles-Carrières, 14.
Viel (vᵉ Pierre-Etienne), débit. de cidre, r. Bosnière, 4.
Viel (dem.), pl. de la Mare, 5.
Viel, commis greffier, r. Calibourg, 13.
Vilbœuf, gendre de M. Martin, r. des Croisiers, 24.
Villain (vᵉ), r. Guillame-le-Conquérant, 4.
Villain (Amélie), fabric. de dentelles, r. Guillaume-le-Conq., 4.
Villain (Achille), r. de l'Engannerie, 14.
Villass (Hippolyte), tailleur, r. St-Jean, 61.
Villaux (Victor), gargotier, r. des Jacobins, 20.
Villeneuve (Arsène), bijoutier, pas. Bellivet, 13.
Villeneuve fils aîné, r. des Carmélites, 15.
Villeroy (vᵉ François), r. de Vaucelles, 27.
Villeneuve (Joseph-Auguste), empl. aux hosp., r. St-Jean, 40.
Villey, r. de la Chaîne, 12.
Villey-Desmezereth (Achille), avocat, r. St-Sauveur, 26.
Villey-Desmezerais (Jacques), propriétaire, r. Basse, 30.
Villy, tailleur d'habits, r. Notre-Dame, 52.
Vimard (Pierre-François), épicier, r. Neuve-St-Jean, 64.
Vimard, arquebusier, r. de l'Oratoire, 1.
Vimbert (Félix), r. des Carmes, 17.
Vimont (vᵉ), r. St-Martin, 68.

Vimont (Magloire), traiteur, r. de Vaucelles, 58.
Vincent (ve), débitante de tabac, r. du Moulin, 18.
Vincent (vª Jean), r. Écuyère, 46.
Vincent (Pierre), coquetier, r. St-Martin, 23.
Vincent, sellier, ven. aux Chevaux.
Vincent, courtier de marine, r. Basse, ven. Manissier.
Vinet, r. Guillaume-le-Conquérant, 29.
Vinnebaux (Jean-Jacques), notaire, r. de la Chaîne, 1.
Vintras, empl. à la poste, r. des Quatre-Vents, 1.
Vintras (Euphrasie), r. Ecuyère, 17.
Violard (Ferdinand), chef de bur. à la mairie, r. St-Jean, 72.
Violard, commiss. de police, r. St-Jean, 142.
Violard (Charles-Antoine), commis négoc., r. St-Jean, 142.
Viquesney (Pierre-Etienne-Germain), r. des Quais, 40.
Virlouvet (Marie), r. Caponnière, 10.
Virlouvet (ve Jean-François), r. Notre-Dame, 63.
Vitard (Jacques), march. de beurre, r. de la Préfecture, 19.
Vitard (Jean-Jacques-Marc), gardien à Beaulieu.
Vitel (Constant), tourneur, r. Ecuyère, 7.
Vivien (Pierre), coquetier, r. St-Sauveur, 3.
Vivien (Exupère), plâtrier, r. St-Sauveur, 39.
Vivien (ve Alexandre), débit. de cidre, mont. de la Poisonn., 12.
Vivier, propriétaire, r. des Cordeliers, 9.
Voisin (Pierre-François), boulanger, r. Basse, 10.
Voisin (Charles-Auguste), r. des Teinturiers, 5.
Voisin (femme), r. Gémare, 3.
Voisin (vª), rentière, r. Notre-Dame, 82.
Voisin, march. de rouenn., r. Notre-Dame, 94.
Voisin (Jean-François), r. St-Jean, 55.
Voisin (Hyacinthe), pompier, r. St-Jean, 243.
Voisin, direct. des postes, r. de l'Hôtel-de-Ville.
Voisin (ve Jules-Patrice-Joseph), r. Guill.-le-Conquérant, 7.
Voisvenel (ve Jean-Pierre-Marcel), r. Pémagnie, 14.
Yonge (Pierre-François), coquetier, r. de Falaise, 11.

W

Wakefied, débit. de liqueurs, r. des Quais, 86.
Walseh (Michel), fabric. de tulles, r. Singer, 23.
Wannesson (Xavier), revendeur, r. Caponnière, 2.

Waresquiel, empl. des postes, pl. Royale, 1.
Weatherofft, maîtresse de pension, pl. Royale, 16.
Welker (ve Louis), r. de Geôle, 57.
Wels, anglais, r. St-Jean, 119.
West-Janin, anglais, fabric. de tulles, r. St-Jean, 75.
Whaterofft, maître de langue angl., pl. de la Mare, 15.
Whetty, anglais, r. de Bretagne, 12.
Williamaus (J.) directeur, du gaz.
Willaume, forgeron, pl. de l'Ancienne-Boucherie, 122.
Willemer (Louis-Léopold), r. Notre-Dame, 81.
Willemin (Claude-Simon), r. Notre-Dame, 51.
Woinez (Charles), imprimeur-éditeur, r. Notre-Dame, 98.
Woinez, retraité, pl. de l'Ancienne-Boucherie, 41.
Wrigt, anglais, r. de l'Oratoire, 9.

Y

Yardin (Pierre), aubergiste, cour de l'Ancienne-Halle, 4.
Yon (Jean-François-Auguste), r. Haute, 8.
Yon (ve Charles-Auguste), r. Bosnière, 40.
Yon (Jean), coquetier, r. de l'Oratoire, 11.
Yon (Gabriel), à la Maladrerie.
Yonnet, empl. au greffe du trib. de comm., r. des Quais, 4.
Youf, prêtre, r. des Capucins, 55.
Youf, ex-avoué, r. Guill.-le-Conquérant, 20.
Yver (ve Martial), r. aux Lisses, 22.
Yvonnet (Charles-Théodore), r. de Falaise, 68.
Yvonnet (Pierre-Louis), à la Folie.

Z

Zablosky (Casimir), r. St-Julien, 18.
Zosequel (Victor), cabaretier, r. St-Louis, 4.
Zienkowiez (Antoine), r. Neuve-St-Jean, 54.

TABLE ALPHABÉTIQUE.

TABLE

ALPHABÉTIQUE.